酒文化与艺术精神

王守国 卫绍生 著

河南大学出版社

图书在版编目(CIP)数据

酒文化与艺术精神/王守国,卫绍生著. —开封:河南大学出版社,2006.6(2008.2重印)

ISBN 978-7-81091-453-6

Ⅰ.酒… Ⅱ.①王…②卫… Ⅲ.酒—文化—中国 Ⅳ.TS971

中国版本图书馆 CIP 数据核字(2006)第 011263 号

责任编辑	陈广胜
封面设计	马 龙
封面题签	周俊杰
内文插图	李庆琦

出　版	河南大学出版社
	地址:河南省开封市明伦街 85 号　邮编:475001
	电话:0378-2825001(营销部)　网址:www.hupress.com
排　版	河南省诚和印制有限公司
印　刷	河南省诚和印制有限公司
版　次	2006 年 6 月第 1 版　印次 2008 年 2 月第 2 次印刷
开　本	890mm×1240mm　1/32　印张 9.5
字　数	243 千字　　　　　　　定价 28.00 元

(本书如有印装质量问题,请与河南大学出版社营销部联系调换)

序

孙 荪

王守国一定被什么东西迷住了,换言之,一定有什么重要发现了。十多年来,他一直放不下酒文化这个课题。上个世纪90年代初,他连续出版了《酒文化中的中国人》(1990)、《诗酒乐天真》(1991)两部著作,最近又与卫绍生合作完成一部新著《酒文化与艺术精神》。这种经久不衰的学术兴趣必定产生于深刻的学术冲动,根植于重要的学术发现。

说起来,王守国的第一部关于酒文化的著作确实是同我有一点关系的。

上个世纪的八九十年代之交,我和王守国等几位同仁起了一个大愿,企图拓展文学研究的视界,以更宽阔的文化眼光认识中国人现象,特别是中国人的人格特征和精神奥秘,从而推进对作为人学之文学特别是独具中国特色的文学价值和意义的把握。

当时推出了10本各自独立又互相联系的著作。其中第一本就是王守国的《酒文化中的中国人》。不是这部书特别重要,而是因为作者是捷才,选题一定,完成得最快,因而最先问世。

所谓捷才,不在于作者特别聪明,而是他刚好具有完成这一课题的多方面条件。作为上个世纪80年代最早的几届古典文学研究生,在中国传统文化方面有比较深厚的学养,同时,他本人对西方文学和哲学又有浓厚的兴趣,又是当时如火如荼的思想解放新潮的参与者,因而遇到问题,几近于"习惯式地"从中西比较、古今对照的多维角度进行思考,思路开阔,思想敏锐,新见时出。

酒文化,表面看来,好像是一个俗文化的题目。其实,不那么简单,问题看怎么做。从物质文化的角度,已经有许多层面的话题,而且自具中国特色;若从精神文化的角度,则显得极其的丰富和复杂,而且就中国特色而言,简直是文化学的富矿了。

一开始,王守国就为此而深受鼓舞。中国古代典籍中有关酒文化的资料可以说目不暇接,中国民间这方面的资源也几乎俯拾即是。难点在于梳理,更在于认识,在于理念的提升和理论的概括。

首先是确认酒文化在中国文化中的地位和意义,特别是酒文化作为独特的精神文化在中国人广阔的精神文化中诸如社会政治、人生态度、审美情趣特别是艺术创造中的作用和意义。这是王守国前两部书所要回答、已经回答了的。

但王守国的著作在理论上的价值主要不在这里。他一开始就把中国的酒文化和西方的酒神精神相比较,在寻找二者的差异中寻找中国酒文化的精神特征。在第一本书中,王守国得出了几个值得注意的认识。

一是就精神特征而言,中西方的酒神精神都强调感性对理性的超越,精神对物质的超越,个体对集体的超越,虚幻对现实的超越,即强调个体的自由包括行为的与精神的。但西方的酒神精神是"入世型"的,对现实和理性采取激烈对抗的态度,对感性自由的追求是实实在在的、疯狂执著的。而中国的酒神精神是"出世型"的,对现实和理性采取会通和合的态度,对感性的追求更多地落实到精神体验上,很少落实到现实行为上。

二是就酒文化与酒神精神的关系而言,在西方,酒是酒,酒神精神是酒神精神,二者没有必然联系;在中国,二者关系则十分密切,中国的酒文化不啻是一部蕴涵丰饶的百科全书,中国人的思想行为、生活情感的方方面面都可以在这里找到印痕。

三是以道家美学为主体的中国艺术精神与中国酒文化精神联

系密切,探讨中国酒文化精神不能不把艺术当做最重要的解剖对象,探讨艺术精神也离不开对酒文化精神的领悟和把握。

经由酒文化研究所达到的这些认识,对于一个文学研究者认识艺术的本质和规律来说,无疑是具有诱惑力的。也许,正是它们,特别是在酒与艺术和艺术与酒二者之间的深刻关联,其中所存在着的许多有待说明和解释的东西,使得作者的理论冲动不能轻易冷却下来,对酒文化和艺术精神的关系的探讨,这个具有文化史和艺术史双重意义的课题,就成了第三部即当下这部新作达至的理论目标。

"醉翁之意不在酒"。王守国自酒文化切入,不是要当跨学科的酒文化专家,而是为了进入艺术的堂奥。当然,这不是一个必经的路径。其所以这样做,是为了寻找一种具有异质同构的对应物,一种象征,一种喻体,一种介质,更深刻也更具体地解悟艺术。同时,寻找一种中国特色。

王守国发现,中国传统文化没有希腊神话那样的日神和酒神,但以对本体的超脱、沟通、融合为重要特色的酒神精神,却深深根植于中国的艺术中,尤其是那形而上学的性质和悲剧色彩,使中国的传统艺术在追求美的形式与自由表现的同时,更加注重人文精神的承载和展示,对人生意义的挖掘和拓展,对社会文化的反思。而在这一过程中,酒文化则以其独特的方式和内涵发挥着重要作用。

就中国人而言,同样是饮酒,在很多场合很多时候,尤其是节日庆典和大众日常生活中,饮酒多是以喜庆和享乐为主要目的;文人与其他人却有不同之处。

王守国提炼出了两个不同:一是"苦闷的象征"。曹操的千古浩叹"何以解忧?惟有杜康"作了精彩的解密,无数诗文咏叹了这一主题。一是"诗酒乐天真"。这是戏剧家白朴对艺术与酒的共同本质的告白。

酒的释义可以有百种，有千言，如果只许用一个字，那就是：玄。东方艺术乃至东方哲学的真谛也可归于这个"玄"字。

天真与自由，可称同义。抵达此境，对于作家、艺术家来说，最合适的契机就是借助酒和艺术创造了。在艺术创造中，他们找到了精神的栖息地，感情的存托所，找到了表现个性精神、展示个人才华的最佳途径，实现了自我超越。而酒文化的价值之一，就是加速和拓展了这种超越，推动艺术家放心放手地进入奔放自由的审美境界。

对此，中国无数艺术作品——包括诗歌、小说、散文、戏剧以及书法、绘画、音乐、舞蹈等各种艺术作品中，流溢着甚至蒸腾着酒气酒意，在做着证明。

也正是在这里，王守国、卫绍生以现代意识诠释了中国酒文化精神和艺术精神。

还应当指出，与前两部著作相比，本书以更加丰富的实证材料和缜密的论证，用带着感情和感悟兼具的笔墨文字，使得酒与艺术，一实一虚，一俗一雅，互证互补，相得益彰，相似而不同，异质而同构，具象的酒获得了象征意义，虚拟的艺术获得了具体的实感。尤其是，其精神契合的通道打通以后，不仅对于酒，对于艺术，以至对于整个人生的认识，都得到更具血肉感的表达和更具理论感的提升。

看来，纠缠了王守国多少年的这个课题可以放一放了。但是，似乎仍不能够说可以画句号。一个渊博的知识平台和一个理论有机体的结合，还需要更进一步的融会贯通和提炼。以两位作者的学养和兴趣，必会抵达更新的境界。

2005 年 12 月于河南省文学院

目　　录

- 第一章　酒与艺术的双重契合
  - ——酒文化与艺术精神 ……………………（3）
  - 苦闷的象征:酒与艺术精神的契合 ………（6）
  - 诗酒乐天真:酒与心灵的契合 ……………（14）
- 第二章　细酌对春风
  - ——艺术化的酒文化 ………………………（25）
  - 美酒与美具 …………………………………（25）
  - 饮酒与环境 …………………………………（29）
  - 饮酒的对象 …………………………………（32）
  - 饮酒方式的选择 ……………………………（34）
  - 饮酒与自然 …………………………………（45）
- 第三章　酒助翰墨色
  - ——书画艺术中的酒文化 …………………（53）
  - 精神层面的灵犀相通 ………………………（55）
  - 酒与书法艺术 ………………………………（57）
  - 酒与绘画艺术 ………………………………（65）
  - 文人画:人生大写意 …………………………（68）
  - 文人画:泼墨见真情 …………………………（72）
  - 美酒胜景入画来 ……………………………（74）
- 第四章　把酒觅知音
  - ——音乐艺术中的酒文化 …………………（81）
  - 祭祀享宴中的孪生兄弟 ……………………（81）

　　　　缘酒而成的音乐 …………………………………（84）
　　　　琴曲名作与酒 ……………………………………（86）
　　　　音乐家与酒 ………………………………………（87）
　　　　嵇康和《广陵散》 …………………………………（90）

第五章　斗酒诗百篇
　　　　——诗词艺术中的酒文化 ………………………（95）
　　　　上古、中古诗与酒文化 …………………………（96）
　　　　唐诗与酒文化 ……………………………………（103）
　　　　宋代诗词与酒文化 ………………………………（110）
　　　　咏酒诗词的余音 …………………………………（126）
　　　　现当代咏酒诗扫描 ………………………………（135）

第六章　为文侑其醺
　　　　——散文艺术中的酒文化 ………………………（141）
　　　　历史散文中的酒文化 ……………………………（142）
　　　　因酒成文 …………………………………………（146）
　　　　以文写酒 …………………………………………（148）
　　　　文以酒名 …………………………………………（150）
　　　　表现饮酒之乐 ……………………………………（153）
　　　　描写饮酒功效 ……………………………………（154）
　　　　酒与人生感悟 ……………………………………（156）

第七章　酒壮英雄胆
　　　　——小说艺术中的酒文化 ………………………（161）
　　　　酒与《世说新语》 …………………………………（162）
　　　　唐传奇中的酒文化 ………………………………（169）
　　　　话本小说中酒的角色 ……………………………（171）
　　　　《三国演义》与酒文化 ……………………………（174）
　　　　《水浒传》与酒文化 ………………………………（180）
　　　　《金瓶梅》与酒文化 ………………………………（188）

《红楼梦》与酒文化 ……………………（191）
　　酒文化的批判意义 …………………………（200）
第八章　借酒巧构思
　　——戏剧艺术中的酒文化 …………………（205）
　　以酒为关目 …………………………………（206）
　　借酒写愁肠诉衷情 …………………………（209）
　　通过酒展开情节 ……………………………（212）
　　梅兰芳与"贵妃醉酒" ……………………（216）
第九章　杯酒可解颐
　　——笑话中的酒文化 ………………………（223）
　　嘲讽薄酒和酸酒 ……………………………（225）
　　嘲笑嗜酒醉酒者 ……………………………（228）
　　讽刺宴会主人吝啬 …………………………（230）
　　借酒讽谏 ……………………………………（232）
第十章　谐趣成妙对
　　——楹联中的酒文化 ………………………（237）
　　酒联寻源 ……………………………………（238）
　　名人与名酒楼 ………………………………（239）
　　酒楼与酒联 …………………………………（242）
　　酒联中的人生哲理 …………………………（244）
第十一章　机智与雅趣
　　——酒令中的文化现象 ……………………（251）
　　酒令源始 ……………………………………（251）
　　花样繁多的酒令 ……………………………（254）
　　酒令中的智慧 ………………………………（259）
　　酒令中的经典 ………………………………（262）
　　酒令与诗词 …………………………………（265）
　　酒令与戏曲小说 ……………………………（267）

第十二章 礼仪与警示
　　——酒箴与酒诫漫谈 …………………………（275）
《酒诰》：中国第一个关于酒的政令 ………………（276）
《乡饮酒义》：中国最早的酒礼 ……………………（277）
汉代以后之酒禁 ……………………………………（278）
文人的酒箴与酒诫 …………………………………（282）
旷古箴言："美酒饮教微醉后" ………………………（283）

十年未了情（代后记）…………………………………（289）

第一章 酒与艺术的双重契合

——酒文化与艺术精神

用不着罗列太多的材料,稍稍熟悉中国艺术史尤其是中国文学史的读者,都不难发现酒与中国艺术有着何等密切的关系,酒文化对中国艺术有着何等深刻的影响。因此,讨论中国酒文化不能不把中国艺术当做最为重要的解剖对象,讨论中国艺术也不可忽略了对酒文化精神的领悟与把握。对酒文化与艺术精神的关系的探讨,就成了具有文化史与艺术史双重意义的重要课题。

感觉到的东西并不等于已经理解。人们似乎都已经感觉到了,在酒与艺术和艺术与酒二者之间,确实存在着许多有待说明和解释的东西。艺术为什么特别钟情于酒,或者说酒为什么特别钟情于艺术呢?换句话说,酒与艺术产生共鸣、相互契合的奥妙何在?一般的解释是,酒精的刺激作用能够使人精神亢奋,思维活跃,反应敏捷,想像丰富,能够令人吐所欲吐之言,怒所欲怒之事,抒所欲抒之情,容易进入情绪化和审美化的精神境界。应该说,这种观点是有一定道理的,否则,李白斗酒诗百篇,张旭三杯草圣传,钟灵"举杯常无忌,下笔有如神"之类的创作现象,便无法解释。但是,如果仅限于此,则未免失之皮相,那就把一个十分深邃的文化命题等闲看了。其实,艺术和酒发生关联的深刻原因在于酒文化精神与艺术精神的契合。但识酒中趣,何劳杯中物?倘若缺少这样的精神契合,纵然"百年三万六千日,日日须倾三百杯",充其量不过是酒鬼一个而已,与真正的酒文化,与酒文化的艺术化并无多少关系。

　　西方著名哲学家尼采在论及艺术的时候,引入了日神阿波罗(Apollo)和酒神狄奥尼索斯(Dionysus)这样两个具有象征意义的希腊神话之神。他认为,希腊艺术的繁荣产生于日神和酒神两种艺术冲动,艺术的持续发展同日神和酒神的二元性密切相关,这就好比是生育有赖于性的二元性一样,其中有着连续不断的斗争和只是间发性的和解。他还进一步指出:"在希腊世界里,按照根源和目标来说,在日神的造型艺术和酒神的非造型的音乐艺术之间存在着极大的对立。两种如此不同的本能彼此共生并存,多半又彼此公开分离,相互不断地激发更有力的新生,以求在这新生中永远保持着对立面的斗争,'艺术'这一通用术语仅仅在表面上调和这种斗争罢了。"(《悲剧的诞生》,周国平译,三联书店1986年版,第2页)尼采用"梦"与"醉"来概括两种性质不同的艺术,认为"每个人在创造梦境方面都是完全的艺术家,而梦境的美丽外观是一切造型艺术的前提。当然,正如我们将要看到的,也是一大部分诗歌的前提。我们通过对形象的直接领会而获得享受,一切模型都向我们说话,没有什么不重要的、多余的东西。即使在梦的现实最活跃时,我们仍然对它的外观有朦胧的感觉"。而酒神的本质就是"醉",是情绪的放纵;酒神状态是情绪的总激发和总释放,是痛苦与狂喜交织的癫狂状态。西方现代心理学家荣格则对日神精神和酒神精神做了这样的概括:"日神冲动导致相当于梦境的心境,酒神冲动导致沉醉的心境。尼采所谓的'梦幻'实质上意味着一种'内部视像',是个令人愉悦的梦幻世界。这个想像的内部世界的美丽幻象由阿波罗统治着。他是所有造型力量的神,代表规范、数量、界限和使一切野蛮或未开化的东西就范的力量……酒神精神意味着无拘无束的本能的解放,是动物冲动和神性的同时爆发。在酒神精神的迸发中,人就像是林妖,上半身是神,下半身是野兽。酒神状态既是对'个性化原则'的毁灭感到的恐怖,同时又是在这毁灭中感到极度的喜悦。"(《心理学与文学》,冯川等译,三联书店1987年版,第234~235页)日神精神是对美的形象的内部观照,对规范、节制、和谐情感的沉思,是一种内省状态;而酒神精神在情感知觉中具有彻头彻尾的原始性质,是摆脱了一切束缚的激情的洪流,它更多地属于某种本能或盲目的冲动。正是出于对日神精神和酒神精神的这样一种理解,他们把造型艺术归入日神精神的产物,把非造型艺术——音乐——看做是酒神精神的产物。正如周国平在《悲剧的诞生·译序》中所言,"日神和酒神都植根于人的至深本能,前者是个体的人借外观的幻觉自我肯定的冲动,后者是个体的人自我否定而复归世界本体的冲动","日神精神沉默于外观的幻觉,反对追究本体,酒神精神却要破除外观的幻觉,与本体沟通融合。前者用美的面纱遮盖人生的悲剧面目,后者揭开面纱,直视人生悲剧。前者教人不放弃人生的欢乐,后者教人不回避人生的痛苦。前者执着人生,后者超脱人生。前者迷恋瞬时,后者向往永恒。与日神精神相比,酒神精神更具形而上学性质,且有浓郁的悲剧色彩"。

中国传统文化没有希腊神话那样的日神和酒神,但以对本体的超脱、沟通、融合为重要特色的酒神精神,却深深地根植于中国的艺术中,尤其是它那形而上学的性质和悲剧色彩,使中国的传统艺术在追求美的形式与自由表现的同时,更加注重人文精神的承载和展示,对人生意义的挖掘与拓展,对社会文化的反思。而在这一过程中,酒文化则以其独特的方式和内涵发挥着重要作用。因此,从酒文化的角度,探讨酒文化对中国艺术的深刻影响,探讨中国的艺术精神,无论从理论上还是从艺术实践上来说,都是可行的和必要的。

苦闷的象征：酒与艺术精神的契合

中华民族是一个多灾多难的民族。这不仅表现在无穷无尽的天灾人祸、征战杀伐、动乱不止和颠沛流离上，表现在生产力极其低下、广大劳动人民始终不能摆脱受奴役被压迫和饥寒交迫、病困交加上，而且表现在封建大一统的专制制度扼杀人的思想、禁锢人的自由、泯灭人的情感、践踏人的尊严、扭曲人的灵魂、异化人的本质上，表现在君主专制对广大志士仁人所造成的精神重压和无休无止的人格与尊严的迫害上。鲁迅先生曾经深刻指出中国封建社会的吃人本质，认为"中国人向来就没有争到过'人'的价格，至多不过是奴隶"。他认为，中国实际上只存在两个时代，一个是"想做奴隶而不得的时代"，一个是"暂时做稳了奴隶的时代"（《鲁迅全集》第1卷，人民文学出版社1973年版，第212~213页）。李大钊先生也从分析家族制度入手，精辟地阐述了封建专制文化缺乏独立的个性价值观和人权意识的特征。在这样的文化背景下，"悲士不遇"成为大多数封建文人无法摆脱的苦难，成为文人雅士的悲苦现实，并进而演变成中国文学一个无法解脱却又不得不正视的传统。

自屈原、陶渊明以来，怀才不遇就成了许多文人难以抚慰的痛苦，成了他们愤世嫉俗、悲哀苦闷之源。试想一下，空怀理想，徒负高才，却是报国无门，效命无由，才无所施，力无所展，那该是怎样悲愤痛苦的事情？可是，另一方面，那些不学无术的平庸之辈却因其显赫的家族背景而平步青云，占据要津，出现了"世胄蹑高位，英俊沉下僚"的现象。文士虽有心入世，但当他们自觉不自觉地将两种截然不同的不公平现象加以对比，就不由得义愤填膺，更加难以忍受。社会不公，政治黑暗，人生坎坷，文人面前横亘着与生俱来而又无法摆脱的苦难。这苦难，更多地属于精神的或曰生命的苦难。

对于文士来说,如果说颠沛流离、饥寒交迫之类的生活痛苦还是比较容易忍受的话(确实有许多人甘贫守贱),那么,精神的痛苦无疑是真正刻骨铭心的痛苦。作为民族的一分子和社会的一员,文士和中国的老百姓一样要忍受生活的苦难,而作为社会良知和民族的脊梁,他们还要忍受比常人更多的精神痛苦。因此,表现在中国文士身上,悲苦色彩就特别浓厚,悲苦体验也特别沉痛,悲苦遭际也特别普遍,以至于在中国文学史上形成了不平则鸣、发愤著书和诗穷而后工的苦涩传统。司马迁的《史记·太史公自序》、白居易的《序洛诗》、韩愈的《送孟东野序》、欧阳修的《梅圣俞诗集序》等著作对文人遭受的苦难与文学创作的关系的论述,都已经深刻地说明生活与精神的磨难对文学创作的深刻影响。对文士来说,生活的苦难和精神的磨难,是痛苦,是磨砺,更是巨大的创作原动力和弥足珍贵的精神财富。诚如当代红学家蒋和森先生所说,"当我们从屈原、司马迁、陶渊明、李白、杜甫……来回忆中国文学天才所走过的道路时,不禁感到我们民族最宝贵的文化,都是在饥饿、酷刑、流放等沉重压迫下产生出来的"(《红楼梦论稿》第160页)。

中国文人所遭受的精神苦难,一个更为重要的方面是来自影响深远的忧患意识。高尔泰先生甚至以为这种忧患意识是构成中国艺术、美学乃至哲学不同于西方的诸多特征的依据和基础。早在商周之际,文人的忧患意识就已经表现出来了,周朝君臣对殷鉴的深深思考和自警自戒,促使他们居安思危,盛世虑衰。所以《易·系辞下》说:"易之兴也,其于中古乎?作易者,其有忧患乎……惧以终始,其要无咎,此之谓易之道也。"经过春秋战国时期孔子、孟子、墨子等人的继承和发展,这种忧患意识由小而大,由近而远,由少数社会上层人物扩展到为数众多的文人士大夫阶层。文士们把这种忧患意识和他们的人格塑造、处世态度、人生理想等结合起来,产生了一种苍凉厚重的历史使命感和社会责任感。再到后来,经过儒家文化"修齐治平"理论的整合和历代统治者的提倡,这种忧患意识遂深深地积淀到后世文人的文化心理结构之中,成为支撑文人士大夫进取向上的一种精神力量。从杜甫的"孤舟一系故园心"到谭嗣同的"天涯何处是神州",一脉相承的皆是这种精神的渗透和影响。

大而言之,文士的忧患意识所关注的对象,始终是家国天下,是治乱兴衰,是政治的清浊与社会的未来。他们始终以一种勤勉的态度、居安思危的悲悯胸怀,去看待现实社会中的一切,其目的乃在于将人的自觉意识融会到社会群体之中,更多地表现为关心社会,关注政治,心系天下,情系黎民。具体到个体的人,这种忧患意识则指向文士的生命本体,指向个人的命运和情感,着眼点在于生命的生理时间和生活的现实空间;在于唤醒沉睡的生命并激发其活力,从而更好地珍惜生命,利用生命;在于遭遇人生的不幸或怀才不遇之时,悲叹生命,抒发哀愁,感慨时运,以期获得心理的平衡;在于痛彻地思考人生,进而达到更为深刻透彻的感悟和理解。

执著于生命,不屈不挠,为实现生命的全部要义而努力奋争的悲愁意识和泛忧患意识,对文人的思想情感和艺术创作,则有着更为深刻而广泛的影响。"天道悠且长,人生一何促"(汉乐府《怨诗行》),"生年不满百,常怀千岁忧"(汉乐府《西门行》),是对人生短促的忧虑悲叹;"胡未灭,鬓先秋,泪空流。此生谁料,心在天山,身老沧州"(陆游《诉衷情》),是对岁月蹉跎、有志难骋的深远悲叹;"人世几回伤往事,山形依旧枕寒流"(刘禹锡《西塞山怀古》),"对古良可叹,念今转伤情"(聂夷中《早发邺北经古城》),是借古伤今,通过发思古之幽情来感慨现实生命;"相见时难别亦难,东风无力百花残"(李商隐《无题》),"多情自古伤离别,更那堪冷落清秋节"(柳永《雨霖铃》),是对黯然伤魂的生离死别的咏叹;"日暮乡关何处是,烟波江上使人愁"(崔颢《题黄鹤楼》),"夕阳西下,断肠人在天涯"(马致远《天净沙·秋思》),是游子对家乡故土的深深思念。阅读中国的文学作品,尤其是那些名家名作,实际上也是在间接地体验文人雅士那浓厚的忧患意识和无尽悲愁。秋雨梧桐,芳草斜阳,断鸿声里,烟波江上,古道西风,大漠孤烟,处处都可以感受到那充满悲愁和痛苦的忧患之情。中国的书法、绘画、音乐、雕刻等艺术,也无不如此。

残酷暴虐的专制统治,黑暗浑浊的社会现实,动荡不安的政权时局,泯灭个性的文化氛围,以及进退出处的突变,生死哀乐的无常,动辄得咎的景况,怀才不遇的悲愤,共同构成了中国文士生存与奋斗的人生环境,使他们常常处于苦闷悲愁之中。而正是这样一种境遇和生存状态,使他们不平则鸣,发愤著书,通过艺术创造来挥洒悲愤,排遣苦闷。正是从这个意义上,我们同意日本现代文艺理论家厨川白村视文艺为"苦闷的象征"的论断。西方美学家乔治·桑塔耶纳以为,文艺与苦难有着双重关系,作家和艺术家既要用文学艺术来超越苦难,躲避死亡,又要在文学艺术中表现出痛苦的忧患烦扰和死亡的威胁。他说:"一个有真正审美知觉的民族,创造出传统的形式,通过代代传诵意味深长的固定主题,表达出生活中朴素的哀怨情怀。"(《美感》,缪灵珠译,中国社会科学出版社1985年版,第53页)在中国古代文学中,这种表现苦难又超越苦难,带有典型的原型意象性质的"代代传诵意味深长的固定主题",或曰文学创作的母题,有着非常普遍的表现,举凡相思、怀古、伤逝、惜春、惜时、思乡、生死及乡国之思等等,无不从不同侧面程度不同地传达着作家和艺术家的喜怒哀乐和哀怨情仇,成为苦闷的象征,为厨川白村的论断提供了丰富的实证。

苦闷的象征——正是在这一点上,酒与艺术、酒文化精神与艺术精神达成了深刻而恰贴的契合。尽管饮酒的行为在很多场合很多时候,尤其是在节日庆典和大众日常生活中,多是以喜庆和享乐为主要特征,但在文人士大夫那里,酒作为一种精神文化的依附物,它更多地与痛苦和忧患联系在一起。西方酒神精神的本旨,就是体验到生命力受阻而产生的痛苦以及对生命阻力的叛逆和反抗。酒神狄奥尼索斯就是作为阿波罗理性原则的对立面而出现的,这就导致了悲剧的诞生和执著于品鉴痛苦的尼采哲学的出现。中国酒文化既有对生命痛苦的体验,又有对生活痛苦的承载,而前者往往又是通过后者表现出来,落实到现实人生的具体行为和情怀之中。因此,中国虽然缺少西方那种形而上的酒神精神和尼采式的悲剧哲学,但酒文化的痛苦体验和表现却十分普遍。如果说痛苦是生命的激素,痛苦与深刻刚好成正比,那么,伟大的艺术家都是在遍尝人生痛苦、饱经人生忧患之后而成就的。而在痛苦与忧患的深刻体验中,酒无疑充当着十分重要的角色,发挥着十分重要的作用,具有桥梁和媒介双重身份。在中国的文学艺术中,我们时时处处都能感受到酒和酒文化的存在,感受到酒文化作为物质的和精神的存在。酒文化和酒神精神,已经深深地渗透到作家、艺术家的心灵深处,融化为一种创作原动力。

让我们以古典诗歌为例略加说明。

"何以解忧?惟有杜康。"魏武帝曹操这句有感而发的千古绝唱,不经意间道出了酒与忧愁之间的全部秘密。尽管许多诗人都十分清楚"抽刀断水水更流,举杯消愁愁更愁"这样一种客观事实,但当胸中有郁结、有块垒时,他们还是乐于相信"愁破方知酒有权"(郑谷《中年》)。在这里,与其说酒是作为一种物质而存在,毋宁说它是作为一种寄寓文人情怀的精神文化而存在。

诗人承载的痛苦、经受的忧患既然远较别人为多,酒和诗人的关系也就非常人所能比了。文人士大夫感到生命短促、人生无常时要饮酒:"对酒当歌,人生几何,譬如朝露,去日苦多。"(曹操《短歌行》)"伤歌入松路,斗酒望青山。谁非一丘土,参差前后间。"(南朝宋吴迈远《临终诗》)伤春惜春时要饮酒:"花繁柳暗九门深,对饮悲歌泪满襟。数日莺花皆落羽,一回春至一伤心。"(钱起《长安落第》)"水调数声持酒听,午醉醒来愁未醒。送春春去几时回?临晚镜,伤流景,往事后期空记省。"(张先《天仙子》)悲秋时要饮酒:"蔽日乌云拨不开,昏昏勒马度关来。绿芜径路人千里,黄叶邮亭酒一杯。事去空垂悲国泪,愁来莫上望乡台。桃林塞外秋风起,大漠天寒鬼哭哀。"(汪元量《潼关》)"西风落叶共萧飕,百感中来不自由……一曲清歌一杯酒,为君洗尽万古愁。"(刘秉忠《劝人饮酒》)朋友离别之时,执手相看泪眼,感慨万千,也要推杯换盏:"何处难忘酒,青门送别多。敛襟收涕泪,簇马听笙歌。烟树灞陵岸,风尘长乐坡。此时无一盏,争奈去留何!"(白居易《何处难忘酒》)"劝君更尽一杯酒,西出阳关无故人。"(王维《送元二使安西》)思乡怀土时要饮酒:"黯乡魂,追旅思,夜夜除非,好梦留人睡。明月高楼休独倚。酒入愁肠,化作相思泪。"(范仲淹《苏幕遮》)"且莫思身外,长近樽前。憔悴江南倦客,不堪听、急管繁弦。歌筵畔,先安簟枕,容我醉时眠。"(周邦彦《满庭芳》)忧国忧民时要饮酒:"浊酒难销忧国泪,救时应仗出群才。"(秋瑾《黄海舟中日人索句并见日俄战争地图》)"举杯呼月,问神京何在,淮山隐隐。抚剑频看勋业事,惟有孤忠挺挺。"(张绍文《酹江月》)怀才不遇时要饮酒:"谁知得酒尚能狂,脱帽向人时大叫。逆胡未灭心未平,孤剑床头铿有声。"(陆游《三月十七日夜醉中作》)感慨英雄迟暮要饮酒:"醉里挑灯看剑,梦回吹角连营……了却君王天下事,赢得生前身后名,可怜白发生。"(辛弃疾《破阵子》)愤世嫉俗时也要饮酒:"钟鼓馔玉不足贵,但愿长醉不愿醒。古来圣贤皆寂寞,惟有饮者留其名。"(李白《将进酒》)孤独寂寞时要饮酒:"寻寻觅觅,冷冷清清,凄凄惨惨戚戚。乍暖还寒时候,最难将息。三杯两盏淡酒,怎敌他、晚来风急。"(李清照《声声慢》)伤逝悼亡发思古之幽情时要饮酒:"买醉村场夜半归,西山落月照柴扉。刘琨死后无奇士,独听荒鸡泪满衣。"(陆游《夜归偶怀故人独孤景略》)其至连遇到恋爱不得自由、无法与心上人欢聚的苦恼时,也要饮酒:"油壁香车不再逢,峡云无迹任西东。梨花院落溶溶月,柳絮池塘淡淡风。几日寂寥伤酒后,一番萧索禁烟中。鱼书欲寄何由达,水远山长处处同。"(晏殊《寓意》)"拟把疏狂图一醉,对酒当歌,强乐还无味。衣带渐宽终不悔,为伊消得人憔悴。"(柳永《蝶恋花》)愁与酒,酒与诗,诗与愁,几乎成了形影相随的患难兄弟,同气相求的忠诚朋友,须臾不离的亲密伴侣。这才叫"宽心应是酒,遣兴莫过诗"(杜甫《可惜》),"哀怨起骚人"。可是,在这"哀怨"之中,如影随形的却是那让人爱之恨之又无可奈何之的酒。

中国古代的文人无疑都承受着异常沉重的苦难,经历着似曾相识的忧患,但他们大多都支撑过来了,很少有人像西方文人那样自寻绝路。实在无路可走,还可以归隐山林,像陶渊明那样去做隐士。这种现象有着十分深刻的文化渊源。中国传统文化重今生而轻来世,或儒道互补,或外儒内道,出处随心,中庸平和,善于自我调适。所有这些特征,决定了现实生活中的中国文人很少有真正彻底的悲观厌世者。所以,有的学者称中国文化为"乐感文化",认为它缺少真正的悲剧精神。诚如胡适先生在《文学进化观念与戏剧改良》中所说:"中国文学最缺乏的是悲剧的观念。无论是小说,是戏剧,总是一个美满的'团圆'。现今戏园里唱完戏时总有一男一女出来一拜,叫做'团圆',这便是中国人'团圆迷信'的绝妙代表。"文人们在他们的作品里尚且如此重视团圆,用团圆的结局求得观众的理解,怎么可能在现实生活中自寻绝路呢?尽管他们承受了太多的苦难,经历了太多的忧患,但强烈的生命意识和对生命的珍爱,使得他们能够通过艺术和酒来获得生活的动力。

然而,中国文人毕竟承受了太多的苦难,经历了太多的忧患。那位倡导"逍遥游"的庄子,在逐一探查了人生的忧患和苦难之后,就曾怀着深沉的悲哀和苦闷向着人世发问:"天下有至乐无有哉?有可以活身者无有哉?今奚为奚据?奚避奚处?奚就奚去?奚乐奚恶?"(《庄子·至乐篇》)面对着人生的忧患如海,既不能使自己相信有一个幸福美妙的来世天堂，又不能决绝尘世以寻求心理的慰藉和平衡，寻求永恒的超脱，那就必须想方设法来抚慰悲苦的心灵，化解无尽的苦难。西方著名哲学家黑格尔从理论层面指出了与此颇为类似的情形，"从一方面看，当事人完全有理由可以凭他的内心的自由去反抗这种障碍，认为它是可以解除的，自己可以不受它约束。他有绝对的权利和这种障碍作斗争。但是如果由于当前情境的关系，这种界限变成不可超越的，凝定为一种不可克服的必然状态，这就形成一种不幸的本身错误的情境。有理性的人在这种必然状态面前既然没有办法克服它，就只得向它屈服，他就不应该反抗，就应该安安静静地忍受这种不可避免的局面；他就应该放弃这种界限所不容许的旨趣和要求，用无抵抗的忍耐的勇气去忍受这种无可奈何的情境。在斗争不发生效用的地方，合理的办法就在于放弃斗争。这样至少还可以恢复主体自由的形式的独立自足性。因为这样办，那种冤屈对他就不再有什么力量"。（《美学》第1卷，第260～261页）变外在的抗争为内在的化解，变人与社会的矛盾冲突为人自身的心灵调适，无疑是一条摆脱苦难的便捷之路。事实上，中国的文人大多数走的正是这条道路，甚至在还没有试验一下斗争是否有效的时候，他们便已经放弃，而选择了适应和忍受。

  对于人生的苦难和痛苦，传统的中国文人不论是选择适应还是选择忍受，都常常要借助酒的力量。适应和忍受的方式固然很多，遁迹山林、皈依老庄、参禅悟道、回归田园，都是中国文人曾经作过的选择。但是，不论选择何种途径，似乎都少不了酒的参与和介入。"何以解忧？惟有杜康。"诗与酒的珠联璧合，酒与艺术的相得益彰，才是中国文人化解矛盾、消解忧愁、超脱尘世、抚平郁结的利器。所以，中国诗歌中弥漫着特别浓郁的忧患意识，而中国诗歌的忧患意识又包含着特别深刻的酒文化精神。酒与艺术、酒文化与艺术精神在文人这里实现了完全的契合。

诗酒乐天真：酒与心灵的契合

"不因酒困因诗困，常被吟魂恼醉魂。四时风月一闲身。无用人，诗酒乐天真。"不论从哪一种角度来欣赏元代散曲家白朴的这首《中吕·阳春曲》，也不论我们怎样评价它的艺术风格和审美境界，我们都必须承认它在不经意间涉及了中国酒文化和中国艺术精神的一个深邃命题：诗酒乐天真。

享受人生，不同的人有不同的方法，不同的人有不同的途径。但对于文人来说，最为向往、最为推重的人生享受，恐怕还是颇有奢侈意味的"把酒细论诗"，诗酒傲王侯，诗酒乐天真。中国古代艺术一向注重一个"真"字，重视抒发真性情，表达真情感。这里所说的"真"，一是指内在的真实，即作家、艺术家抒发的情感确确实实是他所亲身体验和经历过并为之激动和亢奋的情感，不是那种搔首弄姿式的矫揉造作，不是"为赋新词强说愁"的无病呻吟，而是发自肺腑，出自内心，源于心底；二是指作家、艺术家在抒发情感时所借助的外在事物和物像具有客观真实性，抒发的情感符合客体的真实及其内在规律性。二者之中，内在的真实有时更为重要，因为对文学艺术作品来说，倘无内在的真实，外在的真实也就无从谈起。

"诗从肺腑出"似乎只是一个简单的艺术要求，但真正实践起来并不容易。肺腑流出真性情，需要适宜的客观环境，也需要作家、艺术家的勇气和胆识。一方面，长期居于统治地位的礼教文化严重压抑并约束了人们的真性情，使得人们的社会文化生活在很大程度上变成了一场虚伪造作且冷漠生硬的人生表演；另一方面，长期的封建专制统治不仅对作家、艺术家的心灵和精神造成了严重的摧残，而且他们动辄得咎，稍有不慎就会招致贬斥、流放，甚至惹来杀身之祸。他们终日战战兢兢，如履薄冰，为生命的存续而忧愁,又怎么可能直抒胸臆,痛快淋漓地一展情怀?怎么可能把肯定有许多不合时宜的真实情感表达出来呢?这就造成了作家主体意识的丧失和真实情感的扭曲,甚至会出现"假作真时真亦假"、虽处在虚假之中而不自知、错把萤火当月轮的情况。因此,说真话,绘真景,叙真事,抒真情,这种本来属于作家、艺术家本分范围之内的事情,反而成了需要仔细寻觅的难得之物,成了作家、艺术家的超乎寻常的"高难度动作",非有独立特行的果敢和直面人生的勇气是难以实现的。

然而,由于作家有意识地和酒亲和,并且在创作中有意识地引入酒文化,借助酒的参与和介入,使他们得以暂时摆脱各种约束,忘掉许多不快,让处于压抑和扭曲状态的精神情感获得暂时的缓解与片刻的安宁,得以物我两忘,进入真正自由的创作状态。打一个不恰当的比喻,就好像大脑配备一个"司炉工"和一个"工程师",酒的麻醉作用使处于高级神经中枢的"工程师"睡意蒙眬,却使"司炉工"处于情绪亢奋状态,不时地往炉中添加燃煤。酒能让人扯下虚伪的面纱,裸露出平时难得展示的真面目,达到"杯酒见人心"、"酒后吐真言"的效果。从这种意义上说,酒是大脑的"司炉工",是打开人们心扉的钥匙。人们在似醉非醉之中,最容易流露出真诚坦荡、率性而为的真实灵魂。当代台湾著名作家罗兰女士就曾说,酒至微醺人容易飘飘然,对外界人为规律的顾虑便可放松,这时心绪昂扬,感情奔放,可以想所欲想,言所欲言,把心底一些真实的感受,诚诚恳恳的感情,一股脑儿倾泻出来。这时所写的诗一定是直言无隐、全然发自感情的真诗。人同此心,心同此理,缘于真情的艺术作品一定可以在别人的心灵深处引起强烈的共鸣。这正是我国诗人爱酒者众多,竟至于"听说诗人都解饮"的重要原因之一。

酒所独具的刺激和文饰作用,使得作家、艺术家在正常情况下不便直接抒发真实的思想情感时,往往借助酒这种利器,通过饮酒来表现真实的现实,抒发真实的情感。这比遮遮掩掩的"春秋笔法"、晦涩难解的隐喻象征更为便捷,更为实用。这种现象虽然古已有之,但酒真正为众多的文士所接受和认可,并成为表现真实的世界、抒发真实的情感的催化剂,却是在魏晋时期。正始名士中的何晏等人,之所以被人们称为名士,除了谈玄、服药、臧否人物之外,最受人们重视的就是饮酒。魏晋之际的"竹林七贤"和西晋末年的"八达",个个都是酒中豪杰。饮酒成了名士的表征。陶渊明深谙其中真谛,其诗常常以酒命题,如《饮酒》、《述酒》、《止酒》,一题之下多至二十篇。所以,有人说他的诗几乎篇篇有酒。尽管如此,他还是表示"君当恕醉人",希望人们把他的诗看成是酒后之言。因为是酒后之言,即使是言语有失,也可以找到一个很容易让人理解谅解的托词。看一看中国文学史上那些著名的诗人,哪一个不是和酒有着不解之缘呢?阮籍的放达,陶渊明的淡泊,李白的傲岸,苏轼的达悟,陆游的愤切,辛弃疾的豪旷,以及许多愤世嫉俗者的狂放、率性、高傲,不都是经常借助酒的法衣而表现出来的吗?即使在封建专制早已被推翻的当代社会生活中,许多地方、许多时候,酒仍然是通向"真"的媒介和桥梁。著名作家蒋子龙在小说《酒仙》中极富声色地塑造了一个被反对派拉下马的改革家借酒骂座抒怨的"酒仙"形象。乔典运的短篇小说《乡醉》,写一个新上任的乡党委书记,面对一帮拉帮结派、吹牛拍马、享乐腐化的乡干部,不得不假装醉酒发疯骂人来开展工作的故事,亦庄亦谐,亦喜亦悲,颇堪回味。张志民的散文《酒与真言》,以为在酒酣之时人们说出的话都是掏心窝子的,把平日里不直说、不便说、不敢说的话,都可以一股脑儿倒出来。

但是,如果仅仅在情感真实的意义上来理解"诗酒乐天真"的"天真",那就如同找到了一个蕴藏丰富的宝藏却仅仅开采了最为表层的那部分一样,未免太过于失之皮相了。"天真"不仅仅是对客观真实的表现,更应指不受外在客观环境的约束和拘禁的自由心灵的表现。天真所包含的客观实在已经被赋予了生命的意义、生命的形式。儿童和原始人类的天真,都是这种意义上的天真。他们的心理结构和与生俱来的无所掩饰的自然本性,会随着走向社会、适应社会而逐渐退色。所以,从某种意义上说,作家、艺术家正是要通过酒来恢复这种赤子般的天真,并把它升华到较高的审美层面和理论高度。正是在这一过程中,把人的自然本性与心灵之歌合而为一,创作出动人心魄、催人泪下、令人为之折服的伟大艺术作品来。美的事物应该而且必须是真实的,即使不是表象的真实,也必须具备本质的真实。但是,并不是所有真实的东西都是美的。只有在内在本质与外在现象达到和谐统一的时候,在规律与自由达到辩证统一的时候,真实的事物才具有美的意义和价值,才接近于庄子美学的"法天贵真"和我们一再强调的"诗酒乐天真"的本质意义。许许多多的近现代艺术家为什么总是对原始艺术心驰神往、欣羡不已,表现出巨大的热情和由衷的赞赏呢?为什么他们要反复地玩赏古希腊、罗马时期的艺术品,研究和琢磨西班牙阿尔塔米拉洞穴壁画、中国仰绍半坡彩陶、埃及第比斯神庙的艺术呢?很显然,他们不是为了猎奇,也不仅仅是为了发思古之幽情,而是为了这些艺术在表现人的自然本性上所达到的无法企及的深刻程度,为了在现代高度上体味艺术创造的极致。这种体现人的深刻的自然本性的天真,正是"诗酒乐天真"之"天真"的精髓和真实要义之所在。

弗洛伊德心理学以为,心理人格由"伊底"、"自我"和"超我"三部分构成。"伊底"是最原始的、本能的、与生俱来的、无意识的结构部分,由先天本能和基本欲望构成,负责实施原始生命原则也即"快乐原则";"自我"处在"伊底"和外部世界之间,既是有意识的,又是无意识的,既努力帮助实现"伊底"的自身要求,又根据"现实原则"对它实施适当的控制和压抑,使它避免与现实原则发生冲突。它既受"伊底"的驱使,超越自我的包围,又受现实的拒斥。它奋力完成自己的任务，把里里外外交相煎迫的力量和影响加以消除，达成某种协调；"超我"属于人格结构的最高层，它是代表社会利益的心理机制，是意识和自尊的大本营。"超我"直接或间接地起到抑制或禁止"伊底"的冲动力的作用，把那些追求快乐而不见容于社会的冲动加以压抑，并把它们推回到潜意识领域里去。

我们虽然不能完全同意弗洛伊德的观点，但他对这一问题的探讨，却是很有启发意义的。从某种意义上说，一切文明史都是在对自我约束和抑制下发展起来的，社会的文明程度越高，对人的本能和潜意识的压抑就越强，距自然本能就越远。作为中国传统文化三大支柱的儒、释、道文化，除道家外，无一不是以压抑和束缚自我以适应社会和他人为重要特征的。在这样的文化机制中，"超我"的力量显得异常强大，强大到不给"伊底"留一丝缝隙、不让"自我"有任何释放的机会和空间。儒家礼教对人的自由的剥夺是双重意义的，既剥夺人们行为的自由，更剥夺人们思想的自由。人的存在和人的本质，事实上成了各种社会关系中的一个网结，是作为与他人相对或相关的、失去自主意识和个性精神的一种关系而存在的。人的自我意识和个性精神，人性人格和人的尊严、人的需求、人的欲望，都淹没在各种各样的纲常伦理关系之中。个人的思想也在大一统的体制下失去了自由，众多的头脑和思维已为少数几个人的头脑和思维所代替，成为统治者思想、观念和意志的跑马场。

然而，向往自由毕竟是人的天性，回归自我、挣脱束缚毕竟是人与生俱来的欲望。人性、人情、人欲可以受到约束和压抑，甚至可以被扭曲、被摧残、被克隆，却不可能被外力所灭绝。"超我"可以约束"伊底"，甚至约束住"自我"，但是却不可能把它们从人的心灵深处驱逐出去，正如同专制统治只能让人口服而不能让人心服、可以让人三缄其口而不可能不让人思想一样。在专制和强权面前,生命的岩浆依旧在悄无声息地运行,地火依旧在熊熊燃烧。它们在寻求合适的机会,寻找展现鲜活生命本相、抒发生命情感、表现自我价值、突出个性精神的契机和场所。

对于不同的人来说,其契机和场所是不同的。但对于作家和艺术家来说,最为合适的契机大概就是酒和艺术了。在艺术与酒的契合中,他们找到了精神的栖息地,找到了感情的寄托所,也找到了表现个性精神、展示个人才华的最佳途径,实现了自我的超越。而酒文化的价值之一,就是加速和拓展了这种超越。

从生命哲学的角度来看,诗与酒都是实现生命价值的手段或路径,而让人从理性教条、名缰利锁、生活压力、社会法则中解脱出来,恢复自然天真的人性本色,表现人生的真实价值和意义,才是艺术的终极目的。但是,也应该承认,没有天马行空式的豪放不羁,没有率性而为的英雄本色,没有淡泊名利的潇洒风姿,没有蔑视权贵的豪迈气概,怎么能够进入自由奔放的审美境界?而要进入自由奔放的审美境界,酒神精神的烛照恐怕是最为便捷的方式。正是在这个意义上,古罗马诗人贺拉斯说:"不喝酒的诗人写不出千古流芳的好诗。"托穆尔也说:"若用清水斟满酒杯,你永远写不出千古绝句。因为酒是诗人的骏马,跨上它,可以遨游寰宇。"台湾女作家罗兰说得更透彻:诗人不遗余力地追求真诚与天然,给后人留下了十分令人神往的蓝图。诗人们得意时固然可以"诗酒风流",在失意时也可以"诗酒自娱"。酒既可以助兴,也可以消愁,同时也可以解忧,但最主要的则是在真诚的自我之中找回失去的淳朴和天真,在陶然之中摆脱功名利禄等身外之物的侵扰。酒让人在体内发现另一个自我,一个"膨胀了的自我",让人醍醐灌顶般地大彻大悟,回复本真。

让我们体味一下陶渊明、李白、苏轼等大诗人心灵回复本真的诗作。

陶渊明喜爱诗酒,是因为诗酒让他回归了自我,回复到心灵的本真。他这样写道：

> 故人赏我趣，挈壶相与至。班荆坐松下，数斟已复醉。父老杂乱言，觞酌失行次。不觉知有我，安知物为贵？悠悠迷所留，酒中有深味。（《饮酒》）

深得酒中真味的陶渊明醉酒之后，不仅忘却了自我，而且把功名利禄等身外之物统统抛到了九霄云外。他所留恋的，不是高官厚禄、富贵荣华，也不是名垂青史，而是对生命本真的追求。他所说的酒中"深味"，是对山水田园的热爱，对人生真谛的感悟，对精神自由的追求，对自然天性的回归。陶渊明在"故老赠余酒，乃言饮得仙"的时候，依然"试酌百情远，重觞忽忘天。天岂去此哉，任真无所先"（《连雨独饮》）。在感慨人生有尽、仙道难求的同时，表达了"任真"的处世态度，表示"形骸久已化，心在复何言"。是啊，只要能够自由地表达真实的心灵，抒发真实的性情，回归真实的自我，哪里还管他什么生生死死呢？

李白是最得庄周回归自然之神髓的伟大诗人。他与老庄精神的相通，不仅表现在注重个体自由、追求心灵任达上，表现在与万物齐一、和自然交亲上，而且表现在冲破尘世羁绊、摆脱功名利禄的束缚上，以及对妙道自然、返璞归真的精神境界的渴慕上。他在《独酌》中这样写道："春草如有意，罗生玉堂阴。东风吹愁来，白发坐相侵。独酌劝孤影，闲歌面芳林。长松尔何知，萧瑟为谁吟。手舞石上月，膝横花间琴。过此一壶外，悠悠非我心。"这位"花间一壶酒，独酌无相亲"的精神流浪儿并没有感到离群索居者最易有的孤独和寂寞，因为他在酒中找到了真正的知己，在大自然中得到了无穷的乐趣。春风青草，长松芳林，月下山石，花间素琴，在这样的美景中，真正是"过此一壶外，悠悠非我心"，除了美酒一壶，别的任何东西都不放在心上了。悠悠我心，岂不乐哉！在与大自然的静谧安详、与山川溪石融为一体的感受中,诗人静静地与大自然进行心灵的交流,吟咏啸歌,挈壶举觞,轻盈闲适,自由自在,进入了一种无拘无束、心随景游的人生境界。

　　苏轼虽然不善饮酒,但对酒却是情有独钟,每每在酒后吐露真性情,一片天真,真情澎湃。他的许多作品都是在这种状态下写成的。不必说千古传唱的《水调歌头·明月几时有》,即使是"雪堂夜饮,醉归林泉所作"的《临江仙》,也不难看出他是多么的得酒忘意,心与神游:

　　　　夜饮东坡醒复醉,归来仿佛三更。家童鼻息已雷鸣,敲门都不应,倚杖听江声。　长恨此身非我有,何时忘却营营。夜阑风静縠纹平,小舟从此逝,江海寄余生。

　　这首词作于诗人遭贬黄州之时。当时,诗人刚刚经过"乌台诗案"的严酷打击,被贬谪黄州,此时已是戴罪之身。诗人悔恨自己曾为功名利禄的诱惑而迷失了自我,希望今后能像越国大夫范蠡那样驾一叶小舟,泛舟江海。传说因为这首词的后两句有遁世隐居之意,作词的第二天,人们就议论纷纷,说苏轼夜里写下这首词后,已"挂冠服江边,拏舟长啸去矣",吓得黄州郡守徐君猷胆战心惊,惟恐走失了朝廷"罪人"而受牵连,急忙派人去查看,谁知这时苏轼正在家中酣睡。(事见叶梦得《避暑诗话》卷二)这虽系传说,但从这个传说中却可看出,苏轼这首词完全是真情的流露,没有矫揉造作的痕迹,致使人们真假难辨。

　　所谓天真,就是自然本真的赤子之心。对儿童来说,天真是个褒义词,有赞美的意思。但是,人们若说某一个成人天真,就多少有一些贬义,言外之意是说他像小孩子一样,不够成熟。这实际上是一种世俗化了的观念。也许正是因此,那些伟大的诗人不仅不排斥天真,而且还尽一切可能超越世俗,去追求赤子般的天真境界。为了这种追求,他们常常借助于酒。因为,只有在"试酌百情远,重觞忽忘天"的状态下,他们才能超越尘世,超越自我,摈弃一切俗念,真诚坦荡地把自己的内心世界展示出来,把自己平时想说而不便说不敢说的话倾吐出来。在他们这里,艺术精神与酒神精神天然契合,而返璞归真、任性求真,则是二者天然契合的共有基础。

酒是诗人的伴侣,诗人是酒的知己。在诗与酒之中,诗人可以找回隐藏在世俗和浊世之中的真实的自我。罗兰在《诗酒乐天真》中有一段话说得很好,摘引于后,以结本章:

> 一面泛舟,一面与好友饮酒赋诗,是中国文人认为最风雅之事。江上泛舟是为了远离尘嚣,甩脱名利,找回澄静的灵心。与好友相聚时才更真诚。再加上酒助豪兴,则一切顾忌都消除了,这才是最能乐享天然,任性自如,找回真我的时刻。归根结底,无论是"入山访僧"也好,"行到水穷处,坐看云起时"也好,"渴时饮,饥时餐,醉时歌"也好,"与渔翁共醉,溪友为邻"也好,所为都是要从显示虚伪的礼法及名缰利锁的牵绊中解脱,还我天真的本色,求得发自内心的真诚。

第二章 细酌对春风

——艺术化的酒文化

诗意的人生态度(林语堂先生的《生活的艺术》一书对此论述甚详)和契合着深刻艺术精神的酒文化品格,使得中国人的饮酒本身也变成了一种艺术。艺术通过酒而得以尽情挥洒,酒借助艺术而得以升华,艺术化的酒和酒的艺术化,正是一个问题的两个方面,二者双星闪烁,互为映衬,共同谱写了中国酒文化中最为情趣盎然、精彩纷呈的华章。

美酒与美具

唐人有诗云"葡萄美酒夜光杯"。欲饮葡萄美酒,为何一定要用精美的夜光杯呢?用普通的茶碗陶器来饮葡萄美酒,难道会改变葡萄美酒的本质吗?用搪瓷缸、大茶碗饮葡萄美酒,葡萄美酒的品质不会改变,但饮者的心境和情绪会大不相同。俗话说,好马配好鞍,美女嫁俊男。如果在内在品质和外在形式上彼此相差太远,人们就会不由自主地发出"鲜花插在牛粪上"的感慨,感到美中不足,十分遗憾。所以,"葡萄美酒夜光杯"这句诗,实质上已经涉及中国人的审美情趣和饮食文化的一个重要问题,即和谐美与均衡美。落实在酒文化上,就是美酒与美器的问题。

美酒与美器和谐统一,会相映成趣,相得益彰。清代文学家、美食家袁枚对此有一段十分精辟的论述:"古人云:'美食不如美器.'斯语是也……惟是宜碗者碗,宜盘者盘,宜大者大,宜小者小,参错其间,方觉生色。"这里提出了一个"宜"字。所谓"宜",就是适宜、相宜,彼此相称。正是出于这样的认识,人们才格外讲究酒的品质与酒器的相称。这实际上正是酒之艺术化的表现之一。

酒具的历史像酒文化的历史一样源远流长,百娇千媚,多姿多彩。但其基本发展趋势却是由实用到审美,由古朴到精致,由单一到多样。如同书画艺术家注重笔墨纸砚等工具的艺术美一样,人们对酒具的要求,也很注重审美价值和欣赏价值,以便能够在细品佳酿、慢啜玉液的同时,还乐意把酒具作为一种艺术品来欣赏、品味和把玩,从而得到精神的愉悦和审美的享受。考古学证明,公元前22世纪以前的龙山文化的遗存物中,已有不少陶制酒器,如盉、斝、小壶、高脚杯等。这是我们今天所能见到的最早的酒器,距今约有四五千年的历史,在世界酒文化史上也是不多见的。从新石器时代到殷商时期,出现了陶制酒器——用高岭土(瓷土)做原料,经过一千度左右的高温烧成的陶器。商代还出现了釉陶,即有光泽、质地坚硬、兼有陶和瓷的某些特点的表面带釉的陶器,以及青铜器和象牙杯。1938年在湖南宁乡出土的商代四羊尊,其造型之生动,技艺之高超,不仅堪称青铜酒器中的杰作,而且堪称青铜器皿中的珍品。周代的酒具,以青铜器居多,同时也有模拟青铜器的陶制酒具,甚至还出现了一定数量的原始瓷器。到了春秋战国时期,风靡一时的青铜器酒具开始走下坡路,到了秦代,漆器则取代了青铜器,汉魏两晋,漆器尤盛。到了南北朝时期,青瓷酒具开始出现,至隋唐,瓷制酒具成了酒具中的主流。这时的酒具不仅品种丰富,花样繁多,而且造型别致,很有创意。到了宋代,更出现了汝、钧、官、哥、定五大名窑,烧制的瓷器各具特色:汝瓷汁水莹润如堆脂的质感,钧瓷的灿如晚霞、变化自然的窑变色釉,哥瓷的断纹满布、隐裂如鱼子似有意为之的缺陷美和瑕疵美,定瓷那闻名遐迩的精美小巧。五大名窑烧制的酒器,其造型或匀称秀美,或轻盈俏丽，或质朴大方，酒壶则有瓜棱壶、兽流壶、提梁壶、葫芦式壶等多种样式。这时的酒具已经注意到了酒壶、酒杯和注碗的协调搭配，注重整体美，使用时讲究配套。如温酒时用瓜棱形酒壶，注碗则也应用瓜棱形的，这样看起来才显得美观大方，协调一致，否则就有些不伦不类。明代盛行青花瓷器，其中以景德镇生产的最为著名。其特点是瓷胎莹白，青花深翠，式样精妙。青花瓷酒具有酒壶、酒杯、小酒盏等，很受文人雅士的喜爱。崇德年间生产的祭红酒杯和成化年间生产的斗彩瓷酒具，在当时就享有盛名，堪称上品。清代酒具可分为两大类，一是仿古的瓷酒具，如仿商、周的爵、尊、牺尊、角等，仿宋、明的脱胎杯、酒注子、梅瓶、娃娃杯等；二是具有清代特色的酒具，如金钟杯、石榴壶、珐琅彩牡丹杯、素三彩酒具等。但整体来说，仍以景德镇的陶瓷酒具最具代表性，艺术成就也最高，代表着中国古代酒具的最高水平。

酒具的艺术化不仅表现在造型的工巧别致、花样繁多上，而且还表现在所用材料上。很多酒具以用材名贵而著称，如殷商时期奴隶主贵族所钟爱的象牙杯，是用象牙雕刻而成。后来，随着牙雕工艺的发展，象牙杯的制作越来越精美，清代宫廷所用的"牙雕山水人物银里杯"，在不大的杯体上雕刻着精美的山水人物，具有很高的艺术价值。其次是玉石酒器。这种酒器历来被视为酒具中的珍品，在距今三千八百多年前的青莲岗文化遗址中，就已经发现了大量的玉器，据说周穆王曾经使用过精美的玉质"夜光常满杯"。据《史记》记载，刘邦曾在鸿门宴上让张良把玉璧献给项羽，把玉斗（即玉杯）献给项羽的主要谋士范增，虽然别有用心，但足见玉石酒器在当时是弥足珍贵的。玉石酒器主要包括玉尊、玉壶、玉杯、玉酒缸等。此外，还有使用金银等珍贵金属制作酒具的。这种酒具在古代文献中常有记载，在当代出土文物中也得到了证明。《东京梦华录》所记北宋京城汴京的大酒店，饮酒器具就以银制品为多，"以至贫下人家，就店呼酒，亦用银器供送"。至于宫廷御宴，就更不用说了，使用的主要器具就是银制酒具。清代，山东曲阜孔府举行过最高级的宴席"满汉全席"。为了举办这次宴会，孔府专门备有全席使用的餐具404件，可上196道菜肴。相传，这套餐具是乾隆皇帝赠送给七十二代"衍圣公"孔宪培的女儿的陪嫁品之一。餐具不仅质地精美，价值昂贵，造型奇特，而且在器具外都雕刻有各种花卉图案、吉祥话语或古人诗词，使这套餐具更显得雍容华贵，更具审美价值和艺术价值。

酒具的艺术化还表现在酒具与名人骚客的联系上。中国许多名贵的酒具，都和文人骚客有某种联系，聊举数例如下：

荷叶杯。古代文人骚客喜欢剪荷叶制成酒杯来饮酒，既别出心裁，又潇洒脱俗，极富情趣。唐戴叔伦《南野》诗云："茶烹松火红，酒吸荷叶绿。"

北辰樽。魏元忠诗云："愿陪南岳寿，长奉北辰樽。"

凤凰樽。梁元帝萧绎诗："香浮郁金酒，烟绕凤凰樽。"

玉交杯。唐李商隐诗云："冰簟且眠金镂枕，琼筵不醉玉交杯。"

山樽。这种酒杯是用奇木的根瘿刳削而成，最受隐逸之士的青睐。李白有《咏山樽》诗二首。其一云："蟠木不雕饰，且将斤斧疏。樽成山岳势，材是栋梁余。外与金罍并，中涵玉醴虚。惭君垂拂拭，遂添玳筵居。"

连理合欢杯。杨方诗云："饮我连理杯。"宋之问诗云："为尽合欢杯。"

白金盂。白居易有诗云："千首诗堆金玉案，十分酒泻白金盂。"

鹦鹉杯。这种酒杯由南海所产鹦鹉螺壳制成，大约4世纪以后，受到中原上流社会的青睐。据《南州异志》介绍："鹦鹉螺状如霞，杯形如鸟，头向其腹，视似鹦鹉，故以为名。"其壳外有暗紫色或青绿色的花斑，壳内光莹如云母。由于螺壳内腔蜿蜒曲折，薮穴幽深,饮酒时不易一饮而尽,故又有"九曲螺杯"的雅号,特别为文人雅士所钟爱。隋薛道衡有诗咏之云:"同倾鹦鹉杯。"唐朝诗人骆宾王诗云:"鹦鹉杯中休劝酒。"李白有诗亦云:"鸬鹚杓,鹦鹉杯,百年三万六千日,一日须倾三百杯。"

此外,还有一些无聊文人把女人的绣花鞋当酒杯用,名曰"鞋杯"。元代曲家刘时中的散曲《鞋杯》写道:"帮儿瘦弓弓地娇小,底儿尖恰恰地妖娆。便有些汗浸儿酒蒸作异香飘。漱滟得些儿口润,淋漓得拽根儿漕,更怕那口俺喀的展涴了。"这种近似变态的无聊之举,情调庸俗,格调低下,反映出特殊时代文人的心态,但它也从一个方面表明了文人墨客注重饮酒器具、追逐新奇的文化心理。

饮酒与环境

注重饮酒的文化环境,追求和谐的气氛,是酒之艺术化的明显表现。环境美学告诉我们,优美的环境,适宜的场所,融洽的气氛,对人们的审美情趣和欣赏习惯,都有十分重要的正面影响。很难想像,在一个龌龊不堪、乱七八糟、浊气熏天的场所中,即使有琼浆玉液,高人雅士怎会有心情来饮酒?在这样的场所中,人们怎么能够得到美的享受?所以,古人饮酒特别强调环境的优美适宜,气氛的和谐融洽。李白在《春夜宴从弟桃花园序》中描绘了一幅令人心驰神往的饮酒场景:阳春三月,桃花如烟,月光朦胧,和风宜人,诗人和他的堂兄弟们乘此良辰美景,散坐于桃树下,"开琼筵以坐花,飞羽觞而醉月",因之而有"不有佳咏,何伸雅怀"之慨。显而易见,这种"雅怀"是在那幽雅宜人的环境中油然而生。倘若换一个环境,不知李白是否还会有如此雅兴?

唐代酒肆大盛,京都长安和东都洛阳,都有许多著名酒肆,楼高百丈,画栋雕梁,门悬彩旗,匾额醒目,更有妙龄女子轻歌曼舞,丝竹助兴。酒肆之内,兼有太湖石、南海蚌、昆仑松、紫檀雕,以及名人字画、梅兰松菊、花间四友等点缀其间。使用的酒具也大多出自名家之手。如此优雅惬意的环境,怎能不令那些公子王孙、文人雅士趋之若鹜呢?韦应物的《酒肆行》对此有生动的描写:

豪家沽酒长安陌,一旦起兴高百尺。碧疏玲珑含春风,银题彩帜邀上客。回瞻丹凤阁,直视乐游原。四方称赏名已高,五陵车马无近远。晴景悠扬三月天,桃花飘俎柳垂筵。繁丝急管一时合,他墟邻肆何寂然。

有些文人雅士为了追求优雅的饮酒环境,乘船泛舟,一边欣赏湖光山色,一边品尝美味佳肴,高情远致,心旷神怡,既风光无限,又风情万种。唐文宗开成三年(838)的三月三,河南尹在洛水举行船宴,裴度、白居易、刘禹锡等当时名士应邀出席。他们从斗亭登上彩舟,一面泛舟欣赏美景,一面饮酒赋诗,直到天津桥才登岸。从早到晚,"簪组交映,歌笑间发,前水嬉而后妓乐,左笔砚而右壶觞",良辰美景,赏心乐事,让人流连忘返,神逸情畅。白居易左手举杯,右手执笔,写下了《三月三日祓禊洛滨》一诗:

三月草萋萋,黄莺歌又啼。柳桥晴有絮,沙路润无泥。禊事修初半,游人到欲齐。金钿耀桃李,丝管骇凫鹥。转岸回船尾,临流簇马蹄。闹翻扬子渡,蹋破魏王堤。妓接谢公宴,诗陪荀令题。舟同李膺泛,醴为穆生携。水引春心荡,花牵醉眼迷。尘街从鼓动,烟树任鸦栖。舞急红腰软,歌迟翠黛低。夜归何用烛,新月凤楼西。

有画船箫鼓、歌儿舞女相伴,固然热闹畅快,但三五同人,一叶小舟,同样十分惬意。明朝末年,住在西湖的大文豪张岱,在大雪三日之后,拥毳衣炉火,乘一叶小舟,独自往湖心亭赏雪。这时,雾淞沆砀,天与云与水与山,上下一白,湖上的影子,只有长堤一痕和湖心亭一点而已。来到湖心亭,见有二人铺毡对坐,一童子正在烧酒炉,酒水正热。来人见到张岱,高兴地说:"在湖中哪里还能见到你这样的人!"拉张岱一同饮酒,硬是让张岱饮了三大杯。张岱虽与那人素不相识,但还是痛痛快快地饮下了三大杯酒。此时此刻,此情此景,美酒三杯,焉能相拒?

古人饮酒,不仅十分重视饮酒的环境,讲究优雅舒适,流畅快意,而且还有十分精警的总结。有人以为,"法饮宜静,放饮宜雅,病饮宜小,愁饮宜醉,春饮宜庭,夏饮宜郊,秋饮宜舟,冬饮宜室,晨饮宜花,夜饮宜月"。有人以为,理想的饮酒之地应该是"花下,竹林,高阁,画舫,幽馆,曲涧,平畴,荷亭",饮酒的时节是"春郭,花时,清秋,新绿,雨霁,积雪,新月,晚凉"。有人以为,醉酒也应是各有所宜,"醉花宜昼,袭其光也;醉雪宜夜,消其洁也;醉得意宜唱,导其和也;醉将离宜击钵,壮其神也;醉文人宜谨节奏章程,畏其侮也;醉俊人宜加觥盂旗帜,助其烈也;醉楼宜暑,资其清也;醉水宜秋,泛其爽也"。

明郎廷极《胜饮编》言及饮酒的环境,专设"良时"、"胜地"两节,实际上强调的都是饮酒环境的美,一是着眼于时间,二是着眼于空间。他说的良时,主要包括:颂椒、人日、灯宴、探香宴、花朝、踏青、社会、宴睢、访花、修禊、听黄鹂声、送春、新绿、泛蒲、观竞渡、避暑会、竹筱饮、喜雨、迎秋宴、新涨、中秋、登高、红叶、好月、雪朝雪夜、守岁等;胜地主要包括:竹林、兰亭、滕王阁、金谷园、东阁、西园、庐山半道、晚香亭、燕市、香山、洛社、黄楼、西湖、龙门赏雪、砚山、南楼、梁园、朗官湖、绛雪堂、醉翁亭、平山堂、龙山、乐游苑、辋川别业、太白酒楼、聚姓堂、赤壁、稻孙楼、桃李园、云山阁、竹溪、戏马台、南皮之游、东山、历下亭、旗亭画壁、玉山佳处、黄公垆、杏花村等。如果把这些良辰美景、佳酿胜地和它们所包含的种种故事传说都考虑进去,其环境的优雅别致,就更加令人神往了。

清人石成金在论及饮酒的乐趣时,把饮酒之乐分为快乐饮、助兴饮和不可不饮、不得不饮。他认为,天晴气和、良朋会集、湖舫高楼、虚亭消夏、暖阁御寒、闲斋夜月之饮是"快乐之饮",好香佳品、知己谈心、积雨初霁、溽暑来风、器皿精洁、雅令新底、花前月下之饮是"助兴之饮",花朝、月夕、听新声、遇快意事、对雪、读得意书、令节之饮是"不可不饮",逢故友、遇佳品、酿熟、小筑初成、花大放、春将去、雪寒之饮是"不得不饮"。他认为,饮酒之中不可缺少的是高歌、容易佳令、趣话、醒世笑谈、清笛、精碟美酿,不可有的是夸张大话、咬文嚼字、假道学、生客阗席、说家务、冠裳危坐、淋漓满案、欺诈、呕吐狼藉、酸酒、不遵令等等。为了饮酒尽兴,欢快融洽,他还自制了"快乐酒令",很有情趣。

饮酒的对象

饮酒的乐趣之一,就是能够和三五知己举杯小酌,把酒细论文,疑义相与析。所以,从古至今,饮酒者都特别注重饮酒对象的选择。知心好友,情趣相投,志向相近,品味相侔,喝起酒来自然就有"酒逢知己千杯少"的感受。所以,石成金把高朋会集、知己谈心当做饮酒的乐趣之一。如果平时相知甚少,或者是形同路人,甚至是心存芥蒂,即使能够勉强凑在一起,即使不是各怀鬼胎,那也是各有各的小九九,终究是"话不投机半句多",很可能不终席就拂袖而去。像李白那样"花间一壶酒,独酌无相亲。举杯邀明月,对影成三人",把明月作为饮酒的对象,一般人是难得有这种情致和境界的。人们平常饮酒的对象,是有血有肉有感情有喜怒哀乐的活生生的人,因此,这就有一个如何沟通、了解、融洽的问题。所以,带有强烈的情感倾向和审美意向的文人雅士,在饮酒的时候,特别注重选择饮酒对象,惟恐选择非人而影响高雅的情趣,影响朋友间的交流和沟通。这其实也可看做是对饮酒环境——人文环境的一种选择。

关于饮酒的对象,古人以为有几类人可称为理想的对象。一是高人雅士,二是豪杰侠客,三是真诚率直之人,四是心无芥蒂之人,五是知己故交,六是玉人可儿。有人以为,理想的饮酒对象应该是"欵于词而不佞者,娱于色而不靡者,怯猛饮而惜终欢者,抚物为令而不涉重者,闻令即解而不再问者,善戏谑而不虐者,语便便而不乱者,持屈爵而不分诉者,偕众乐而恶外嚣者,飞盏腾觚而德义无怠者,坐端凝而神逸者,宁酣沉而不倾泼者"。所谓"酒逢知己千杯少,话不投机半句多",所谓"诗向解者吟,酒向会家饮",实际上强调的都是选择饮酒对象的重要性。

满园姹紫嫣红之中,忽然冒出几片枯叶,几根乱草,几株恶花,满耳金声玉振之际,忽然冒出几声鸦叫乌鸣,那该是何等的败兴,何等的沮丧!不和谐的饮酒对象,就好像乱草恶花和令人败兴的乌鸦,让高人雅士的酒兴顿时全无。《红楼梦》第28回写贾宝玉、冯紫英、薛蟠等人在冯紫英家宴饮,薛蟠本不是高人雅士,却是硬要来凑热闹。贾宝玉看不惯薛蟠那副德行,提出行雅令,酒令中"要说'悲'、'愁'、'喜'、'乐'四字,却要说出'女儿'来,还要注明这四个字的原故。说完了,喝门杯。酒面要唱一个新鲜曲子,酒底要席上生风一样东西——或古诗、旧对、《四书》、《五经》成语。"令是贾宝玉提出的,故其先行酒令:

"女儿悲,青春已大守空闺。女儿愁,悔教夫婿觅封侯。女儿喜,对镜晨妆颜色美。女儿乐,秋千架上春衫薄。"……宝玉唱道:"滴不尽相思血泪抛红豆,开不完春柳春花满画楼,睡不稳纱窗风雨黄昏后,忘不了新愁与旧愁,咽不下玉粒金波噎满喉,照不尽菱花镜里形容瘦。展不开的眉头,捱不明的更漏。呀!恰便似遮不住的青山隐隐,流不断的绿水悠悠。"……宝玉饮了门杯,便拈起一片梨来,说道:"雨打梨花深闭门。"

接着,冯紫英、蒋玉涵等人行的酒令虽不及贾宝玉,但还恰贴,颇有文采。轮到薛蟠时,这个不懂装懂、假冒斯文的主儿,行的酒令粗俗不堪,虽然令人一笑,却是大煞风景,破坏了优雅和谐的气氛:

"女儿悲,嫁了个男人是乌龟"。……薛蟠瞪了瞪眼,又说到:"女儿愁——"说了这句,又不言语了。众人道:"怎么愁?"薛蟠道:"绣房钻出个大马猴。"……薛蟠道:"……女儿喜,洞房花烛朝慵起。"……薛蟠道:"女儿乐,一根毛毛往里戳。"……薛蟠便唱道:"一个蚊子哼哼哼……"薛蟠还唱道:"两个苍蝇嗡嗡嗡……"

薛蟠胡诌乱侃,满嘴喷粪,令人作呕,实在是大煞风景。一席人听了这样的酒令,哪里还会再有饮酒的兴致?至于那些没有酒德之人,常常借着机会发酒疯,或是使酒骂座,根本无法列入饮酒对象之中。有这样粗俗的人来搅局,常常弄得人们十分扫兴。

酒逢知己千杯少,话不投机半句多。因此,在选择饮酒对象的时候应该谨慎,宁缺毋滥。哪怕是人数少一些,也不要把薛蟠之类假充斯文的人、原有仇隙且容易借酒发作的人梳拢进来。这样的人不仅会搅局,而且会破坏融洽的气氛,会使饮酒丧失美感,把一件原是快乐惬意的事变成大煞风景的扫兴事。

饮酒方式的选择

不论是朋友聚会,还是一人独酌,都要讲究方式。饮酒方式选择得妥当,不仅可以烘托气氛,营造和谐的环境,而且还会变成一种艺术享受,甚至可以说是一种艺术创造。尽管都是饮酒,在酒肆里取一碗酒一饮而尽,固然显得很豪爽,也很有气魄,但它毕竟只是一人的享受,不能与人同乐。也许正是因此,中国人的饮酒方式和西方人有着本质的不同。西方人饮酒常常仅止于饮酒,有菜无菜皆无所谓,而且没有菜肴干饮酒是十分普遍的事,请喝酒是请喝酒,请吃饭是请吃饭,二者互不相关。中国人若是请吃饭,不仅要饮酒,还要有菜,好酒还要有佳肴。不仅如此,饮酒也不是西方那种举杯就饮,而是十分讲究方式,讲究礼仪。可以这么说,中国人的饮酒是一种礼仪,更是一门艺术。

就其本质而言,中国人的饮酒方式,最初是作为区分尊卑贵贱的一种礼仪形式。《礼记》对此有很详细的记载。发展到后来,饮酒虽然仍旧讲究礼仪,但其方式却发生了重大变化,形成了以歌舞侑酒为主要表现形式的饮酒方式。

在中国古代饮酒习俗中,早在周朝就已经有了用歌舞侑酒的方式,春秋战国时期,此风已很盛行。《诗经》中的《宾之初筵》、《山有枢》《鹿鸣》等章,对此都有生动的描述。两汉时期,出现了专门助兴侑酒的官家歌妓。赵王刘迁的母亲,就是歌伎出身。(事见《汉书·冯唐传》)曾经高吟"对酒当歌,人生几何"的曹操,虽然曾经颁布过《禁酒令》,但他对酒的爱好,却是寻常人所不能及的。临死的时候,他不仅嘱咐姬妾分香卖履,还要把身边的婢女歌伎都留在铜雀台,每月的初一、十五,那些歌儿舞女从早到晚对着躺在帐子里的曹操唱歌作乐。魏晋时期,此风更盛。嵇康追求的人生最高境界,就是有琴有酒,相得益彰。他曾经说:"浊酒一杯,弹琴一曲,志愿足矣!"阮籍的侄子阮咸酷似乃叔,"不交人情,惟共亲知,弦歌酣饮"。当时的一些达官贵人还都私养家伎,教习歌舞,若是重要的宾客到来,宴会时就要让家伎出来献歌跳舞,以尽客人之兴。最为著名的是石崇,他招待客人时令家伎载歌载舞,甚至连茅房中也站满歌伎,以至于有的客人如厕时很难为情。南朝诗人鲍照对这种歌舞侑酒的方式很是欣赏,他的《代春日行》诗这样写道:"献岁发,吾将行。春山茂,春日明。园中鸟,多嘉声。梅始发,柳始青……弦亦发,酒亦倾。入莲池,折桂枝。芳袖动,芬叶披。两相思,两不知。"从诗中描述可知,不仅文人雅士饮酒要借助歌舞助兴,就是那些春情初动的少男少女,在游春踏青时,也要借助音乐舞蹈来助兴。

　　唐代的音乐更为发达,尤其是西域音乐最受欢迎,唐玄宗一反历代帝王排斥异端和外来事物的做法,甚至把西域音乐定为"正声",当做大型庆典宴会中的必奏之乐。《唐六典》卷十四记载:"凡大燕会,则设十部之伎。一曰燕乐伎,有庆云乐之舞、庆善乐之舞、破阵乐之舞、承平乐之舞;二曰清乐伎,三曰西凉伎,四曰龟兹伎,五曰高丽伎,六曰天竺伎,七曰安国伎,八曰疏勒伎,九曰高昌伎,十曰康国伎。"唐代私养家伎成风,每当有重要的客人要招待时,家伎不仅要出来歌舞助兴,而且甚至可以当做礼物送给客人。据孟棨《本事诗》记载,李司空仰慕刘禹锡的高名,经常邀请他到家中饮酒,喝到高兴的时候,就令歌伎出来歌舞助兴。刘禹锡乘兴赋诗一首:"鬓髩梳头宫样妆,春风一曲杜韦娘。司空见惯浑闲事,断尽江南刺史肠。"李司空读后大喜,当即把那个漂亮的伎女慷慨赠送给刘禹锡。杜牧做御史时,退居在家的李司徒家有舞伎上百人,个个国色天香、技艺不俗。有一次,杜牧到李司徒家赴宴,一边饮酒,一边看舞女的歌舞表演,忽然问道:"听说有个叫紫云的,不知是哪一个?"李司徒立即指给他看。杜牧看了,称赞道:"果然名不虚传。不知是否可以惠赠?"曾经"十年一觉扬州梦,赢得青楼薄幸名"的杜牧不仅风流潇洒,而且十分率直,竟然开口向人家要名伎。不过,这件事倒是可以看出当时用歌舞伎女侑酒之风是如何的盛行。

　　胡旋舞、胡腾舞和柘枝舞,是唐代最为盛行的侑酒之舞。白居易的《胡旋女》诗这样描写胡旋舞:"弦鼓一声双袖举,回雪飘飘转蓬舞。左旋右旋不知疲,千匝万周无已时。"李端这样描写胡腾舞:"扬眉动目踏花毡,红汗交流珠帽偏。醉却东倾又西倒,双靴柔弱满灯前。环行急蹴皆应节,反手叉腰如却月。丝桐忽奏一曲终,呜呜画角城头发。"柘枝舞在唐朝中期以后常见于达官贵族和文人雅士的宴会上。苏州太守韦某的千金小姐,父兄早亡,家道衰落,沦为歌伎。一天,潭州刺史李翱大宴宾客,命一歌伎跳柘枝舞来助兴,应邀前来赴宴的殷尧藩认出跳舞的歌伎就是曾经贵为太守千金的韦氏,不由得感慨万千,即席赋诗一首相赠:"姑苏太守苏娥女,流落长沙舞柘枝。满座绣衣皆不识,可怜红脸泪双垂。"李翱见诗,询问韦氏身世,得知详情后,十分感慨地对众人说:"我与韦氏有亲戚之谊。"于是就把她引到后庭与夫人相见,不让她再去做歌伎,又置办妆奁,将她嫁给一位士人为妻。

比起征战沙场的将士"中军置酒宴归客,胡琴琵琶与羌笛"(岑参《白雪歌送武判官归京》),文人骚客似乎更热衷于用歌舞来助酒兴。白居易"浔阳江头夜送客"时,就曾为"举酒欲饮无管弦"而备感遗憾。(《琵琶行》)杜甫在四川听到官军平定"安史之乱"的消息,也曾异常欣喜地表示:"白日放歌须纵酒,青春做伴好还乡。"(《闻官军收河南河北》)而那些有身份地位又喜风流潇洒的文人士大夫,似乎更喜欢携妓而饮,"使君虽老颇多思,携觞领妓处处行"(白居易《题灵岩寺》),"处处闻管弦,无非送酒声"(刘禹锡《路傍曲》),就是这种风气的写照。这样一种风气浸淫至深,以至于连从西域来的胡姬也精于此道。杨巨源的《胡姬词》这样写道:"妍艳照江头,春风好客留。当垆知妾愤,送酒为郎羞。"结果使得胡姬当垆的酒肆备受豪家子弟的欢迎,一如李白《少年行》之二所写的那样:"五陵少年金市东,银鞍白马度春风。落花踏尽游何处,笑入胡姬酒肆中。"

歌伎在宴席上所唱的歌曲,多是当时流行的名家诗歌(唐代绝句多入曲)。王昌龄、王之涣、白居易、李益等人的诗作,传唱得就很广泛。薛用弱《集异记》所载长安梨园歌伎唱歌助人饮酒事,生动地记述了当时流行的歌舞侑酒之风。故事说的是,盛唐著名诗人王昌龄、王之涣、高适某一天一起到旗亭饮酒,刚好皇家梨园伶官数人也在这里设宴,他们只好坐在一个角落里,一边饮酒,一边观赏那边的风景。那边歌女以歌助兴,端的是婉转歌喉,字正腔圆。王昌龄提议道:"我辈各擅诗名,平时总是没有机会分个高下。现在让我们看一看,谁的诗歌入歌最多,就以谁为上。不知二位意下如何?"高适和王之涣连声称妙。只见一个歌女走到前台,先唱道:"寒雨连江夜入吴,平明送客楚山孤。洛阳亲友如相问,一片冰心在玉壶。"歌伎唱的是王昌龄的《芙蓉楼送辛渐》。王昌龄听了,很是得意,在墙壁上画了一道。这时又一女伶唱道:"开箧泪沾臆,见君前日书。夜台今寂寞,独是子云居。"这是高适的《哭单父梁九少府》。高适听了,也高兴地在墙上画了一道。第三个女伶出来了,唱道:"奉帚平明金殿开,且将团扇共徘徊。玉颜不及寒鸦色,犹带昭阳日影来。"唱的是王昌龄的《长信秋词》。王昌龄梅开二度,自是十分高兴,在墙上又画了一道。王之涣是久享盛名的诗人,所作诗歌多被传唱,如今出来三个人,竟然没有一人唱他的诗歌,不由得急了。他指着即将唱歌的最为漂亮的一位歌伎说:"如果这个女子唱的不是我的作品,我从此甘拜下风,再不与二君争高较低。"果然,那位歌女上台后,开口唱道:"黄河远上白云间,一片孤城万仞山。羌笛何须怨杨柳,春风不度玉门关。"她唱的正是王之涣最为著名的《凉州词》。三人相视大笑。

有时候,侑酒所唱的歌词需要即时填写。天宝年间,一个暮春的上午,风流天子唐玄宗陪伴爱妃杨玉环到兴庆宫观赏牡丹。本来,李龟年率领的梨园弟子早已做好准备,但是唐玄宗却说:"对爱妃,赏名花,为何要用旧词?"于是,命高力士速召天才诗人李白进宫。谁知,李白这一天喝醉了酒,一到沉香亭就大吐起来。唐玄宗并不怪他,让高力士给他脱去靴子,又亲自为他擦拭嘴角的流涎。

李白醒酒后,带醉挥毫,即席作《清平调》三章:

  云想衣裳花想容,春风拂槛露华浓。若非群玉山头见,会向瑶台月下逢。
  一枝红艳露凝香,云雨巫山枉断肠。借问汉宫谁得似,可怜飞燕倚新妆。
  名花倾国两相欢,长得君王带笑看。解释春风无限恨,沉香亭北倚阑干。

  唐玄宗看后大喜,即命李龟年率梨园弟子按调而歌,并亲赐李白御酒一杯。一时间歌声缭绕,翠袖飘舞,很是惬意。
  唐代诗人酒宴上的即席之作,不仅仅是为了劝酒助兴,而且还常常借酒抒怀。白居易的《赠梦得》一诗,就是酒宴上即席之作,表达了希望天下太平、身体健康、老朋友常聚的美好心愿:"前日君家饮,昨日王家宴。今日过我庐,三日三会面。当歌卿自放,对酒交相劝。为我尽一杯,与君发三愿:一愿世清平,二愿身强健,三愿临老时,数与君相见。"冯延巳的《长命女》与此相似,只不过主人公希冀的不是美好的友谊,而是长久的爱情:"春日宴,绿酒一杯歌一遍,再拜陈三愿:一愿郎君千岁,二愿妾身常健,三愿如同梁上燕,岁岁长相见。"
  宋承唐风,歌舞劝酒之风盛行于官宴和私宴上。北宋词人柳永、秦观的作品,有许多都是为歌女而作的,很多作品在歌女中传唱不衰。吴曾的《能改斋漫录》载有这样一件事:杭州西湖有一人唱秦观的《满庭芳·山抹微云》,不经意中把"画角声断谯门"唱成了"声断斜阳",歌伎操琴马上站出来指出这一错误。那人开玩笑似地说:"你能给这首词改韵吗?"操琴于是把这首词改成"阳"字韵,改过的作品,深得大词人苏轼的赞赏。其词云:"山抹微云,天粘衰草,画角声断斜阳。暂停征棹,聊共引离觞。多少蓬莱旧侣,频回首,烟霭茫茫。孤村里,寒鸦万点,流水绕红墙。　魂伤。当此际,轻分罗带、晚解香囊。谩赢得、青楼薄幸名狂。此去何时见也,襟袖上,空有余香。伤心处,高城望断,灯火已昏黄。"这个故事固然表明了歌伎操琴的机敏才思和文采,但从中却不难看出秦观词在歌伎中广为流传、深受欢迎的程度。

歌伎即席歌唱,主要是为了给客人侑酒助兴。但是,也有一些视轻狂薄幸为风流儒雅的文人士大夫,视歌伎为玩物,情调庸俗,格调低下,把艺术化的饮酒方式当成了宣泄个人情欲的手段。鄂州知州王韶设置家宴招待客人,席间让歌女出来唱歌劝酒,来客中有一个名叫张绩的人,借酒轻薄,欲对歌女非礼。歌伎受到侮辱,向主人哭诉。王韶不但不为她做主,反而责怪她让客人败了兴。当然,文人士大夫中也有不喜欢歌舞侑酒的。北宋陈烈在福州做挂名"教授",福州知州蔡襄和他私交甚好,邀他来府上饮酒,在后花园设宴,席间歌伎"举歌一拍",吓得陈烈急忙越墙而逃。蔡襄以为陈烈太迂腐,越墙而逃更是荒唐,写诗二首讽刺他。其一云:"七闽山水掌中窥,乘兴登临对落晖。谁在画楼沽酒处,几多鸣橹趁潮归。"其二云:"晴来海色依稀见,醉后乡心即渐微。山鸟不知红粉乐,一声檀板便惊飞。"

歌舞侑酒中最为有名的例子是苏轼的"赤壁放歌"。宋神宗元丰五年(1082)冬,一个风和日丽、阳光明媚的上午,黄州赤壁矶栖霞楼上笑语阵阵,热闹非常,一群热心的朋友在这里为贬居黄州的苏轼举行生日宴会,祝贺他迎来了47岁生日。酒过三巡,大家都为善吹洞箫的四川道士杨士昌离去,无以助兴劝酒而感惋惜。就在这时,远处忽然传来一阵悦耳的笛声。原来,黄州人李委精晓音律,听说苏轼今日做寿,特意谱写了《鹊南飞》以表敬意。苏轼为黄州父老的厚爱所感动,即席挥毫,写出了千古绝唱《念奴娇·赤壁怀古》,赠与李委。李委情不自禁地和着曲谱即席演唱起来,其歌声雄浑豪迈,山野回响,大江唱和。

此外，以花果风月侑酒，也是常见的饮酒方式。"左把花枝右把杯"，"花时同醉破春愁"，是许多文人雅士心驰神往的雅事。每当高朋满座胜友如云之时，若是临花对月，花色花香，花姿花态，花情花韵，都会增添饮酒者的雅兴，引发饮酒者的诗情。宋人陈尧佐曾居高官，晚年退居郑圃，朋友张士逊从洛阳送来酒和牡丹，他很是感激，写诗相答："有花无酒头慵举，有酒无花眼懒开。正向西园念萧索，洛阳花酒一时来。"邵雍隐居洛阳安乐窝时，花与酒成为他最为知己的朋友，吟咏花酒之作颇多。如《插花吟》："把酒嘱花枝，花枝亦要知。花无十日盛，人有百年期。摅此销魂处，宁思中酒时。若非诗断割，难解一生迷。"《对花吟》巧妙地把花与酒融合在一起，清楚地表明花的侑酒之功：

> 春在花更好，春归花遂残。好花留不住，好客会亦难。酒既对花饮，花宜把酒看。如何更斟满，乃尽此时欢。

明代诗人李攀龙的《和许殿卿春日梁园即事》，也是以花酒为对象，写尽了对花饮酒的无限风情：

> 梁园高会花开起，直至落花犹未已，春花著酒酒自美。丈夫但饮醉即休，才到花前无白头，红颜相劝老为留。春风何处不花开，何处花开不看来，看花何处好空回。

清人方浚颐在《梦园丛说》中记载了都门赏花饮酒的情况，反映出都市社会风俗和士大夫的生活情趣，可以看出清人对赏花饮酒方式的热衷："极乐寺之海棠，枣花寺之牡丹，丰台之芍药，什刹海之荷花，宝藏寺之桂花，天宁、花之两寺之菊花，自春徂秋，游踪不绝于路。又有花局，四时送花，以供王公贵人之玩赏。冬则……招三五良朋，作消寒会，煮卫河银鱼，烧膳房鹿尾，佐以涌金楼之佳酿,南烹北煮,杂然陈前,战拇飞花,觥筹交错,致足乐也。"

群芳之中,与酒最有缘分的首推菊花。陶渊明归隐田园之后,日子过得非常清苦,有时连饮酒的嗜好也无法满足。时逢九月九日重阳节,佳节而无酒,陶渊明独自一人来到院子外面的菊花丛中,摘菊盈把,静坐伤神。就在这时,友人王弘派人送酒来,他立即开坛畅饮,一醉方休,醉了就倒在菊花旁酣睡。陶渊明的这段韵事,开了文人赏菊饮酒的先河,对后世文人影响很大,所谓"一从陶令平章后,千古高风说到今"。(《红楼梦》中林黛玉诗)后世文人常常把赏菊和饮酒联系起来,借酒咏菊,以菊助酒。杜甫《九日齐山登高》云:"江涵秋影雁初飞,与客携壶上翠微。尘世难逢开口笑,菊花须插满头归。但将酩酊酬佳节,不用登临恨落晖。"宋代著名女词人李清照的《醉花阴》写道:"东篱把酒黄昏后,有暗香盈袖。"《红楼梦》中贾宝玉有《种菊》诗,诗云:"携锄秋圃自移来,篱畔庭前处处栽。昨夜不期经雨活,今朝犹喜带霜开。冷吟秋色诗千首,醉酹寒香酒一杯。泉溉泥封勤护惜,好知井径绝尘埃。"史湘云有《菊影》诗云:"秋光叠叠复重重,潜度偷移三径中。窗隔疏灯描远近,篱筛破月锁玲珑。寒芳留照魂应驻,霜印传神梦也空。珍重暗香踏碎处,凭谁醉眼认朦胧。"

梅与松、菊号称"岁寒三友",自然也是侑酒的上品。据《龙城录》记载,隋朝开皇年间,赵师雄游罗浮山,日落黄昏时分,路经一家林间酒店,被一淡妆素抹、美丽动人的美人迎进店中。二人把酒对盏,一位绿衣童子在一旁歌舞助兴,甚是惬意。赵师雄不知不觉间喝醉了,等醒过来时,已是次日清晨。举目来看,哪里有什么美女酒店,原来是醉卧在一棵茂盛的梅花树下,树上还有翠绿色的小鸟鸣叫呢。这虽系传说,但它也说明古人对梅畅饮的雅好,表现出人们引高洁不俗、傲霜斗雪的梅花为同调的文化心理。

"人面桃花"的故事,则隐含着饮酒人对桃花的喜爱。唐孟棨《本事诗》记载,崔护考进士不中,心情十分不快,清明那天,独自一人到长安城南游玩,到了一个村庄,有一人家,宅院约有一亩大小,花木葱茏,寂静无人。他想讨口水喝,敲门敲了很久,方有一女子出来,从门缝中窥视崔护良久,问是何人。崔护就如实将姓名告诉她,说:"我一人游春独行,饮酒多了,口有些渴,求杯水喝。"那女子就端一杯水来,打开门,让崔护进来坐下,而她却独倚小楼,站立一旁,情意款款,妩媚多姿,明妍照人。崔护拿话来挑逗她,那女子却是不说话,只是用眼睛看着他。崔护辞行,女子送他到门口,然后十分不情愿地转身进去,而崔护回去时,也是一步一回头,不住地朝回看。一年之后,崔护旧地重游,却已是物是人非,桃花依旧绚丽多彩,而那个少女却已不知去向,不由得满腹惆怅,赋诗一首:"去年今日此门中,人面桃花相映红。人面不知何处去,桃花依旧笑春风。"是否真有此事,当然值得怀疑,但从这首诗中可以看出崔护对少女与桃花的深厚感情。清人梁逸的《把酒桃花下》诗,则抒发了饮酒之人对桃花的喜爱之情:"茅屋水声里,面面桃花红。深杯独浅酌,花落盈杯中。今日向花醉,明日枝头空。开落固有时,何用嗟春风。"

  清雅洁白的梨花,也是饮者的心爱之物。据《长乐集》记载,杭州风俗,人们多喜欢趁梨花开时酿酒,名之曰"梨花春"。《洛阳记》中也说,洛阳人每逢梨花盛开之时,便纷纷携酒饮于梨花之下,名之曰为梨花"洗妆",有人为了得到年年饮于梨花下的机会,甚至出钱把梨树买下来。据记载,汝阳侯穆清叔寒食节郊游,见几位少年在梨花下饮酒,就上前打招呼。少年问他是否会饮酒,是否会做诗。他点了点头,满饮一杯之后,即席口占一诗。众少年听了,都为他的才华所折服。(事见《云斋广录》)

  牡丹国色天香,雍容华贵,素称群芳领袖,百花之王,喜饮酒者自然不会熟视无睹,而是常常对花品酒。唐朝朔方节度使李进贤,每逢牡丹花开,都要举行"牡丹会",邀请宾客前来饮酒赏花。据《群芳谱》记载,张无功举行牡丹花会,客人到齐后,他并不急着摆宴举杯,而是要等牡丹怒放的时候,才卷起花园的竹帘,让浓郁的花香扑鼻而来,给宾客一个惊喜,然后才摆酒奏乐,赏花饮酒。《如皋志》记载,南宋时,江苏如皋县东孝里庄园中有紫牡丹,每当紫牡丹开放的时候,全乡的人不分男女老少,都纷纷前来观赏,饮酒于花间。有一个名叫李嵩的老人,从80岁一直饮到109岁,历孝宗、光宗、宁宗三朝。

兰花又叫木兰花,与松竹梅菊一样,被传统文化赋予了高洁不俗的品格,成为饮者的侑酒之物。据《岚斋录》记载,张博任苏州刺史时,特意在门前种植兰花,每逢花开之时,就广邀宾客,前来赏花饮酒。唐朝诗人陆龟蒙有一次去赴朋友举行的木兰花会,因为迟到,罚酒之后,又罚写诗。他刚写了"洞庭波浪渺无津,日日征帆送远人"两句,就不胜酒力而醉倒了。酒醒之后,望着鲜艳欲滴的木兰花,顿时来了灵感,立刻续出了后面两句:"几度木兰舟上望,不知原是此花身。"妙语惊人,收煞得趣,甚有情致。

如同春华必有秋实一样,有鲜花盛开,就有硕果累累。饮者爱屋及乌,爱花亦爱果,常常用花木的果实来侑酒。南朝宋、齐之际的戴颙,每逢春日郊游,总是喜欢带上两个橘子一斗酒,到郊外倾听黄鹂的鸣叫,而黄鹂声则是他"浴耳针砭,诗肠鼓吹"的美妙音乐,两个橘子则是其佐酒的佳肴。(事见《云仙杂记》)据《南史》记载,南朝陈宣帝喜欢用水果宴饮群臣,国子祭酒徐孝克是个大孝子,每次都要拿几个水果放在口袋中,回去给老母亲吃。樱桃也是侑酒的佳品,唐代不少帝王不仅喜欢吃樱桃,而且喜欢用樱桃侑酒,最为甚者是唐中宗,他喝酒时必有樱桃,否则就不喝。(事见《景龙文馆记》)樱桃还是新中进士曲江宴上的必备食物,所以有人称这种宴会为"樱桃宴"。酸酸的杨梅也可以佐酒,李白诗写道:"玉盘杨梅为君设,吴盐如花皎白雪。持盐把酒但饮之,莫学夷齐事高洁。"陆龟蒙的诗,则有用莓苔佐酒的记载:"酒痕衣上杂莓苔,犹忆红螺酒一杯。正被绕篱荒菊笑,日斜还有白衣来。"到了宋代,南方人用橄榄佐酒的风俗,则已经为北方人所接受。王禹偁有诗写道:"北人将荐酒,食之先颦眉。皮内苦且涩,历口复弃遗。良久有回味,始觉甘如饴。我今何所喻,喻彼忠臣辞。直道逆君耳,斥逐投天涯。世乱思其言,噬脐焉能追。"诗歌以橄榄果作为喻体,记述了北方人对橄榄果的认识和接受过程,称赞了橄榄的"谏果"本色,尤其是将忠臣逆耳之言比作橄榄,甚见匠心。

饮酒与自然

"醉翁之意不在酒,在乎山水之间也。"欧阳修这句名言道出了酒与自然的关系,揭示出中国酒文化的精神内涵和人文特征,是自然景观与饮酒者文化心态的形象化写照。在文人雅士看来,真正清雅的饮酒,不在豪华奢侈的酒肆之中,而在优美恬淡的自然之间。这种酒的自然化,或曰自然的酒化,是以天人合一为主要特征的中国传统文化在酒文化中的表现,它强调的是和谐、融洽和沟通,是物我为一。

清风明月,青山绿水,其美丽幽雅是天然生成,任何人工雕琢,只能得其形,而不可能真正得其神,所谓于形似中求神似,只是人们的一厢情愿。真正美丽舒适、清新幽雅的自然风景,的确能够引起饮者的清思雅兴。也许正是因此,诗仙李白才如此情有独钟,反复吟唱"花间一壶酒,独酌无相亲。举杯邀明月,对影成三人",高歌"青天有月来几时,我今停杯一问之"。他"开琼筵以坐花,飞羽觞而醉月","两人对酌山花开,一杯一杯复一杯"。著名诗人王维刚有感于"襄阳好风月",就要"留醉于山翁"。元结更为甚之,他放船于石鱼湖,想落青天外,竟然要以山为酒杯,以湖水为酒池,坐在巴丘山上,用瓢舀酒与朋友豪饮:"石鱼湖,似洞庭,夏水欲满君山青。山为尊,水为沼,酒徒历历坐洲岛。长风连日作大浪,不能废人运酒舫。我待长瓢坐巴丘,酌饮四座以散愁。"(《石鱼湖上醉

歌》)

　　李清照肯定是饮酒之后为溪亭的自然美所陶醉,所以才"常记溪亭日暮,沉醉不知归路。兴尽晚回舟,误入藕花深处"(《如梦令》)。苏轼不仅有"明月几时有,把酒问青天"那样的千古绝唱,而且有畅饮于明月清风之中的浩渺长江时所写的《前赤壁赋》。明人唐伯虎在对明月佐酒的描写中,充分表现出他那狂放不羁、自由洒脱、蔑视权贵的胸襟与气概:"李白前时原有月,惟有李白诗能说。李白如今已仙去,月在青天几圆缺。今人犹歌李白诗,明月还如李白时。我学李白对明月,月与李白安能知?李白能诗复能酒,我今百杯复千首。我也不登天子船,我也不上长安眠。姑苏城外一茅屋,万树桃花月满天。"(《把酒对月歌》)清人李佳的《秦淮竹枝词》,则写出了美景佐酒、千杯不醉的神奇效应:"桃叶渡头有酒沽,饮之不醉尽千壶。阿侬只爱秦淮水,有人恰誉莫愁湖。"林翰的《春尽日饮匹园归赋》,情景交融,物我为一,写出了自然景物侑酒的无穷妙趣:"江城一角远城喧,小筑楼台有此园。白酒与春期约后,乌山俯坐听清言。灯前看鬓花光在,竹里行厨野意存。颇喜今年尘累少,屡陪籍客到韩门。"周思南生性爱饮酒,只要一有客人来,他就问人家是否会饮酒,能否多留一段时间陪他饮酒。如果连续几天没有客人来,找不到合适的酒友,他就要请人来饮酒。一时找不到人,则不论渔、樵、耕、牧,童仆婢女,他都要和他们喝。实在得不到满足,他就呼云邀月而饮。

　　以自然风物来侑酒,不仅表现出高情雅致,而且还流露出人们与自然沟通交亲的渴望,反映出人与自然的亲和。也许正是因为要与自然亲和,郊野饮酒才成为一种盛行不衰的饮酒方式。王羲之置酒兰亭,曲水流觞,实际上就是一种郊饮的方式。唐代以后,郊饮的方式更为流行。据《开元天宝遗事》记载,当时京都长安的侠士少年,每到春天来临的时候,就结伴联党,准备马匹,在郊外的花树下并辔驰骤。下人们则掂着酒壶、拿着酒杯跟在后面,遇见好的园子，就停下来饮酒。那些公子王孙春天郊游，在花园苗圃中支起帐子，摆设酒宴。随行的人则带着油布，不下雨就铺在地上，如果遇到阴雨天气，就用油布遮蔽风雨。文人雅士和闺门淑女，到了正月十五那天，各自乘马坐轿，来到郊外的花园苗圃中，观赏春天的美景，饮酒作乐。

唐代最为著名的郊饮，是新科进士的曲江宴游。此宴在"关试"（吏部考试）之后，故而又称"关宴"。因地点在曲江池西边的杏园之内，故而又称"杏园宴"。又因同榜进士同时聚集在曲江，所以又叫"曲江大会"。又因樱桃是宴会上必备的食品，所以又叫"樱桃宴"。这一天，参加宴会的不仅有新科进士，而且还有主考官、达官贵人、富商大贾，以及进士亲朋等。有时候，当朝皇帝高兴了，也携带嫔妃来凑凑热闹。到了这天，曲江园林处处是"钿车珠鞍"、"金鞭玉镫"。前来看热闹的，更是人来人往，摩肩接踵，观者如潮。当然，最为风光的还是那些新科进士们，他们品美酒，尝佳肴，交友拜师，谈诗论文，游览风景，观赏湖光山色，举行各种各样的娱乐活动，最后再到大雁塔题名留念。率性者则坐在草地上，脱靴摘履，去帽掷冠，开怀畅饮，人们把这种饮酒方式称为"癫饮"。

上巳节的曲江游宴也久负盛名，几可与新科进士的曲江宴相媲美。大诗人杜甫《丽人行》描述的就是上巳节杨氏兄妹宴游的盛况，以及他们那炙手可热的权势与豪奢。唐代皇帝在三月三日上巳节于曲江园林大宴群臣，已是一种惯例。唐玄宗时举行两类宴会，一类是皇帝赐群臣宴，参加者上至皇亲国戚、宰相重臣，下至长安、万年两县县令，而且允许携带家眷，与会者甚众。一类是民间自发的游园野宴，参加者有公子王孙，士农工商，三教九流，人数更多。赐宴并不摆在一起，皇帝、贵妃和近臣之宴设在主建筑"紫云楼"上，这里居高临下，可以俯瞰曲江全景。宰相和大臣们则在彩船上设宴，可以一边饮酒，一边欣赏风光。其他宴席则分别设在曲江池周围的楼台、亭阁及临时搭建的豪华幕帐中。这一天，曲江池里,处处可见宴席,处处可观歌舞。"才见春光生绮陌,已闻清乐动云韶",就是对上巳节曲江宴盛况的生动描述。

开元、天宝年间的仕女探春宴和裙幄宴,则是别有一番情致。据《开元天宝遗事》记载,探春宴一般设在正月十五元宵节过后不久,官宦富豪之家的年轻女性相约到郊外游春赏春。她们先是踏青散步,欣赏春光,然后择地设宴,饮美酒,品佳肴,充分享受平时难得享受的自由和浪漫,尽情表现春天来临时的喜悦,直到日暮方归。裙幄宴一般是在三月三日上巳节前后,地点多是在曲江池。这时桃红柳绿,春意盎然,妙龄女子盛装出游,漫步在曲江园林,倾情于春色春意之中,游玩累了,就席地而坐,周围插上竹竿,把鲜艳的裙子连接起来,挂在竹竿上,形成一道帷幕,那些年轻女子在帷幕之中开怀畅饮,载歌载舞,尽情挥洒。裙幄宴因此而得名。盛唐之后,年轻女子结伴成群游春赏春的风流浪漫之事,就风光不再了。

宋人对郊野之宴也很有兴趣。据《东京梦华录》记载,每年的清明节,汴京城外"四野如市",人们或聚集于树下草丛,或聚会于园林亭台,摆上杯盘菜肴,斟上美酒,一边赏春,一边畅饮。其他一些城市居民也借清明节扫墓的机会,纷纷携酒带食出游,而所谓的扫墓,实际上成了郊游宴饮的一个幌子。明清之际,这种风气颇为盛行。张岱《陶庵梦忆》记扬州清明扫墓之俗,可见人们借扫墓为郊野之饮的情形:"扬州清明,城中男女毕出,家家展墓。虽家有数墓,日必展之。故轻车骏马,箫鼓画船,转折再三,不辞往复。监门小户,亦携肴核纸钱,走至墓所,祭毕,席地饮胙。"

清代,郊游宴饮之风仍盛行不衰。乾隆年间,京师的居民每到暮春初夏之时,就备上酒菜,携儿带女到公主坟一带宴饮。后来渐成习俗,成为京城的一大景观。前因居士的《日下新讴》对此有生动描述:

公主坟前漾碧流,花儿闸外荡轻舟。都人雅穆江乡趣,佳日良朋载酒游。东便门外通惠河,即运河也。大道桥以下,凡有五闸。过庆丰闸至平津上闸,俗名花儿闸。其地有公主坟,对岸则平畴(旷)衍,(柳)树参差,水色明鲜,绿蒲映带,颇有江乡景趣。每逢初夏,都人耳慕,多作载酒之游,为"逛三闸"。

借助酒令饮酒,是中国人最为常见也最为流行的饮酒方式。关于这一点,将另辟专章论述。

饮酒不仅仅是为了解颐,也不仅仅是为了满足所谓的"酒瘾",它还是沟通关系、交流感情、增进友谊、促进了解的一种手段。也许正是因此,人们对饮酒才有了许多讲究,讲究饮酒的器具,饮酒的环境,饮酒的方式。但所有这些,实际上都是外在的东西,都可以看作是饮酒的外在环境。而酒文化的奥妙和深邃之处,则在于饮酒者对酒文化艺术化的感悟和把握,在于他们的饮酒体验是否具有审美层面的内容。

就饮酒体验而言,不同的人有不同的感受,因而也就有不同的方式。文人雅士注重斯文,文质彬彬,因而讲究细酌慢品。艄公、农夫等体力劳动者长期在高强度的体力劳动中生活,饮酒的时候,即使想慢饮细品,也没有那个环境和条件。而水泊梁山的英雄好汉,则是以豪饮著称,大碗喝酒和大块吃肉、大秤分银,成了他们最为基本的外在特征。但是,从科学的角度说,饮酒确实宜慢不宜快,宜缓不宜猛。作家老烈说,饮酒宜慢,不可一大口一大口咕嘟咕嘟往里灌,要一小口一小口地慢慢品,杯口贴着唇边,轻轻送入口中,无声无息,压在舌根,然后咽下。这种"呷"最得酒神之韵,所谓"浅斟慢酌"者是也。有人把这种以缓和的节奏去对付白酒的方式,称作"以柔克刚",而以柔克刚正是中国道家文化的精髓之所在。俄国大作家契诃夫在《萨哈林游记》中讲到他在中国东北一个小酒馆看到的中国人饮酒的情形时说:"他们一口一口地喝,每一次都端起酒杯,向同桌邻座的人说一声'请',然后喝下去,真是怪有礼的民族。"

　　就饮酒体验而言,许多人认为饮酒的最佳境界是"微醺"或"微醉",而不是大醉。尽管包括屈原、李白等名人在内的人都曾期望自己真正进入"一醉解千愁"的境界,但只要还算清醒,只要不是为了借酒浇愁(事实上是"举杯销愁愁更愁"),恐怕很少有人愿意用酒精来麻醉自己,更不愿喝得烂醉如泥。即使是爱饮酒的人,也不愿意喝"高"了。在他们看来,饮酒的最佳境界是稍稍有一点酒意或醉意,这就叫"微醺"。略有酒意或醉意,既蒙蒙眬眬,又清清楚楚,既飘飘欲仙,又脚踏实地。在这种情况下,一个人很容易思维活跃,口齿伶俐,反应敏捷,感情奔放,因而也最容易进入审美层面,达到艺术创造和审美创造的最佳状态。正是因此,应提倡细酌慢饮,饮酒者不应不顾一切地去追求什么"一醉方休",而应努力使自己进入微醺的状态,恰到好处地做到"美酒饮教微醉后"。如果说饮酒确是一门艺术,那么,能够做到"美酒饮教微醉后",才是酒文化最见艺术性的一种追求,一种超凡脱俗的境界。

第三章 酒助翰墨色

——书画艺术中的酒文化

中国的书画艺术和酒文化有着极为密切的关系。虽然从终极意义上说,书画艺术都是一定社会生活的反映,是艺术家思想情感和艺术创造力的具体表现,但严格地说,它们主要的不是客观地表现社会生活,也不是再现人们的生活经历,它们表现的是艺术家源于社会生活的主观情感和艺术感受。如果把社会生活比作坚实的大地,书画艺术则是飘浮在高空的五彩云霓。书画艺术是华夏民族的智慧与创造力的最集中表现,它凝结着民族精神与时代的心理情结,积淀着深厚的民族意识,是民族文化的艺术化体现。

中国古代有着灿烂辉煌的书画艺术。历代那些或稚拙或雄健或淡雅或秀美或苍浑的碑帖法书,那些或朴素淡雅或神秘莫测或灿若云霞的绘画作品,都是书画艺术家以其独特的审美原则和审美理想,与客观世界、生活场景及他们所处的时代进行心灵对话的形象记录,是民族文化与民族心理意识的艺术结晶。

南朝齐著名画家宗炳论及山水画时,有一个很著名的观点,这就是"山水质有而趣灵"和"山水以形媚道而仁者乐"(《画山水序》)。在画家的眼中,山水虽是无生命之物,却具有人的灵性和机趣,山水之形和"道"相侔,可以表现出仁者的胸襟和气度。山水的客观性和画家的主观性、情绪化在审美层面达到和谐统一,就会产生出伟大的作品,所谓"夫以应目会心为理者,类之成巧,则目亦同应,心亦俱会。应会感神,神超理得,虽复虚求幽岩,何以加焉？又神本亡端,栖形感类,理入影迹,诚能妙写,亦诚尽矣"。书画艺术倘能达到"妙写"的境界,就必须做到客体与主体的和谐统一。而创作主体表现出来的主观性、情绪化和审美性特征,则为书画艺术与酒文化精神的契合创造了广阔的空间,为艺术家的艺术创造留下了驰骋艺术想像的充分余地。对于艺术家来说,酒的重要作用之一,就在于为创作主体建构一个自由畅达、无遮无碍的心灵空间,在于开拓和激发艺术家的创作灵感,丰富他们的艺术想像力和艺术创造力。

林语堂先生认为,书法艺术表现出气韵与结构的最纯粹的原则,欣赏中国书法,意义在于忘言之境,其结构与笔画只有在不可言传的意境中体会其真味。在这片绝对自由的园地中,各式各样的韵律变化,与各种不同的结构形态都经尝试而有新的发现。(林语堂:《中国人》,浙江人民出版社1988年版,第265页)著名画家丰子恺先生认为,感兴是画家的生命。为了培养这种感兴,必须做到意志自由——心所欲为,无不如愿,故其心境常宽,神情常逸,思想无束缚之虞;身体自由——不拘礼仪,精神乃畅;嗜好之不可遏——力遏之即妨其意志与身体之自由;时间之无束缚——若束缚其时间,则局促而不能肆其技巧;趣味独立——学画而无独立之趣味,成画匠而难成画家。(参见《丰子恺文集·艺术卷》第1册,浙江人民出版社1990年版,第1~4页)可见,在艺术家的眼里,精神之自由,心境之畅达,意识之无碍,是保证创作进入佳境的必备条件。而这样一些要求,实际上都从不同方面为酒文化精神与艺术精神的契合提供了理论与实践的依据。

与主体的情绪感兴、自由无拘相联系,灵感与顿悟在书画创作中具有十分重要的作用。一部洋洋数十万言的长篇小说或结构宏伟的剧本,不可能仅凭直觉和灵感来产生,而一件书画艺术品,却完全可以在直觉和灵感的作用下在很短的时间内来完成。书画艺术的这一特性,使其很自然地与酒文化产生亲和力。不少书画艺术家或因酒得力,妙笔生花,增添了作品的神韵;或借酒为题,巧妙构思,丰富了作品的意蕴;或在酒中感悟到了柳暗花明的崭新艺术境界,或在酒中抓住了稍纵即逝的灵感的火花。清人唐晏的《饮酒》诗,很好地概括了酒在艺术创造中的作用:

> 昌黎新饮酒,为文侔其醲。张侯藉酒力,草圣卓不群。古人所以饮,为屏世虑纷。酒为翰墨胆,力可夺三军。夫岂乐为此,故违诔语文。

精神层面的灵犀相通

酒与书画艺术的关系,主要表现在酒文化精神与书画艺术在创作者情感心灵层面的契合。书法、绘画美学的理论与实践,在其本质上都与酒文化精神有着直接或间接的联系。具体表现在以下七个方面:

其一,强调兴会感悟。书画艺术家有许多精妙之论,有"书道玄妙,必资神遇,不可以力求也;机巧必须心悟,不可以目取也"(虞世南《笔髓论》,引自《中国书论辑要》,浙江美术出版社1988年版。以下书论皆转引自该书,不再注明)之说,有"兵无常势,字无常体,倘悟其机,则纵横皆成意象矣"(杜本《书论》)之说,有"挥运之妙,必由神悟"(盛熙明《法书考》)之说,有"书画之妙,当以神会"(沈括《梦溪笔谈》,引自《中国画论类编》,人民美术出版社1986年版。以下画论皆转引自该书,不再注明)之说,有"法可以人而传,精神兴会则人所自致。无精神者,书虽可观,不能耐久玩索;无兴会者,字体虽佳,仅称字匠"(蒋和《书法正宗》)之说。

其二,强调意趣性灵。周星莲以为:"作书能养气,亦能助气……若行草,任意挥洒,至痛快淋漓之候,又觉灵心焕发。"(《临池管见》)唐岱以为:"画山水贵乎气韵,气韵者非云烟雾霭也,是天地间之真气。"(《绘事发微·气韵》)邓以蛰指出:"美术不外两种,一为工艺美术,所谓装饰是也。一为纯粹美术,纯粹美术者,完全出诸性灵之自由表现之美术也,若书画属之矣。"(《书法之欣赏》)朱和羹认为:"作书要发挥自己性灵,切莫寄人篱下。"(《临池心醉》)李叔同说得更明白:"从来艺术家有名的作品,每于兴趣横溢时,在无意中作成。"(《泓一法书》)

其三,强调表现个性。张怀瓘在《六体书论》中说:"如人面不同,性分各异,书道虽一,各有所便。顺其情则业成,违其衷则功弃。"诸宗元则以为:"人之心性,往往于作书时自然流露。"(《中国书学浅说》)梁启超在《书法指导》中也说:"如果能够表现个性,这就是最高的美术,那么各种美术,以写字为最高。"

其四,强调纵情适意。东汉大书法家蔡邕说:"书者,散也。欲书先散怀抱,任情恣性,然后书之。若迫于事,虽中山兔毫不能佳也。"(《笔论》)项穆和蔡邕有类似的看法:"书之为言,散也,舒也,意也,如也。"(《书法雅言》)

其五,强调超尘脱俗、妙造自然。张璪曾说:"外师造化,中得心源。"(《历代名画记》)黄休复把"拙规矩于方圆,鄙精研于彩绘,笔简形具,得之自然,莫可楷模,出于意表"之书法称之为"逸格"(《益州名画录》)。沈子善以为:"一个甘于淡泊、心境清虚的人,方可在学习书法的过程中不受名利的诱惑而获得较高的成就。"盛大士则指出了摆脱名利束缚的重要性:"凡作诗画,俱不可有名利之见……作画亦然,初下笔时胸中先有成算,某幅赠某达官必不虚发,某幅赠某富商必得厚惠,是其卑鄙陋劣之见,已不可向迩,无论其必不工也,既工亦不过诗画之蠹耳。"(《溪山卧游录》)

其六,强调审美愉悦、注重美感。明代著名画家文征明的《夏日睡起》诗,道尽为诗作画的快乐和美感:"绿荫如水夏堂凉,翠簟含风午梦长。老去自于闲有得,困来没与客相忘。晴窗试笔端溪滑,石云烹云顾渚香。一鸟不鸣心境寂,此身真不愧羲皇。"王昱德以为:"学画所以养性情,且可以涤烦襟,破孤闷,释躁心,迎静气。"(《东庄论画》)用苏轼的话说,笔墨之中"有至乐,适意无异逍遥游","如饮美酒消百忧"。

其七,强调情感宣泄,求得精神的解脱和心灵的慰藉。书画创作是一种审美活动,也是心灵的交流,情感的宣泄。在书画艺术家看来,世上的万事万物,都可以现诸笔端,形诸翰墨。喜怒哀乐,忧愁悲愤,怨恨思慕,佗傺耿耿,大凡有动于心者,皆可形诸翰墨。宋代书法家雷简夫听到平羌江涛声阵阵,不由得心潮澎湃,热血沸腾,但若是赋诗咏之,急切间又无佳构,"无物可以寄情",于是"遽起作书",一阵挥洒,借助书法来宣泄激情。书法艺术成了遣兴抒怀的最好途径。

艺术创作最注重心境的恬静,情怀的畅达,最注重精神的自由与身心的愉悦,所以,许多人都把艺术创作作为情感宣泄的手段。而这也正是酒文化精神的实质所在。酒与艺术的契合,不仅在于形式的相似或相近,更主要的还在于创作主体与外在世界的灵犀相通。只要看一看中国艺术史,看一看那些传之千古的佳作珍品,不难发现酒文化所起的重要作用。

酒与书法艺术

书法艺术是中华民族传统文化的瑰宝,是东方艺术所独有的民族之花,是中国人民奉献给世界艺术宝库的奇葩。它是无声的诗,无像的画,无音符的音乐。书法艺术源远流长,可以说中国的象形文字从一开始就具有了艺术性特征。正是在这个意义上,可以说中国书法史和中国文字史是等长的。郭沫若先生认为:"中国的文字,在殷代便具有艺术的风味。殷代的甲骨文和殷周金文,有好些作品都异常美观。留下这些字迹的人,毫无疑问,都是当时的书家,虽然他们的姓名没有流传下来。但有意识地把文字作为艺术品,或者使文字本身艺术化和装饰化,是从春秋时代的末期开始的。这是文字向书法的发展,达到了有意识的阶段。"(《古代文字之辨证的发展》,载《考古》1972年第3期)而在书法史上占有重要地位的商、周青铜器铭文,大多是刻在酒器上的。不论这是出于偶然还是必然,我们都该感谢借用酒器给我们流传下来非常珍贵的书法遗产的祖先们,正是他们开创了书法史的源头,也开了酒与书法相联系的先河。

东汉后期,书法已经发展成为一门有着相当高的审美价值的艺术,出现了一批很有影响的书法家和书法理论著作,书法家如杜操、崔瑗、刘德升、有"草圣"之誉的张芝和以隶篆享誉的蔡邕。其中,以隶书见长,被誉为"骨气洞达,爽爽有神"的蔡邕,就是一位大名鼎鼎的"醉龙"(见《书法要录·传授笔法人名》)。虽然由于年代久远,材料匮乏,我们无从知晓这位书法大师醉眼蒙眬中是如何"下笔如有神"的生动景象,但是,从"醉龙"的雅号中,还是不难看出他的书法艺术与酒文化有着不解之缘。蔡邕还是一位书法理论家,他在《篆势》中对秦汉流行的篆书特点作了总结,指出了篆书的主观性、自由性、模糊性和不确定性,透露出这位"醉龙"对书法艺术的深刻理解,对酒文化精神的亲身体验和有意识的借鉴。

魏晋时期是人的自我意识的觉醒和文学的自觉时期,也是书法艺术大发展的时期,更是我国的书法艺术成熟与繁荣的时期。这一时期,书法名家辈出,书法艺术硕果累累,异彩纷呈,争妍斗奇。中国书法史上许多著名的书法家,如钟繇、皇象、卫瓘、索靖、卫夫人(卫铄)、王羲之、王献之等,都是开山立派的人物。诚如林语堂先生所说,"书以晋人为最工,亦以晋人为最盛。晋之书,亦犹唐之诗、宋之词、元之曲,皆所谓一代之尚也"。

晋代之所以会出现书法艺术大盛的局面,与这一时期特有的清谈、饮酒和服食之风有直接的关系。魏晋名士的表征与徽记,是谈玄、饮酒、服药和发牢骚。要做名士,或者让别人承认你是名士;就必须具备这些最为基本的特征。"俗好清谈,风流相扇,志轻轩冕,情骛皋壤。机务不以经心,翰墨于是假手,或品极于峰杪,或赏析于毫芒。及至父子争胜,兄弟竞爽。殚精以赴,疲神靡辞。以此为书,宜其冠绝后古,莫与抗行矣。"(林语堂:《中国人》,浙江人民出版社1988年版)名士们既不把国家兴衰、社会治乱、朝代更迭等所谓的国家大事放在心上,不去追求功名利禄,自然也就有很多时间和机会品茗饮酒,为书作画。这样一来,书法与酒就自然而然地攀上了亲戚,彼此之间形成了一种特殊的关系。王羲之最著名的作品《兰亭集序》的产生,就是一个很好的例证。

王羲之(303~361),字逸少,出身于琅邪临沂世家大族。王羲之有风操才辩,为世人所重。太尉郗鉴欲为女儿选婿,派门生去见丞相王导,求赐一王氏后生为女婿。王导给郗鉴回信说:"君往东厢,任意挑选。"门生回来,把这件事告诉主人,说:"王家诸郎,都是很可爱的人物。听说选婿,忽然都矜持起来。只有一个人袒腹卧于床上,好像没有听到这件事似的,一点不为所动。"郗鉴说:"我的女婿就是这个人了!"亲自前去拜访,方知此人乃是王羲之,于是就把女儿嫁给了他。王羲之曾任江州刺史、右军将军、会稽内史等职,后因与扬州刺史王述不睦而称病辞官,隐居于会稽,与当时名士孙绰、许玄、谢安、支遁、李充等游山玩水,诗酒唱和。晋穆帝永和九年(353)三月初三上巳节,王羲之与谢安、孙绰、孙统、许玄等41人,至会稽山阴(今浙江绍兴)之兰亭修禊(一种通过某种仪式来消除疾病和不祥的活动)。这天,群贤毕至,少长咸集,加之兰亭所处"有崇山峻岭,茂林修竹,又有清流激湍,映带左右",于是,众人流觞曲水,饮酒赋诗。众人共赋诗44首。王羲之作为东道主,将众人所做诗歌汇为一帙,名之为《兰亭集》,并欣然为之作序。王羲之酒酣之后,"挥毫制序,兴乐而书……遒媚劲健,绝代所无"。酒醒之后,王羲之又将序文写了百十遍,其效果皆不及醉时所作。(事见何延之《兰亭记》)可见,正是借助了酒的力量,王羲之才写出了他本人再也难以超越同时也为后世书法家激赏不已的艺术珍品。传说唐太宗李世民非常珍爱王羲之的《兰亭集序》帖,生前终日玩赏,死后又将其殉葬昭陵。宋代书家黄庭坚对王羲之的书法很是推崇,指出:"右军笔法如孟子言性、庄周谈自然,纵说横说,无不如意。"(《山谷题跋》)朱熹认为王羲之的《十七帖》"从容衍裕,而气象超然,不与法缚,不求法脱,真所谓——从自己胸襟流出者"(《朱子大全》)。王羲之的书法自然流动,气象超然,皆从胸襟中流出,深得酒文化精神之精髓。

如同唐诗是中国诗歌史上的巍巍丰碑一样,唐代的书法也是中国书法成果最丰、成就最高的。这一时期,名家辈出,流派众多,群星灿烂,蔚为大观。其中以草书见称的两位大师张旭和怀素,其书法创作都与酒有着十分密切的关系。草书自由奔放,不拘法度,看起来书家似乎是任意挥洒,随意点画,但实际上却是张弛有度,结构有法,很讲究行笔运势和布局谋篇的艺术美。所有这些,恰恰与酒文化精神相契合。

即以素称草书一绝的张旭而论,他的得意之作往往写于醉酒之后。他常常在喝醉酒后,一个人关在屋子里,忽而狂喊大叫,忽而奔跑跳跃,尽情地折腾,尽情地表现,然后提笔凝神,随意挥洒。有的时候嫌用笔不能尽兴,就把头伸进砚池,蘸一头墨汁,在绢纸上随意地摇来摆去。待酒醒之后,再看醉中所书之字,龙飞凤舞,吞云吐雾,千姿百态,别有一种神韵。(事见《新唐书·张旭传》)张旭的草书在当时有很大影响,唐文宗李昂把李白诗歌、裴旻舞剑和张旭的草书称为"三绝"。杜甫《饮中八仙歌》这样写道:"张旭三杯草圣传,脱帽露顶王公前,挥毫落纸如云烟。"高适《醉后赠张旭》云:"世上谩相识,此翁殊不然。兴来书自圣,青云在目前。床头一壶酒,能更几回眠?"李顾《赠张旭》云:"张公性嗜酒,豁达无所营。皓首穷草隶,时称太湖精。露顶据胡床,长叫三五声。兴来洒素壁,挥笔如流星。"诗家论张旭书法,着眼于酒神精神的作用,都很生动形象。书家论张旭的草书,则着眼于他的放达雄逸。蔡希综说张旭"卓然孤立,声被寰宇……雄逸气象,是为天纵"。(《法书论》)苏轼则以为"长史草书,颓然天放,略有点画处,而意态自足,号称'神逸'"。(《东坡集》)

有"草圣"之称的怀素,俗姓钱,后出家为僧,自命"狂僧"。他虽系佛门中人,却蔑视世俗礼教和宗教戒律,不仅在《食鱼帖》中公然大谈食鱼食肉的美妙感受,而且嗜酒如命,曾经一日九醉,当时人戏称他"醉僧"。他酒酣兴发之时,遇寺壁庙墙、衣物器皿,随意书写,有人说他是"饮酒以养性,草书以畅志"(陆羽《僧怀素传》)。他自己也承认这一点。他在题南朝大画家张僧繇的《醉僧图》诗中写道:"人人送酒不曾沽,终日松间醉一壶。草圣欲成狂便发,真堪画入醉僧图。"这首诗不仅是怀素书法人生的写照,而且道出了怀素的书法创作和酒文化难解难分的亲密关系。著名的《自叙帖》长达七百余字,首尾贯通,体势飞动,显示出作者精湛的艺术功力和卓异的创造品格。帖中有两句说得很好:"醉来信手两三行,醒后却书书不得。"表明怀素的书法创作与酒文化有着十分深厚的关系。正常情况下,清醒的时候,却是写不出好的作品,而在醉眼蒙眬之中,神与物游,心存世外,物我两忘,这个时候任意挥洒,随意点画,却是字字飞动,宛若有神,且章法独具。宋代书法家米芾说得好:"怀素书如壮士拔剑,神采动人,而回旋进退,莫不中节。"(《海岳书评》)当时一些著名诗人都把怀素醉酒作书当作佳话趣事来咏赞。李白有诗云:"少年上人号怀素,草书天下称独步……吾师醉后倚胡床,须臾扫尽数千张。飘风骤雨惊飒飒,落花飞雪何茫茫?起来向壁不停手,一行数字大如斗。恍恍如闻神鬼惊,时时只见龙蛇走。左盘右蹙如惊电,状同楚汉相攻占。"(《草书歌行》)五代书法家、诗人杨凝式评价怀素的草书,着眼点也在作者的创作欲望与酒文化的契合上:"十年挥素学临池,始识五公学卫

非。草圣本须因酒发,笔端应解化龙飞。"(《题怀素酒狂帖后》)

"少年多病怯杯觞"的苏轼直到晚年也不大会喝酒,但这并不妨碍他对酒有浓厚的兴趣和独到的领悟,不妨碍他成为最具酒神意识的艺术家之一。他对酒的感悟,表现为丰富的感性、深刻的直觉、独到的品悟、率真的表述,以及心灵的空灵和风格的飘逸。他的书法与黄庭坚、米芾、蔡襄并称宋代四大家。他和黄庭坚、米芾是可以交心的好朋友。有一次,他从扬州回京师,路过雍丘(今河南杞县),当时米芾正在这里做知县,听说苏轼到访,米芾欣喜之极,立即备席设宴。苏轼来到客厅一看,不禁哑然失笑,原来厅内"对设长案,各以精笔、佳墨、妙纸三百列其上",而酒菜则放在书桌旁。二人举杯对饮,每饮一巡,就展纸挥毫,各写一幅字,然后再喝,喝完又写,兴致淋漓,饮疾书速,忙得研墨的书童手忙脚乱,连喘气的工夫都没有。一直到了傍晚,酒尽纸光,二人这才尽兴,然后互相交换书法,各自珍藏。(事见《宋人轶事类编》)苏轼的传世名作《洞庭春色赋》等,既有古槎怪石之形,又有大海风涛之气,风格独具,令人赞叹。苏轼书法的这种艺术风格的形成,从酒文化精神中得益颇多。他的朋友兼学生黄庭坚就曾说过:"东坡道人少时学《兰亭》,故其书姿媚似徐浩;至于酒酣放浪,意忘工拙时,字特瘦劲似柳诚悬。中岁喜学颜鲁公、杨风子书,其合处不减李北海。至于笔圆而韵胜,挟以文章妙天下、忠义贯日月之气。本朝善书,自当推为第一。"(《山谷集》)陆维钊也有类似的评价:"宋人之书,当以苏轼为第一……其书姿美似徐浩,圆韵似李邕,而酒酣放浪,意忘工拙,字特瘦劲,又似柳公权。"(《书法述要》)苏轼曾把新建的堂屋取名曰"醉墨",并亲自酿酒,撰写《北山酒经》,且有不少咏酒之作。苏轼对酒感情至深,酒也成就了苏轼的诗名文名,成就了他那古拙不俗的书法艺术。

明末清初的著名书画家朱耷,一生把酒当做不可或缺的忠诚伴侣,其佳作名篇每每出于醉酒之后。人们知道他有醉后为书作画的习惯,为了得到他的墨宝,往往是准备好酒菜,以请他饮酒为名,待他酒醉后,再拿出事先准备好的笔墨纸砚,让他即兴挥毫。而朱耷常常是"洋洋洒洒,数十幅立就"。如果没有酒,想向他索片纸只字也是不可能的事,就是出重金购买,也得不到,所谓"虽陈黄金百镒于前勿顾也"(《清朝野史大观》卷九《清朝艺苑》)。

清朝的另一位书法家傅青生性喜饮"苦酒",自号"老糵禅"、"酒道人"、"酒肉道人"。其子傅眉酷似乃父,喜欢饮酒,也喜欢书法。一天,傅青酒后来了兴致,笔走龙蛇,写了一幅草书。傅眉照着父亲的样子临摹一幅,然后把父亲的真迹藏起来,而把临摹的放在书案上。傅青醒后,一眼就看出了书案上放的是模仿之作,而且其模仿仅得皮毛,未得精髓,缺少"中气"(《清史稿·遗逸》)。他所说的"中气",实际上就是笔随神动的灵动之气,是酒神精神所催发的豪放飘逸之气。

中国古代的书法名家借助酒神精神的激励和催发,使其书法创作锦上添花,多有神来之笔。有的人书艺本来平平,没有太多的过人之处,但在酒酣兴浓之时却可以超水平发挥,且往往有神来之笔,创造出令人叹为观止的艺术佳作,成为书法艺术史上传之弥久的佳话。据《皇明杂录》记载,风流天子唐明皇酷爱书法,他的隶书《石台孝经》丰腴爽利,颇有盛唐气概。有一天,他忽来兴致,问大臣苏环:"草书难得其人,不知谁擅长此书?"苏环有子名苏颋,聪明过人,文书俱佳,有"燕许大手笔"之誉。苏环举贤不避亲,回答说:"臣不知其他人是否擅长草书,只知臣之子为文甚速,可备使令。然而,臣之子性喜饮酒,如果不是沉醉,完全可以应付各种事情。"于是,唐玄宗宣召苏颋进宫,刚好苏颋喝醉了酒,沉醉未醒,就糊里糊涂地被人扶上了金銮殿。他还未来得及说话,却已"哇"的一下吐了出来,把干干净净的金銮殿弄得一塌糊涂,吓得侍臣们出了一身冷汗,都以为这一下苏颋要倒霉了。谁知唐玄宗爱才心切,竟不计较,让他在御榻上先休息一会儿。苏颋醒来后,果然不负厚望,拿起笔来就写,一挥而就,字体灵动,甚有气势。唐玄宗大喜,高兴地抚摸着他的背说:"真是知子莫若父啊!"

北宋仁宗赵祯多才多艺,书法虽然难称大家,但也有一定功底,而且对书法一直很有兴趣。一天,他在化成殿饮了几杯酒,精神亢奋,心血来潮,书兴大发,带着几分醉意写了"四民安乐"四个大字。一向以耿直著称的邵雍见了这四个字,很是感动,称赞宋仁宗是"虽在酒历,嫔在御列,尚不忘四民"的好皇帝。这话虽有吹捧之嫌,固然不可全信。但是,仅从书法艺术的角度来看这四个字,确实颇有气势,尤其是飞白,更为精妙,其水平远在平时所作之上。北宋诗人苏舜钦立朝谔谔,直言敢谏,颇得"庆历新政"的领袖人物杜衍、范仲淹、富弼等人的赏识,杜衍还把他招为东床快婿。御史中丞王拱辰等人为了反对"庆历新政",借口苏舜钦等用公款召妓女享乐,上疏弹劾,苏舜钦因"监守自盗"罪被除名,发配到苏州。苏舜钦在"小桥流水人家"的苏州修筑沧浪亭,经常在亭内饮酒写字以自娱,天长日久,书艺大进。有时酒酣落笔,洋洋洒洒,别具风神,颇有名家气势,很受时人推重。有"小太白"之称的南宋大诗人陆游,书法艺术虽然难以与苏、黄、米、蔡四大家相比,但"草书学张颠,行书学杨风",书艺很有名家风范。他尤其喜爱张旭的醉中狂草,喜爱它的豪迈劲爽和洒脱无羁。他常常借草书来抒发胸中的愤懑不平和冲天豪气,并屡屡形诸诗章。如《草书歌》:"倾家酿酒三千石,闲愁万斛酒不敌。今朝醉眼烂若电,提笔四顾天地窄。忽然挥洒不自知,风云入怀天借力。神龙战野昏雾腥,奇鬼摧山太阳黑。此时驱尽胸中愁,搥床大叫狂堕帻。"其《题醉中所作草书卷后》云:"胸中磊落藏功名,欲试无路空峥嵘。酒为旗鼓笔刀槊,势从天落银河倾。"豪情逸兴,磊落爽朗,读来如在眼前,令人拍案叫绝。

很难想像,假如少了酒神精神的介入和激励,书法艺术不知要减去几多空灵,几多潇洒,几多豪迈,几多千古不灭的神品,几多脍炙人口的佳话。假如没有酒神精神的介入和激励,不知那些嗜酒爱酒的大书法家该如何度过他们的人生,如何写出那令后人叹为观止的书法珍品。假如没有酒神精神的介入和激励,不知历史老人是否还如此慷慨地把那么多的书法名家赐给我们。张芝、张旭、怀素、苏轼、朱耷等大书法家之所以能够在书法艺术史上彪炳千古,固然与他们对书法艺术的爱好和钻研有直接关系,与他们对前人书法艺术的学习借鉴密不可分,但是也应该承认,酒神精神在他们的书法艺术生命中确实起着不可低估的作用。正是在这一意义上,我们要感谢中国的酒文化,感谢酒文化的神奇力量。

酒与绘画艺术

中国的绘画艺术与书法艺术殊体同源,和书法艺术一样源远流长。胡小石先生认为:"古者书画同源,以一画面记一事,此实当为最早之记录方式,亦即最早之原始文字也。"(《书艺略论》)1978年河南临汝县(今汝州市)阎村出土的《鹳鱼石斧图》表明,早在五千年前的新石器时代,中国的绘画艺术就已经达到了很高的水平。此画由白、黑、土红色与土黄色的陶衣共同构成一个强烈、质朴、单纯的画面。画面上用不同方法处理了三个形象,体现出作者匠心独运的艺术构思,反映出中华民族远古时代的造型特征。随着人类文明程度的不断提高,绘画艺术在人们社会生活中的地位越来越重要,艺术水平和创造性也越来越高。许多绘画艺术家通过他们那富有个性的创造性劳动,给我们留下了许多珍贵的艺术作品。在"微茫惨淡"、"有丰致,有缥缈"的笔情墨象之中,体现出中华民族对宇宙自然的看法,对社会人生的态度,对山水胜景的热烈情怀,对美与永恒的不懈追求。可以毫不夸张地说,绘画艺术集中体现了中华民族的丰富智慧和艺术创造力,并在某种意义上标志着华夏文明在古典艺术领域的最高水平。

传统绘画艺术取得的辉煌成就,同样与酒文化有着极为密切的联系。具体表现在两个方面,一是不少传世名作的创作过程,得力于酒神精神的介入和激励,尤其是文人兼画家的作品最为明显;二是许多与酒相关的故事、传说与场景,成为绘画艺术常见的题材,并产生了一批十分优秀的作品。

　　酒与绘画结为良缘,是由来已久的事情。相传秦汉年间的安期生,曾"以醉石上,皆成桃花"(《酉阳杂俎》)。这虽属传说,但它至少说明在很早之前,人们就相信酒神精神对绘画艺术的非常作用,说明酒文化与绘画艺术有着十分密切的关系。盛唐著名画家吴道子(名道玄)有"画圣"之称,不到20岁,就已穷尽丹青之妙。他笔下的道士浮屠,形象生动,线条遒劲,气势雄峻,笔法圆润,神采飞动,衣服飘举,世称"吴带当风"。他的人物画着色轻拂微染,自然超出缣素,后人谓之"吴装"。吴道子还兼善山水,写蜀道怪石崩滩,若可扪酌,自成一家。苏轼认为:"诗至于杜子美,文至于韩退之,书至于鲁颜公,画至于吴道子,而古今之变,天下之能事毕矣。"(《书吴道子画后》)吴道子初向张旭、贺知章学习书法,学书不成,于是改为学画,曾事逍遥公韦嗣立,"因写蜀道山水,始创山水之体,自为一家"。他善画山水人物,创立了山水画派。但是,他"好酒使气,每于挥毫,必须酣饮"(《历代名画记》卷九)。吴道子长期浪迹于长安、洛阳间,在两地的道观、寺院留下了许多壁画。相传他在长安崇仁场资圣寺净土院门外墙壁上"秉烛醉画",神妙非常。一位寺僧想得到他的一幅真迹,特意准备了百石美酒,摆在寺院两廊下,对吴道子说:"您若是能为我作一幅画,这百石美酒全部归您了。"吴道子本来是不轻易为别人作画的,但见了这百石美酒,却是非常爽快地答应了那个僧人的要求。(事见《京洛市塔记》)

　　盛唐时期著名的山水诗人王维,也是一位著名的山水画家。张彦远说他的泼墨山水画"笔迹劲爽"。《旧唐书》本传说他"书画特臻其妙,笔踪措思,参与造化,而创意经图,即有所缺,如山水平远,云峰石色,绝迹天机,非绘者之所及也"。荆浩则认为王维的画"笔墨宛丽,气韵高清。巧写象真,亦动真思"(《笔法记》)。

　　诗、文、画兼擅的苏轼则从"得之于象外"和表现文人士大夫的生活情趣与精神气质的角度来评价前代画家,他认为"道子实雄放,浩如海波翻。当其下手风雨快,笔所未到气已吞",但比较而言,"吴生虽妙绝,犹以画工论。摩诘得之于象外,有如仙翮谢樊笼。吾观二子皆神俊,又于维也敛衽无间言"(《东坡集》卷二《王维吴道子画》),将王维置于吴道子之上。王维开创的以写意为主的文人画,最得酒文化的精髓。王维性喜饮酒,隐居蓝田辋川时,还时常从酒店赊酒来饮,由此还引出一段佳话。蓝田人韩干穷困潦倒,在酒店做佣工,常到王维家送酒取钱。有一次,韩干去取钱时,正赶上王维外出未归,他就一边等候,一边随意在地上乱画,画了很多人、马等物。王维回来后,一见称奇,以为韩干有作画的天赋,就慷慨解囊,出资供韩干学画。韩干不负王维的重望,终于成为自具风神的画马大师。由于酒的缘故,王维不经意间发现一个绘画天才,而韩干也因酒无意中成了画马高手。

　　唐代另一著名画家郑虔以山水画见长。他常在画上自题诗,诗、书、画皆妙,人们称之为"三绝"。他每次作画,都要先饮酒至酣,待醉意蒙眬、精神亢奋之时,再挥毫运笔。杜甫说他"酒后常称老画师"。宋人郑刚中以为郑虔"酒酣意放,搜罗表象,驱入毫端,窥造化而见天性。虽片纸点墨,自然可喜"(《论郑虔阎立本优劣》)。长期隐居于江湖之间、自称烟波钓叟的张志和,音乐、书画、诗词皆扬名一时。他视酒为隐中知己,喜爱有加,"常在酣醉后,或击鼓吹笛,舐笔成画"。

　　宋代是文人画完全自觉的时代,以悠闲适意、写意重韵、自由挥洒、审美自娱为特色的文人画,终于由涓涓细流汇为奔腾汹涌的大潮,压倒了以功利性、写实性和宗教性为特色的传统绘画,成为中国绘画艺术的主流。中国文人画的两种重要形式——大写意和泼墨画，都是文人士大夫宣泄情感、感悟人生、体验社会的最为便捷又最为痛快淋漓的形式，与酒文化的关系都很密切。形刻镂雕的写实性工笔画固然也可以写出胸中逸气，表达艺术家的所思所想，但画家的情感释放是在刻画形象的漫长而烦琐的过程中逐步进行的。对那些欲一吐胸中的怨气，尽情宣泄复杂的情感，豪爽激越而又追求一时快感的艺术家来说，这一过程无疑是一种压抑和束缚。他们要在有限的时间内，在大力度、高强度的艺术表现中，将满腹郁闷和澎湃的激情痛快淋漓地抒发出来，大写意画和泼墨画显然是最为合适的艺术形式。

文人画：人生大写意

　　大写意画追求明快的构图，洒脱的笔墨，金石的韵味，诗的意境，追求畅达超然地表现深沉悠远的情感，自然和谐的物象，多姿多彩的个性。文人写意画始于唐，盛于宋，历久不衰，代有名家。

　　写意画的许多名家，都和酒文化有着不解之缘。李成本系唐朝宗室，入宋以后，家世衰微，时运不济，命途多舛，遂纵情于诗酒风月，沉湎于琴棋书画。有人向他索画，必须先备上酒席。待他饮酒饮到高兴的时候，虽随意挥洒，却往往烟云万状，栩栩如生。北宋的包贵、包鼎父子都是画虎名家，包鼎每次画虎之前，都要先"洒扫一室，屏人声，塞门涂牖，穴室取明，一饮一斗"，待酒酣意足之后，再"脱衣，据地卧、起、行、顾"，模仿老虎的各种动作和姿势，体会老虎的神态和气势，等到悟出了老虎的特性时，就再饮酒一斗，然后乘着酒兴，"取笔一挥，尽意而去"（《后山丛谈》）。他画的老虎姿态各异，神情毕现，给人力透纸背、虎虎生威之感。楼钥赞其所画之虎云："吾闻宣城包，今古称独步。投老笔愈精，利牙爪可怖。方其欲画时，闭户张绢素，磨墨备丹彩，饮酒至斗许。解衣恣盘礴,手足平地踞,顾盼或腾拿,窥之真是虎。捉笔一挥成,神全威不露。"(《攻媿集》卷三)南宋写意画高手僧法常(号牧谿)是位有名的饮君子,他常常在醉酒之后放声高歌:"无拘无束,其乐陶陶!"明代大收藏家项元汴对他的作品极为欣赏,以为他的写意画不仅形貌逼真,而且得其神韵,可谓巧夺天工。不仅如此,法常在海外画界也享有很高的声誉,被日本画界尊为"画道大恩人"。宋理宗淳祐元年(1241),曾与他一同师从无准禅师的日本圣一国师回国时,将他赠送的三轴观音像和猿鹤图带回日本国,被视为稀世之宝,至今仍保存在日本东京的大德寺内。

宋代的山水画家,如范宽、郭忠恕、赵孟坚等,皆是高阳酒徒。郭忠恕少年聪颖,7岁举童子,曾召为博士,因争忿于朝堂被贬官。此后纵情诗酒,优游山水之间。他常常乘醉作画,以抒发胸中的愤懑不平。赵孟坚更是"以酒睎发,箕踞歌《离骚》,旁若无人"。其狂放不羁、任达率真的个性,依稀可以看到魏晋名士的身影。

与吴镇、倪瓒、王蒙并称"元四家"的著名画家黄公望,到了中年才当了几天不入品的小官,却因犯案入狱。出狱后有感于人生无常,人世坎坷,遂加入了全真教。他研究过"九流之学",精晓音律,50岁以后专攻山水画,遂成名家。《绘图宝鉴》说他"居常熟,探阅虞山朝暮之变幻,四时阴霁之气运,得于心而形于笔,故所画千丘万壑愈出愈奇,重峦叠嶂,越深越妙"。他晚年居于虞山期间,嗜酒愈甚,人们以为他"侠似燕赵剑客,达似晋宋酒徒"。20年间,他留下了许多饮酒作画的佳话趣闻,有的迄今仍在当地流传。活动于宋末元初的画家钱选,与赵孟頫同被列为"吴兴八俊"。他是位典型的遗民艺术家,"励志耻作黄金奴",不愿与元朝统治者合作,"隐于绘事以终其身"。他作画有一个特点,那就是"酒不醉,不能画"。他的传世之作《山居图》格调闲静恬淡,表现出摆脱世俗羁绊的高情逸兴,与酒神精神达到了深刻的契合。

明代江南第一风流才子唐伯虎仕途坎坷,佯狂嗜酒,筑室桃花坞，每天与人把酒对盏，饮酣作画。他诗、文、书、画皆精，尤以绘画名世，举凡山水、人物、花卉、翎毛等，无一不入笔下，无一不擅长，无一不精通。晚年，他倦入世俗，轻易不肯答应别人索画的要求。那些十分了解他又很想得到他的画的人，往往是携带酒菜来访，与他"酣饮竟日"，然后再提要求，这个时候，十有八九可以如愿以偿。（事见《四友斋丛话》卷十五）自号"酒仙"的陈子和与元代的钱选一样，片刻也离不开酒，若是没有酒的刺激，根本作不成画，而酒酣之后的作品，不论是人物山水，还是花卉草木，皆是独出机杼，不落俗套。

"扬州八怪"的代表人物郑板桥与酒文化的关系至为密切。他是清代为数不多的一位诗、文、书、画俱臻上乘的全才艺术家。他为官刚正不阿，关心百姓疾苦，曾留下了"衙斋卧听萧萧竹，疑是民间疾苦声。些小吾曹州县吏，一枝一叶总关情"（《潍县署中画竹呈年伯包大中丞括》）的著名七绝。他性格疏放不羁，孤傲耿介，不喜与达官贵人打交道。他的字画，富商大贾以千金购之而不可得。他说："凡吾画兰画竹画石，用以慰天下之劳人，非以供天下之安人也。"扬州有一位富商喜爱附庸风雅，想得到一幅郑板桥的画而不可得，很是失望。后来，他打听到郑板桥爱吃狗肉爱饮酒，就精心策划，在郑板桥出游必须经过的一片小竹林中的院子里，先煮好一锅香喷喷的狗肉，又备下一桌丰盛的宴席，专门等候郑板桥到来。郑板桥一到，那人就请他饮酒吃肉。郑板桥一见，喜形于色，兴高采烈地大吃大喝一通之后，问那人如此大的房舍何以无字画装饰。富商故意说："这一带好像没有什么有名的字画值得张挂。只是听说郑板桥水平很高，但我从未见过他的作品，所以不敢轻信他人的传言，不知这人盛名之下是否真的名副其实。"郑板桥饱餐豪饮一顿，本已心花怒放，听到这话，豪兴顿生，当即研墨挥毫，把富商事先准备好的纸张"一一挥毫竟尽"。当时有不少人都用这种办法骗取郑板桥的字画，他明知如此，却又经受不住美酒的诱惑,曾写诗自嘲道:"啬彼丰兹信不移,我于困顿已无辞。疏狂入世犹嫌放,学拙论文尚厌奇。看月不妨人尽去,对花只恨酒来迟。笑他缣素求书辈,又要先生烂醉时。"(《自遣》)他的书画脱尽时习俗气,既莽苍古朴,又秀劲绝伦,关键在于他是以书画写灵性,不囿于成法,戛戛独造,自有风神,所谓"掀天揭地之文,震电惊雷之字,呵神骂鬼之谈,无古无今之画,原不在寻常眼孔中也。未画以前,不立一格;既画之后,不留一格"(《乱兰乱竹乱石与汪希林》)。这正可看做他创作实践的理论说明。这种天马行空、任达不羁的性格,正是酒神精神的要义之所在。

"扬州八怪"之一的金农也是一位饮君子。他客居扬州时,不少盐商仰慕其名,竞相宴请。有一天,某盐商在平山堂宴会,请金农居首座。席间行酒令,以古人诗句"飞红"限韵。这位盐商不学无术,胡诌了一句"柳絮飞来片片红"来搪塞。众人笑他杜撰古人诗句,要罚他饮酒。金农则为那人辩解说:"这是元人咏平山堂的诗。"人们知道金农很有学问,就请他背诵全篇。金农即时成诵:"廿四桥边廿四风,凭栏犹忆旧江东。夕阳返照桃花渡,柳絮飞来片片红。"(事见《雨窗消夏录》)显示出敏捷的才思和深湛的功力。画家刘酒嗜酒如命,别人问他的名字,他就自呼曰酒,人们因此称他为"刘酒"。他酒后作画,尤觉神采奕奕。他每画一幅画,落款处都要写上一个"酒"字。上雒郡王请他作画,他在纸上纵笔写了上百个大大小小的酒字。郡王一看,勃然大怒,把他的画撕个粉碎,并将他逐出门去。刘酒却是神色怡然,不把它当回事儿。他一生只钟情于两件事,一是饮酒期醉,二是醉后作画,至于其他则一无所知。(事见《读画录》)他借酒醉作画,表现其郁郁不得志之情,虽属不得志之举,却也反映出他那狂放不羁的性格。

文人画:泼墨见真情

泼墨画也产生于唐代。首创泼墨画法的是有"王泼墨"之誉的王洽。王洽(洽一作默)早年师事郑虔,后就学于项容,擅长山水、松石、杂树。他生性好酒,每次喝醉酒之后,将墨泼于绢素上,随其浓淡形状,用手抹之,画出山水云石,皆成佳品。明朝画家唐伯虎以为:"王洽能以醉笔作泼墨,遂为古今逸品之祖。"(《六如论画山水》)王洽性情疏狂,狷直耿介,常啸傲于江湖之上。和张旭书写狂草相类似的是,他每次想作画的时候,总是先痛痛快快地喝上一顿酒,待酒醉之后,"解衣盘礴,吟啸鼓跃",先把墨泼在围幛之上,"乃因似其形象",或山水,或松石,或林泉,自然天成,俨然出于造化,而且整幅画面"云霞卷舒,烟雨惨淡",其独特的造型和深邃的意境为寻常人物所不能及。(《宣和画谱》)泼墨画之祖与酒尚且有如此深厚的不解之缘,其他画家也就争相效之,借酒兴来作画了。

如果说写意画家是借酒增添灵性和逸气,醉酒为画尚属偶尔为之,那么,泼墨画家则是借酒激发满腔豪气和高情远致,所以,许多泼墨画家都是高阳酒徒。所谓泼墨,就是尽情挥洒涂抹之意。它不仅要求画家胸有成竹,宿构在先,而且更重要的是作画者要胸襟开阔,感情奔放,性情激越,有一种若癫若狂的意味。正如清代画家杨芝所说的那样,"安得三十丈大壁,磨墨一缸,以田家除场大扫蘸之,乘快马以扫数笔,庶几手臂方舒,而心胸以畅也"(《国朝画征录》)。如此高情豪兴,怎能没有酒?怎能少了酒的介入和激励?

宋代画家陈容善于画龙,每次画龙时,总是先饮酒至醉,让大脑高度兴奋起来,神经中枢处于高度紧张状态,情不自禁地手之舞之,足之蹈之,大呼小叫一通之后,"脱巾濡墨,信手涂抹,然后以笔成之"。他画的龙,有的是全龙,有的只是一个龙首,有的甚至只是一只龙爪,但隐隐约约,不可名状,虽不是刻意追求什么,却是皆入神妙。(《画鉴》)传世墨宝《墨龙图轴》等,历历可见作者脱巾奋扫之状,而飞动之势又在笔墨之外。有"梁疯子"之称的梁楷,原是画院待诏,其画深得皇上的喜爱,曾经得到过皇上赏赐的金带。在别人看来,这是非常荣耀的事情,可他却不以为然,把金带挂在院内,依旧喝他的酒,该醉照样醉。他画的《泼墨仙人》,挺着个大肚皮,似癫非癫,似醉非醉,抹去了圣灵的光环,显露出活泼的人性,深得文人的喜爱。

明代画家吴伟,工山水人物。他的画早年比较工细,中年以后变得苍凉豪放,泼墨淋漓,成为"江夏派"的开山之祖。他性喜剧饮,有时候甚至十多天不吃饭。想得到他的画,必须先给他送酒。他一生曾两次奉诏入京。成化年间,明宪宗在宫中召见他,刚好他喝醉了酒,只好被抬进宫中。宪宗命他作《松泉图》,他似醒未醒,慌忙跪倒,不料却跪翻了墨汁,于是,他干脆信手涂抹起来,顷刻间画成了一幅《松泉图》。但见画面上风云惨淡,烟飞雾绕,林壑俨然有声。明宪宗看了,甚为感慨,说:"真不愧是仙笔啊!"弘治初年,明孝宗又召他进宫作画,并授予他"画状元印",赐宅第一座。吴伟醉中作画,挥毫泼墨,却赢得了很高的声誉。

在某些人看来,泼墨画似乎是胡涂乱抹,尤其是醉酒之后,乘着酒兴,泼墨于纸绢之上,拿一把大大的画笔,随意涂抹,再稍加点染,怎么能够说是艺术品呢?其实,这是对泼墨画的误解。泼墨画不同于工笔画,也不同于写意画,它需要技巧,要求画家成竹在胸,未作画之前已有整体布局感和结构感。不仅如此,泼墨画还更需要激情,需要创作冲动,而且从某种意义上说,激情和冲动是最为关键的情绪化准备。如果不是高情逸兴,豪情迸发,怎么能够创作出真正有价值的艺术作品?所以,在泼墨画艺术中,技巧技法固然重要,但创作激情和创作冲动更是必不可少。中国绘画史上那些传之千古的珍品，都是绘画艺术家在酒兴和激情之中创作出来的。而泼墨画家在创作前的情绪酝酿，包括酝酿创作激情和创作冲动，常常需要借助酒的帮助。酒因此而成了泼墨画家的知音朋友，成了激发他们进行艺术创作的"发酵剂"。

美酒胜景入画来

艺术家不仅在进行创作时常常要借助酒的激励，需要在酒中寻找灵感和激情，而且，他们还常常把饮酒场景和饮酒故事作为艺术创作的素材。这一现象最早可追溯到秦汉时期的《宴饮图》。1957年在洛阳老城附近发掘的西汉壁画墓，主室后壁上方画有一幅《宴饮图》。画面正中有二人踞坐，手持角杯，正面有一獠牙外露、眼如铜铃的长毛怪兽，也手持角杯。左右各有三人侍立。左侧一人挥剑成舞，右侧二人在火炉前烤肉，背后挂钩上悬挂着牛肉、牛头。郭沫若先生经过考证认为，此画应取材于历史故事"鸿门宴"。根据画面内容及成画时间来看，郭沫若先生的说法应是可信的。

以禁欲苦行为特色的印度佛教，传入中土后逐渐被中国文化所同化，向着适意享乐的方向发展，不少僧侣不顾禁止饮酒食肉的戒律，成了"酒肉和尚"，表现出浓厚的入世享乐的世俗色彩。中国僧侣的这样一种世俗化倾向，在画家的笔下得到了充分表现。宋人刘松年的《醉僧图》，描绘的就是一个解衣袒胸、醉卧山石之上的醉僧形象。这幅画上方的留白中题诗一首："人人送酒不曾沽，每日松间挂一壶。草圣欲来便发狂，真堪画作醉僧图。"画家将僧人置于山石林间的背景中，左手支撑着微微倾斜的身体，仰天长啸，气贯长虹，右手挥笔于绢上，虽然未着点墨，却使人感到笔走龙蛇，淋漓酣畅，很好地表现出醉僧醉酒狂放的性格。

元代画家朱德润曾经仕途得意，俸禄丰厚，跻身社会上层，可是他却向往"泉石啸傲"、"渔樵隐逸"的自由生活。他舍不得富贵荣华,又向往自由自在的生活,得不到满足,就寄情笔墨,通过山水画来满足他这种情怀。他的《林下鸣琴图》,表现的就是士大夫闲静乐天的风情雅趣:松荫下的坡石上,三位高士席地而坐,一边抚琴,一边饮酒,侍童洗砚于清流,渔翁垂钓于扁舟,风清林疏,风和日丽,令人心旷神怡,纤尘不存。

明代唐伯虎的《陶谷赠词图》,取材于一则历史故事,说的是宋太祖赵匡胤派大臣陶谷出使南唐,意在向南唐施压,让其早日归顺。陶谷自恃是大国之臣,在南唐后主面前狂傲自大,出言不逊。南唐大臣不堪忍受这种耻辱,派遣国色天香的官妓秦弱兰扮作驿吏之女,来到陶谷下榻的驿馆,巧施美人计,令道貌岸然的陶谷原形毕露,其好色的本性暴露无遗,并且做诗相赠,而他行前一再告诫自己的做事原则"慎独",早已抛到了脑后。次日,南唐后主宴请陶谷,他仍然一副拒人于千里之外的架势。这时,秦弱兰上来敬酒,并唱起了陶谷赠给她的诗。陶谷知道中了圈套,结果灰溜溜地逃回了大宋。这幅画描绘的就是赠诗前后的情景。画面右上题诗一首:"一宿姻缘逆旅中,短词聊以识泥鸿。当时我作陶承旨,何必尊前面发红。"尖刻地嘲讽了陶谷的假正经。

明代画家仇英的《春夜宴桃李园图》取材于唐代诗人李白的《春夜宴桃李园序》,描绘了在百花竞艳、百鸟争鸣的春夜,李白与诸友欢宴于桃李园的盛景。园内桃红李白,鲜花盛开,春风拂面,烛光高照。石几四周,围坐着四位文人,个个仪态万方,风度翩翩。案几上摆着酒具、书画等物,让人一看即知是一帮高雅文人在这里宴会。这幅画描绘的是文人的优雅生活和"开琼宴以生花,飞羽觞而醉月"的情趣。

文人不仅喜欢诗酒唱和,也喜欢书画唱和。文人书画唱和是一种恬淡而富有韵味、清逸而高雅的事情,也是文人画常见的题材。明人尤求的《西园雅集图》堪称是这方面的代表作,形象地再现了北宋文人苏轼、黄庭坚、米芾、秦观、苏辙、晁补之、张耒等16人在王诜的花园里饮酒赋诗、挥毫作画的情形。王诜是宋英宗(赵曙)的驸马,诗文书画等无所不精,又喜欢结交文人雅士。《西园雅集图》画轴中央为一方亭,四周梧桐、棕树、桂树等交相掩映,左下角点缀以松树蕉石,构成一个恬静幽雅、景色宜人的优美环境。苏轼在石案前挥毫作书,黄庭坚站在石几旁观看,王诜在左侧指点安排宴会。蕉石旁另有一案,纸张已经铺好,李公麟与张耒对面而坐,好像正在讨论画什么。米芾在亭子旁题石,王钦臣立于其后观赏。亭子里面,圆通大师正襟危坐,刘泾则正静心听禅。右下方陈碧虚道士正专心弹筝,秦观听得如醉如痴。此外,还有捧砚、敬酒、掌扇的童子数人散置其间。这样一幅画,人物虽然众多,但错落有致,参差相间,其所描绘的文士雅集情景更是和谐优雅,令人神往。

  清人黄慎的《醉眠图》描绘的是铁拐李醉眠的情景。铁拐李是传说中的八仙之一,常背一个酒葫芦。画中着意夸张他那个大葫芦,采用化实为虚的手法,仅用几根线条就形象地勾勒出来。背景的空白,则用化虚为实的手法,用淡墨皴染,给人酒气弥漫之感。铁拐李的头部尤其引人注目,硕大的头颅油光可鉴,乱蓬蓬的头发眉毛自然逼真,略带浮肿而下垂的眼睑和肥大的酒糟鼻,淋漓尽致地表现出沉醉中的铁拐李所独具的风神。葫芦中冒出的酒气,如烟如雾,造成了酒气熏天的夸张效果。他的另一幅画《渔翁渔妇图》,描绘渔家生活,质朴真实,富有生活情趣。画面上渔翁指指点点,仿佛在向渔妇叮嘱什么。画上的题诗则将叮嘱的内容写了出来:"渔翁晒网趁斜阳,渔妇携筐入市场。换得城中盐菜米,其余沽酒出横塘。"改琦的《太白醉酒图》,取材于杜甫的诗《饮中八仙歌》:"李白斗酒诗百篇,长安市上酒家眠。天子呼来不上船,自称臣是酒中仙。"全诗略去背景,突出了四个人物。李白由两个宦官搀扶着,衣领敞开,袍带松垂,脚步踉跄,双眼微微朝上斜视,虽是醉态而不失飘逸的神采。左边年龄较大的宦官怒视着李白,表明了他平时的横行霸道和今日的无可奈何,那紧闭的嘴巴和拉长的脸颊流露出掩饰不住的懊恼。右边的小宦官奴性十足,李白背后的小书童淳朴天真,对突出主题都起着很重要的作用。

以文士、贤达、渔樵、僧侣等人物饮酒为题材的绘画作品,大都流露出一种飘逸孤傲之气,给人特殊的审美感受。许多诗人曾用饱蘸激情的生花妙笔,描述过这样一种感受。"大网截江鱼可脍,高楼临洛酒如油"(《观画山水》),这壮阔的景观为陆游所亲见。"野桥行过路三叉,青旗插檐沽酒家"(《关山雪霁图》),这充满野趣的乡村酒家风光出自贝琼的笔下。"山人昔与云俱出,俗驾今随水不回。赖我胸中有佳处,一樽时对画图开"(《次韵子由书王晋卿画山水》),这是心胸超旷的苏轼一边饮酒、一边赏画时的感受。"玉林醉仙吾故人,画出醉仙无限春。今日欲见不可见,但见图画伤吾神。画中醉仙醉欲倒,我亦大醉不知晓。东方天白瓦露燥,却恨归家何太早"(《醉中咏玉林山人所画醉仙图》),这是画家徐渭酩酊大醉之时观画的瞬间奇思。诗人之醉与画中仙人之醉相互映衬,醉色满眼,醉意浓浓,让人仿佛置身于醉酒的世界,依稀体会到了"别有天地非人间"的酒神境界。

晋宋之际的著名山水画家宗炳对绘画艺术有独到的领悟和感受。在谈到山水画的艺术创作时,他说过这样一段话:"于是闲居理气,拂觞鸣琴,披图幽对,坐究四荒。不违天励之丛,独应无人之野。峰岫峣嶷,云林森眇,圣贤暎于绝代,万趣融其神思。余复何为哉?畅神而已。神之所畅,孰有先焉!"(《画山水序》)宗炳论山水画,提出了"畅神"之说。如何才能做到"畅神"呢?在他看来最主要的是要心静。如果能够做到"闲居理气,拂觞鸣琴,披图幽对,坐究四荒",心无纤尘,自然可以达到"万趣融其神思"的最高意境。宗炳特别说到了"拂觞鸣琴,披图幽对",把饮酒、抚琴和书画创作联系起来,强调了酒神精神和酒文化在书画艺术创作中的重要作用。

饮酒之于书画,与饮酒之于诗文一样,既相映成趣,又相辅相成、相得益彰。不知是嗜好还是缘分,画家作画之前总是要和酒亲近亲近,有的人甚至要喝个昏天黑地,倒转乾坤,直到找不到北时才动手作画。而这个时候作的画往往挥洒飘逸,别具章法,自有神韵。如果是别的艺术(如雕刻、刺绣一类),艺术家若是喝醉了酒再去进行艺术创作,不仅不会增光添彩,反而会把好端端的艺术品弄得一塌糊涂,不伦不类。可是,绘画尤其是写意画和泼墨画,却无这种忌讳。其原因何在呢?很显然是酒神精神和书画艺术精神的心有灵犀和一脉相承。从这一视角来审视历代画家醉后所作的传世名作,自然也就不难理解其中的奥妙和真谛了。

第四章 把酒觅知音

——音乐艺术中的酒文化

如果说文学是语言的艺术,舞蹈是形体的艺术,绘画和书法是色彩和线条的艺术,那么,音乐就是声音的艺术,是不同的声调、音符进行组合的艺术,更是心灵之声的艺术。《礼记·乐记》说:"凡音之起,由人心生也。人心之动,物使之然也。感于物而动,故形于声,声成方谓之音。"人心有所动,则感于物,物动而形之于声,声按照一定的结构形式和表现形态表现出来,就是音乐。古人很早就认识到了音乐和人的情感之间的内在联系,指出:"乐者,音之所由生也。其本在人心之感于物也,是故,其哀心感者,其声噍以杀;其乐心感者,其声啴以缓;其喜心感者,其声发以散;其怒心感者,其声粗以厉;其敬心感者,其声直以廉;其爱心感者,其声和以柔。"(《礼记·乐记》)古人还以宫、商、角、徵、羽五音对应君、臣、民、事、物,以为"宫乱则荒,其君骄;商乱则陂,其君坏;角乱则忧,其民怨;徵乱则哀,其事勤;羽乱则危,其财匮。五者皆乱迭相陵,谓之慢"。音乐和国家、君臣、民众、社会、事物之间的内在联系,同时也决定了它与人们的社会文化生活及日常生活的亲密关系。因此,酒文化和音乐的联系也就是自然而然、水乳交融的了。

祭祀享宴中的孪生兄弟

音乐与酒可谓是一对孪生兄弟。这样一种关系,早在它们诞生之初就被人为地决定了。古人祭祀天地祖先,举行盛大宴会,都离不开酒,也都离不开音乐。《周礼》已经有大合乐、大司乐的说法。大合乐"以致鬼神,以和邦国,以谐万民,以安宾客,以悦远人,以作动物"。大司乐"分乐以序之,以祭以享以祀,乃奏黄钟,歌大吕,舞云门,以祀天神;乃奏太簇,歌应钟,舞咸池,以祭地祇;乃奏姑洗,歌南吕,舞大卷,以祀四望;乃奏蕤宾,歌黄钟,舞大夏,以祭山川;乃奏夷则,歌小吕,舞大濩,以享先妣;乃奏无射,歌夹钟,舞大武,以享先祖"。而所有的祭祀享宴活动,在载歌载舞的同时,都要饮酒,而且饮酒是贯穿整个祭祀享宴之中的一种颇为重要的活动,是向天地鬼神和列祖列宗表示敬意的一种方式。这种在饮酒时唱歌跳舞,在歌唱时饮酒的方式,逐渐形成一种为官方和民众共同接受的习俗,广为流行,绵延百代。举凡重要的宴会,都要有音乐助兴侑酒。即使在偏僻的农村,稍微隆重一些的宴会,也要请当地的音乐班子吹拉弹奏一番,以此来渲染和烘托喜庆的气氛。

音乐与酒这对孪生兄弟,在宫廷宴会中常常是如影随形,须臾不能相离。从古代的宫廷宴会,到如今的宾朋相聚,人们在举杯痛饮的同时,还要根据宴会的性质和气氛,或演奏音乐,或播放音乐,或是请一些歌舞演员载歌载舞。在这种场合,音乐的作用是助兴,是侑酒,是活跃气氛。通常情况下,饮酒是主要内容,音乐则是作为一种侑酒的形式而存在。但有的时候,音乐的作用也是不可替代的。如著名的《霓裳羽衣曲》的诞生,就可以充分说明音乐在宴会中的重要作用。唐玄宗开元年间,西凉节度使杨敬述献《婆罗门曲》。传说,唐玄宗和杨贵妃宴饮时,忽闻空中仙乐缭绕,遂据所闻对此曲加以改造,一支描绘虚无缥缈之仙境的《霓裳羽衣曲》就诞生了。在这支曲子的诞生过程中,音乐占据了主要地位,饮酒只是一个形式,一个创作音乐的由头。值得注意的是,《霓裳羽衣曲》的诞生,是和酒神精神息息相关的。唐玄宗和杨贵妃对月饮酒,酒酣耳热,正是在这种情况下,才可能产生某种幻觉,恍恍惚惚地觉得空中有仙乐之声,并且十分神奇地记下了仙乐,在此基础上又加创作,于是中国音乐史上著名的法曲就诞生了。因此可以说,《霓裳羽衣曲》是在酒神精神的催发下而诞生的。

然而,这样一对孪生兄弟的关系,有的时候却被强行扭曲了。最为典型的例子,就是战国时期秦王与赵王的渑池会。赵国有和氏璧,乃稀世之宝,秦昭王想攫为己有,假称愿意拿15座城池来换这块宝玉,却没有得逞。秦强赵弱,秦国发兵攻打赵国,拔石城,斩获二万人。这时,秦国提出在西河渑池与赵王相会,以修两国之好。赵惠文王为保持尊严,和上大夫蔺相如赴会。在会上,秦王喝酒喝到高兴的时候,对赵王说:"我听说您爱好音乐,请您演奏瑟。"赵王就演奏起来。演奏完毕,秦国御史上来写道:"某年某月某日,秦王与赵王在渑池一同饮酒,令赵王演奏瑟。"这时,蔺相如来到前面,对秦王说:"赵王听说秦王善于演奏秦地的音乐缶,我献上缶,就请秦王演奏来助兴。"秦王大怒,不肯答应。于是,蔺相如手捧缶来到秦王面前,跪地请其演奏。秦王就是不答应。蔺相如说:"我和大王相距只有五步,您就不怕我脖子上的血溅到大王您的身上吗?"秦王的卫士想上前杀蔺相如,却被蔺相如的气势所威慑。秦王很不高兴,但为了自身的安全,他还是勉强为赵王击缶为乐。蔺相如把赵国的御史召来,让他写上:"某年某月某日,秦王为赵王击缶。"直到渑池会结束,秦王也没能从赵王这里占到什么便宜。

渑池会原本就是秦王向赵王示威、迫使赵王献上和氏璧的一次聚会。秦王不仅把酒作为政治斗争的工具,而且把音乐也用到政治斗争上,让赵王为他演奏瑟,然后令御史记下来,说秦王令赵王鼓瑟。这样一来,两个本来是平等的君王,却变成了君臣的关系。如果赵王不作出合适的回击,秦王就可以借此大做文章,甚至明目张胆地侵略赵国。这实际上正是秦王举行渑池会,与赵王饮酒的真正目的。蔺相如看出了秦王的险恶用心,也一报还一报,迫使秦王为赵王击缶,并让赵国的御史记下来,说秦王为赵王击缶,使秦王失去了借口。在渑池会上,酒是政治斗争的工具,你可利用,他也可以利用。音乐成了政治斗争的工具,此时,音乐的真正价值和意义却因激烈的政治斗争而损毁殆尽。

缘酒而成的音乐

在祭坛、宴会和庆典上,酒和音乐是孪生兄弟,相映成趣,相映生辉。但有时候,酒却是音乐的催生婆,它能激发起人们的创作欲望,使人们在酒神精神的作用下创作出亘古名曲。荆轲的《易水歌》,汉高祖的《大风歌》,都是由酒神精神催生出来的。

燕国太子丹曾作为人质居于秦国,秦国对他很不礼貌,根本不把他作为燕国太子来看。丹深怨于秦,伺机逃回,矢志报仇。田光向他推荐夏扶、宋意、武阳和荆轲四个勇士,以为太子丹若想报仇,非荆轲不可。太子丹就派人把荆轲请到燕国,待以上宾,三年之后才求教复仇之计。荆轲以樊於期得罪于秦国,而秦国又垂涎燕国的督亢之地,就请求以樊於期之首和督亢之地图作为礼物,进见秦王,以取得秦王的信任,然后伺机行刺秦王。临行前,太子丹亲自送荆轲至易水,设宴为其饯行。荆轲感谢太子丹的知遇之恩,饮至酣时,起身为太子丹祝福,并引吭高歌:"风萧萧兮易水寒,壮士一去兮不复还!"高渐离击筑伴奏,宋意和之。三人与太子丹,酒后在易水边上演了一幕壮士惜别的悲剧。他们"为壮声则发怒冲冠,为哀声则士皆流涕"(《燕子丹》)。荆轲至秦,献图给秦王,结果图穷匕首见,行刺不成,身死秦庭。荆轲虽然死在了秦国,但他在酒后所作的《易水歌》,却成了传之千古的名曲,成了悲壮的象征。

刘邦的《大风歌》也是兴致酒酣之作。公元前195年,刘邦平定英布之乱后,回师时途经家乡沛(今江苏沛县东),置酒沛宫,和家乡的父老乡亲欢聚一堂。刘邦是一个很爱面子的人,也是一个很爱显摆自己的人。如今当了皇帝,回到了家乡,那该是怎样的一种心情!所以,喝到高兴的时候,他一边击筑,一边唱道:"大风起兮云飞扬,威加海内兮归故乡,安得猛士兮守四方!"首句是起兴之句,也是对楚汉战争和汉初平定诸王叛乱的概括描述。第二句则正是刘邦此时心情的真实写照,颇有小人得志、贫人乍富之意。第三句折射出当时的政治局势和社会形势,反映出他对天下纷扰的深深忧虑。《大风歌》虽只是一支短曲,但它却是刘邦的狷介性格、不可一世的狂傲气势和小人得志心态的形象化表现,包含的内容相当丰富。这首歌由刘邦自己创作,120个儿童伴唱,刘邦一人边唱边舞。这首曲子后来收入乐府,成为历代传唱的名曲。

著名琴曲《渔舟唱晚》,相传是唐代诗人陆龟蒙、皮日休傍晚时分泛舟松江之上,见渔父醉酒而歌,有所感触,遂创作了这首《渔舟唱晚》。琴曲描写渔父醉酒之后乘坐一叶小舟,在江水之上颠簸起伏,鼓拽鸣榔,撒网捕鱼之状,甚有情趣。此曲着重一个"醉"字,用悠扬起伏、跌宕有致的琴曲,表现了渔翁的醉态,大江落日、江水滔滔、小舟戏浪等景象,都在琴曲中得到了很好的表现。

既然许多音乐都是因酒而成,那么,酒在音乐创作中的重要作用,就是不言而喻的了。但是,仔细分析一下就会发现,不同的场所,不同的情形,酒对音乐的作用是不同的。《大风歌》是刘邦志得意满、风帆正顺之时的作品,是其衣锦还乡时在父老乡亲面前的一次精彩表演,所以,此曲激昂慷慨,气势恢弘,有一种吞吐宇宙的大气;《易水歌》是壮士惜别之时的作品,他们饮酒作别,实际上是生离死别,去者一去不复返,留者刎颈为谢,悲悲切切,凄凄惨惨,所以,整支曲子为悲壮凄凉的气氛所笼罩;《渔舟唱晚》表现的是渔翁醉酒之后泛舟江上的情形,渔翁之醉是小醉,又是以大江波涛为背景,所以,它既没有《大风歌》的豪迈,也没有《易水歌》的悲壮,其基调是轻松、舒适、惬意,在江水起伏、小舟颠簸的背景下,流露出远离世俗喧嚣的超逸情怀。

琴曲名作与酒

琴是中国民族音乐中最为重要的乐器,古人有"琴为乐之统"之说。应劭《风俗通义》云:"雅琴者,乐之统也,与八音并行。然君子所常御者,琴最亲密,不离于身,非必陈设于宗庙乡党,非若钟鼓罗列于虚悬也。虽在穷闾陋巷,深山幽谷,犹不失琴。以为琴之大小得中而声音和,大声不哗人而流漫,小声不湮灭而不闻,适足以合人意气,感人善心。"战国时期的邹忌则以为琴音关乎国运时政,他说:"大弦浊以温,小弦廉以清,推之深而释之舒,均谐以鸣,大小相盖,回邪而不相害,是知其善……大弦浊以温者,君也;小弦廉以清者,相也;推之深而释之舒者,刑罚审也;均谐之鸣者,政令一也;大小相盖,回邪而不相害者,上下和鸣,吏民相亲也。夫复而不乱者,所以治昌,连而径者,所以存亡。故曰琴音调而天下治。治国家,弥人民,无若乎五音者矣。"(《太平御览》卷五百七十六引)琴在音乐中的独特地位,决定了琴曲必定是中国古典音乐中最为流行、最为普及、最受欢迎的乐曲。琴曲中的一些著名作品,则与酒有着难解难分的姻缘关系。从琴曲《广陵散》,到《梅花三弄》、《阳关三叠》,再到《霓裳羽衣曲》、《霸王卸甲》、《渔舟唱晚》等等,首首皆有酒的身影,曲曲皆见酒的作用。

琴曲《阳关三叠》是十大古典名曲之一。它以唐代诗人王维的《送元二使安西》诗为主要歌词,引申诗意、添加词句谱写而成。中国历代有许多著名的送别诗,尤其是唐代,送别之作颇多名篇佳作,王勃的《送杜少府之任蜀州》,李白的《黄鹤楼送孟浩然之广陵》,高适的《别董大》,王昌龄的《芙蓉楼送辛渐》等,都是传诵千古的名作。王维的《送元二使安西》不仅意境深邃,别意绵绵,而且是以酒作别,借酒表达深深的惜别之意,更是名作中的名作。其诗为七言绝句:"渭城朝雨浥清尘,客舍青青柳色新。劝君更尽一杯酒,西出阳关无故人。"以诗中有"阳关"二字,故琴曲又名《阳关曲》。全曲分为三段,将原诗反复三次,故名《阳关三叠》。此曲前两句写初春渭城的景色,不经意中写出了初春景色的"清"与"新"。后二句突出了送别主题,"更尽一杯酒"表明已是酒意阑珊、即将分别之时,流露出依依惜别之情。"西出阳关"点明了元二出使的必经之地,表现出诗人对朋友即将远行的担心与牵挂。后二句借酒言情,惜别之意尽在杯酒之中。

其他一些名曲,如《广陵散》、《渔舟唱晚》、《霸王卸甲》、《霓裳羽衣曲》等,都和酒有着不解之缘。如琵琶大曲《霸王卸甲》,取材于项羽兵败垓下、与虞姬饮酒作别的故事。楚汉战争中,项羽在垓下被刘邦打败,有人劝他渡江而去,重整旗鼓,与刘邦再战。可是,项羽自觉无颜见江东父老,遂摆宴与虞姬作别。京剧《霸王别姬》演的也是这一故事。此曲着重表现了项羽战败之后的痛苦和无奈,以及和虞姬不忍分别却又不得不分别的复杂心情,哀哀怨怨,如泣如诉,苍凉悲壮。如果把此曲和另一支琵琶大曲《十面埋伏》结合起来看,就可更加清楚地看出此曲和酒的密切关系。《十面埋伏》着重表现战争场面,节奏急促,铿锵有力,听来如万马奔腾之状,摧枯拉朽之势;而《霸王卸甲》表现的则是英雄末路,因而哀怨悲凉则是其主基调。

音乐家与酒

艺术家对酒有天然的爱好与亲和感,因为酒神精神、酒的刺激和激励作用,会激发起他们的创造力和想像力,激发起他们的创作欲望和创作激情。

中国古代最早的音乐家秦青的故事,已经把酒与音乐家的关系定位在相辅相成、相得益彰的位子上。秦青很善于歌唱,一个名叫薛谭的人来向他学习唱歌,学了一段时间,还没有把秦青真正的本领学去，就自以为已经学得差不多了，于是向师父辞行。秦青没有挽留他，而是在郊外置酒为他饯行。喝到高兴的时候，秦青引吭高歌，其歌"声振林木，响遏行云"。薛谭听了，惊得目瞪口呆，这才明白他学得的一点东西仅仅是皮毛，并没有得到师父音乐艺术的精奥。他立即打消了回家的念头，决定留下来继续学习，并且从此再不提出师回家的事。正是这一场辞行宴，使薛谭见识了师父高超的艺术水平，非凡的艺术表现力。如果没有这场饯行宴，秦青的音乐艺术所达到的境界，恐怕是没有人能够领略的。

拨弦乐器"阮"是和阮咸之名相联系的。阮咸是阮籍的侄子，竹林七贤之一。阮咸的饮酒和其任诞放达一样，在当时是出了名的。有一次，尉氏阮姓在一起饮酒，阮咸来到族人中间，和族人一起饮酒，但他不用平常使用的杯子饮酒，而是用大盆当杯子，开怀畅饮。这时有一群小猪跑了过来，把酒盆当成了它们的饭盆，一哄而上。阮咸见状，知道赶是赶不跑了，就和小猪抢着喝起来。这就是中国酒文化史上有名的"豕饮"。阮咸饮酒的名声不怎么好，但他对音乐却十分精通。西晋初年，晋武帝令荀勖调律吕，正雅乐。朝廷每次举行宴会，荀勖都自调宫商，无不谐韵。但阮咸却听出了其中的不和谐之音。《晋诸公赞》载其事云：

> 散骑侍郎阮咸谓："勖所造声高，高则悲。夫亡国之音哀以思，其民困。今声不合雅，惧非德政中和之音，必是古今尺有长短所致。然今钟磬是魏时杜夔所造，不与勖律相应，音声舒雅，而久不知夔所造，时人为之，不足改易。"勖性自矜，乃因事左迁咸为始平太守，而病卒。后得地中古铜尺，短四分，方明咸果解音，然无能正者。

阮咸听出荀勖校正的雅乐与真正的雅乐不合，以为是古今尺有长短所致。而荀勖是很自负的一个人，听不进阮咸的不同意见，还把阮咸贬出京城。后来出土了古代的玉尺,比荀勖所用的尺短了四分。"荀试以校己所治钟鼓、金石、丝竹,皆觉短一黍,于是伏阮神识。"(《世说新语·术解》)

阮咸善弹琵琶。据记载,阮咸所弹琵琶为秦朝流行的琵琶,四弦,十三柱,琴颈较长,共鸣箱为木制,形圆而扁平。演奏时用手拨弦,使其发出不同的声音。由于阮咸善弹琵琶,后人就把秦琵琶称为阮咸,或简称"阮"。《通典》云:"阮咸,亦秦琵琶也,而项长过于今制,列十有三柱。武太后时,蜀人蒯朗于古墓中得之。晋《竹林七贤图》阮咸所弹,与此类同,因谓之'阮咸'。咸世实以善琵琶知音律称。"据杜佑所载,秦琵琶称为阮咸,是唐朝武则天时期的事。当时出土的琵琶是铜制的,太常少卿以为是阮咸所制。由于其样式和《竹林七贤图》中阮咸所弹琵琶相似,且又有人认为是阮咸所制,所以就把这种琵琶称作"阮咸"。唐人仿其制,而以木为之,此后很快就流行开来。阮咸这位历史文化名人,有幸成为一种乐器名而广为人知。

东晋的桓伊是一位著名音乐家。桓伊字叔夏,小字野王,谯国铚(今安徽宿县西南)人,与嵇康是同乡。为王濛、刘惔所知,屡参诸府军事。时苻坚屡屡兴兵犯境,朝廷以桓伊为淮南太守,捍御强敌,因功进督豫州十二郡和扬州之江西五郡。后又与谢琰破苻坚于淝水,封永修县侯,进号右将军。桓伊虽然长期征战沙场,但对音乐却有天然的感悟,史家称其"善音乐,尽一时之妙,为江左第一"(《晋书·桓伊传》)。

作为音乐大家,桓伊尤其擅长吹奏笛子。他有一支笛子,据说是蔡邕柯亭笛,经常拿出来吹奏。有一次,王徽之应召赴京,夜晚泊舟青溪旁,桓伊从岸上经过,船上有人认出了桓伊,王徽之知其善于吹奏笛子,就让人去请桓伊来吹奏笛子。桓伊知王徽之是大名士,虽素不相识,还是答应了。他来到船上,据胡床而坐,即吹奏起来,一连吹奏了三段,然后一句话不说,就上车离去。据说十大古典名曲之一的《梅花三弄》，就是根据桓伊的笛子独奏改编的。

东晋孝武帝原是一个有作为的帝王，到了晚年却听信谗言，耽于享乐，致使大臣各树党羽，相互攻讦，朝政日非。一天，孝武帝召见桓伊，与之饮宴，名将谢安侍坐。酒酣兴至，孝武帝命桓伊吹奏笛子侑酒助兴。桓伊没有一点不高兴的意思，当即吹奏了一曲。然后放下笛子，对孝武帝说："臣弹奏筝的技艺虽不及吹奏笛子，但还是可以为歌唱伴奏的。请让臣用筝为歌伴奏，另请一人吹奏笛子。"孝武帝很高兴，就令御伎上来吹奏笛子。桓伊说："御伎吹奏，必定和臣的弹奏不合节拍。臣有一奴，就让他上来吹奏笛子吧。"孝武帝很喜欢桓伊的放达，就同意了。于是，家奴吹奏笛子，桓伊一边弹筝，一边和着节拍韵律唱了起来："为君既不易，为臣良独难。忠信事不显，乃有见疑患。周旦佐文武，金縢功不刊。推心辅王政，二叔反流言。"声音高亢，情感激越，抑扬顿挫，俯仰可观。谢安听了，不由得涕下沾巾，跨过几案，来到桓伊面前，捋着桓伊的胡须说："使君果然不同凡响！"孝武帝听了，则面有愧色。桓伊身为藩镇，位为列侯，孝武帝与之宴饮，竟然把他视如伶人，让他吹奏笛子以取乐。可贵的是，桓伊却能巧妙地利用音乐进行劝谏，认为孝武帝不该听信谗言，使忠臣蒙冤受屈。而孝武帝之有愧，不仅是对桓伊，更是对谢安，对朝中一切正直忠贞的大臣。然而，此时的孝武帝已不是那个意欲有一番作为的孝武帝，暂时的悔恨惭愧，并不能促使他改变荒淫无度、耽于享乐的生活。东晋王朝从孝武帝末年开始，就乱兆已现、险象环生了，接连而至的内乱使东晋失去了最后一次振兴的机会，最终在权臣的倾轧争夺中易帜为刘宋了。

嵇康和《广陵散》

《广陵散》是中国音乐史上颇具神奇色彩的一支琴曲。它的产生和流传，与魏晋之际的嵇康有着十分密切的关系。嵇康是竹林七贤之一,与阮籍齐名。他曾主持七贤的竹林之游,纵酒放达,肆意酣畅,一时传为美谈。他的文章很有名,鲁迅先生称其文"思想新颖,往往与古时旧说反对"。嵇康在中国音乐史上是一位很有影响的人物。他著有《琴赋》,对琴的演奏方法与技巧,琴曲对表现人的思想情感的作用等,都作了细致而生动的描述。在音乐理论上,他最著名的观点,就是"声无哀乐"。他著有《声无哀乐论》,详细阐述了这样一种观点:音乐只是声调的有规律组合,本身无哀乐可言,但音乐却可以引起不同的情感。他善于弹琴,尤以弹奏《广陵散》著名。

据《晋书·嵇康传》记载,嵇康与名曲《广陵散》有一段奇缘:"初,康尝游乎洛西,暮宿华阳亭,引琴而弹。夜分,忽有客诣之,称是古人,与康共谈音律,辞致清辨,因索琴弹之,而为《广陵散》,声调绝伦。遂以授康,仍誓不传人,亦不言其姓字。"《太平广记》卷三百一十七引《灵鬼志》所载与此略异:

> (嵇康)尝行,去洛数十里,有亭名月华,投此亭,由来杀人。中散心神萧散,了无惧意。至一更操琴,先作诸弄,雅声逸奏,空中称善。中散抚琴而呼之:"君是何人?"答云:"身是故人,幽没于此。闻君弹琴,音曲清和,昔所好,故来听耳。身不幸非理就终,形体残毁,不宜接见君子。然爱君之琴,要当相见。君弗怪恶之。君可更作数曲。"中散复为抚琴击节,曰:"夜已久,何不来也。形骸之间,复何足计?"乃手挈其头,曰:"闻君奏琴,不觉心开神悟,恍若暂生。"遂与共论音声之趣,辞甚清辨。谓中散曰:"君试以琴见与。"乃弹《广陵散》。便从受之,果悉得。中散先所受引殊不及。与中散誓,不得教人。天明,语中散:"相与虽一遇于今夕,可以远同千载。于此长绝,能不怅然!"

《灵鬼志》所载颇近小说家语，却弥补了正史的不足。它说明，嵇康弹奏的《广陵散》乃是一位不知姓名的高人传授。所以，嵇康因吕安一案受牵连，将要临刑东市的时候，亲友与之话别，他没有嘱咐后事，只是要哥哥把琴给他拿来，又弹奏了一曲《广陵散》。一曲既终，嵇康颇为感慨地说："袁孝尼尝请学此散，吾靳固不与。《广陵散》于今绝矣！"《广陵散》是古之名曲，其曲若"飞龙鹿鸣，鹍鸡游弦，更唱迭奏，声若自然"（嵇康《琴赋》）。嵇康善弹此曲，且其临刑时再次弹奏，更表明对此曲的偏爱。但嵇康之后，此曲不仅并未失传，而且还成为两晋时期广为流行的名曲之一，潘岳《笙赋》有"辍张女之哀弹，流《广陵》之名散"之句可证。

　　嵇康是中国古代既精通器乐，又有自己的音乐理论的音乐家，同时又是一个很喜欢饮酒的人。他虽然明白"酒色令人枯"的道理，但生活在那样一个"名士少有全者"的时代，也只好"醉里乾坤大，壶中日月长"，靠酒来强迫自己与险恶的政治局势保持一定的距离。他并不想做什么轰轰烈烈的大事业，只想过一个平常人的生活。他说："但愿守陋巷，教养子孙，时与亲旧叙阔，陈说平生。浊酒一杯，弹琴一曲，志愿毕矣。"（《与山巨源绝交书》）他所喜爱的，惟诗酒琴曲而已。他会打铁的手艺，有人请他打制工具，给他工钱，他一概谢绝。若是亲戚朋友，带上酒菜，和他畅饮一通便算是工钱。可以说，酒充实和滋润了嵇康的生活，酒神精神培育了嵇康的品格。正是由于嵇康能够满足"浊酒一杯，弹琴一曲"的生活，潜心于音乐的研究与创造，他在古典音乐尤其是在琴曲上，才能够达到如此之高的艺术造诣。

　　音乐是一门艺术，是一种更多地需要创作激情和灵感的艺术。而要获得创作激情和灵感，音乐家不仅需要生活的积累，也需要某种外力的激励和刺激。酒恰恰在这方面满足了音乐艺术的需要，给创作者以灵感，激发创作者的激情，使创作者在冲动或亢奋状态中投入艺术创造。

第五章 斗酒诗百篇

——诗词艺术中的酒文化

酒神精神与艺术精神的契合不仅是一个理论问题,而且是一个实践问题。二者契合的深度和广度,决定了实践的深度和广度。西方艺术与酒文化也曾有过亲密接触,梅纳德说:"当贺拉斯写他的名诗,写那壮丽闪光的诗篇的时候,必是饮过'法勒尼恩'已酩酊大醉的时候。自古诗人操觚赋诗,咏赞玫瑰,词句是那样流畅清秀,还不都是因为隆准沉觞,耽于'法勒尼恩'那美酒。"(转引自《世界名言博引词典》第 360~361 页)美国的 8 个诺贝尔文学奖得主中,有 5 个人嗜酒,刘易斯尤甚,他酗酒到了不省人事的程度,有时在旅馆中毁坏家具。他酗酒出了名,以至于一些著名的饭店禁止他入内。有一次,他坐在一家很有名的饭店门前的人行道上,自言自语地说:"得了诺贝尔奖有什么用,连一家酒店也进不去!"女作家卡逊·麦克勒斯必须先饮酒才能进行写作,菲兹杰拉创作他的名作《了不起的盖茨比》时几乎不停地饮酒,尤金·奥尼尔创作《琼斯皇帝》和《安娜·克里斯蒂》时也是边饮边写。另一著名作家费兹杰罗也是位嗜酒如命的饮君子。海明威有一次对他说:"你和大多数的作家差不多,是个酒鬼。"但是饮酒过度则不免损伤身体,费兹杰罗 44 岁时就英年早逝。华盛顿大学心理学家唐纳·葛德温说他早年失意潦倒,把酒自娱,成名之后,又举杯相庆,很少为他酗酒浪饮的习性自觉惭愧,酒一直使他深深入迷。小时候,他爱装醉,成年以后,喜欢如此自我介绍:"我,史各特·费兹杰罗,大大有名的酒徒。"他的酗酒同他的写作一样出名。

尼采在《蔑视者》一诗中写道:"我打翻许多坛坛罐罐,所以称我为蔑视者。谁从满溢的酒杯痛饮,谁就会常常打翻坛坛罐罐——就会觉得酒并不坏。"酒并不坏,不仅因为它能使人忘忧解愁,而且更因为它能刺激人们的灵感,激发人们的想像力,能够对艺术家的创作产生深刻的影响。但是,最能体现出酒文化深广影响、展示出酒文化丰富形态的,还是中国艺术。熟悉中国艺术史的人,都会感受到酒文化与艺术的亲密关系。翻一翻中国艺术史,你几乎随时随处都能嗅到酒的芬芳,感觉到酒文化的存在。是酒文化使中国艺术增色,还是中国艺术使酒文化添彩? 恐怕很难说得清楚。最为接近事实的解释应该是,二者珠联璧合,相得益彰,共同丰富了风采卓异的中国艺术和中国酒文化。前面,我们已经讨论了酒文化与书法、绘画、音乐艺术的外在表现与内在联系。这里,我们着重讨论酒文化和诗词艺术的关系。

上古、中古诗与酒文化

在万紫千红、春色满园的中国艺术园地中,诗歌与酒文化的关系最为源远流长,也最为亲密无间。中国的第一部诗歌总集《诗经》,就有不少关于酒的描写和缘于酒的吟咏。《周南·卷耳》写妻子怀念在外奔波的丈夫,无心采摘卷耳,她把筐放在路旁,凝神想像丈夫在旅途中的各种情形,中间两段写道:"我且登上那高山,我的马儿腿发软。我把酒杯来斟满,一醉了事免怀念。""我且登上那高冈,马儿累得变了样。牛角杯里的酒全喝光,暂喝醉忘了忧伤。"(引自祝敏初等著《诗经译注》,甘肃人民出版社1984年版。以下引文皆出自此书)很显然,酒在这里被赋予了浇愁解闷的作用,并对后世文人创作产生了深远影响。可以说,借酒浇愁一直是中国古典诗歌的永恒意象。《邶风·泉水》写远嫁异国的卫国贵族女子思乡念归的忧愁,其中"出嫁时曾在沛地住过宿,也曾在祢地饮过饯行酒","回国时可在干地住一宿,先在言地痛饮饯行酒"的描写,表明当时已有送别饯行的风俗。《郑风·女曰鸡鸣》采取新婚夫妇对话的形式,表现他们之间的深情厚谊,其中"宜言饮酒,与子偕老"之句,透露出古人的结婚仪式中已经有饮酒祝贺新婚夫妇百年好合的习俗。而《唐风·山有枢》则流露出人生苦短、借酒消愁的思想情绪。

《诗经》中的"雅"系正乐之歌,主要在宴会和祭祀中使用,所以《诗经·大雅》与《小雅》中与酒有关的描写十分丰富。在有关的描写中,酒不仅用来表示喜庆,而且被赋予了社会文化功能和教化功能。从这些诗歌中,我们不仅可以看到先秦时期的风土民情,而且可以看到上层社会的日常生活与政治生活的基本面貌。如《小雅·楚茨》完整地记录了宗庙祭祀的全过程。诗共六章,第一章写庄稼丰收,酿酒做食,准备祭祀天地和先人;第二章写宰牛杀羊,做成肴馔,陈列在祭坛前,祝师向神灵祈祷;第三章写大宴宾客;第四章写祝师向人们传达神灵的旨意;第五章写奏乐送神,宴飨亲族;第六章写亲人相互祝福,要把好日子永远过下去。在整个祭祀过程中,酒成了须臾不可缺少的重要内容,"酒以成礼"的特点表现得十分明显。可以说,正是因为酒的存在,整个祭祀过程才显得那样热烈隆重,那样充满喜庆和吉祥。

从《诗经·小雅》一些和酒有关的篇章中,还可以看出当时的贵族生活是如何的奢侈腐化、骄奢淫逸。《小雅·湛露》是贵族宴饮时所唱的歌:"露珠一串又一串,太阳不出不会干。夜里饮酒多安闲,人不醉倒宴不散。露珠一串又一串,挂在那丛草上面。夜里饮酒多安闲,大厅宽敞好设宴。"彻夜痛饮,一醉方休,真个是醉生梦死!饮酒过度,缺少节制,不仅不合礼仪,而且还会醉酒生事,给主人招来很大的麻烦。《小雅·宾之初宴》表现的就是这样一种情景。宴会的主人最后埋怨道:"但凡这样饮酒,有的喝醉有的不。

设立酒监来督察,又设酒史做记录。那醉汉以为有光彩,不醉的认为他耻辱。不要接着再劝酒,别让醉汉傲慢太出丑。没有话就不要说,没有缘由少开口。醉酒以后说胡话,让他把无角公羊输。才饮三杯就迷糊,怎敢给他再添酒。"从这首诗的有关描述可以看出,春秋战国时期的贵族饮酒,已经设有酒监和酒史。《小雅·鱼藻》则对周幽王沉湎酒乡、荒于政事、不恤下民的荒唐行为给予了辛辣的讽刺,起到了以酒为谏的作用。

"颂"中有关酒的描写也很多,酒的作用主要表现在三个方面。其一是祭祀神灵。《周颂》中的《丰年》《载芟》表现的都是庆祝丰收、祭祀神灵的情景。丰收之后,人们酿出美酒,祭祀神灵,感谢神灵的赐予,希望神灵继续保佑他们无灾无难,每年都是好收成。《载芟》一诗在结尾唱道:"醇酒甜酒快快做,献给众神列祖喝,各种祭品摆供桌。造出醇酒喷喷香,宴客为国争了光,美酒香气飘四方,供养老人得安康。不只这儿农活忙,不只今年收成广,自古以来就这样!"在这一过程中,酒是作为欢庆的象征而出现的。其二是祭祀祖先,《周颂·雍》就是武王祭祀文王的乐歌。其三是表现宴饮的欢乐场面。

高歌"世人皆醉我独醒"的屈原,在其作品中也时时表现出对酒的爱好。《九歌·东君》云:"操余弧兮反沦降,援北斗兮酌桂浆。"《九歌·东皇太一》写道:"蕙肴蒸兮兰藉,奠桂酒兮椒浆。"《招魂》则反复咏赞美酒:"琼浆密勺,实羽觞些。挫糟冻饮,酎清凉些。华酌既陈,有琼浆些。""美人既醉,朱颜酡些",表现的则是美人醉酒,其容貌艳若桃花的情形。

汉乐府多系郊庙燕射歌词,与酒文化的关系更为密切,咏酒成为常见的内容。即使是文人乐府,也往往离不开酒。如刘向的《九叹·远逝》云:"欲酌醴以娱忧兮,蹇骚骚而不释。"东汉辛延年的《羽林郎》云:"昔有霍家奴,姓冯名子都。依倚将军势,调笑酒家胡。胡姬年十五,春日独当垆……就我求清酒,丝绳提玉壶。"描绘的是冯子都依仗霍去病的权势,调戏年幼的卖酒女郎胡姬的情形。托名李陵、苏武相互赠答的《别诗》,则是借酒为赠。如李陵赠苏武诗:"嘉会难再遇,三载为千秋。临河濯长缨,念子怅悠悠。远望北风至,对酒不能酬。行人怀往路,何以慰我愁。独有盈觞泪,与子结绸缪。"李陵长期与匈奴作战,战功赫赫,但后来由于孤军深入,而贰师将军李广利又不肯救援,以至于兵败,被迫降敌,结果身败名裂,株连九族。如此遭遇,李陵有苦难说,有理难辩,就借酒浇愁,借赠诗表达心中的苦闷。苏武曾拒绝过李陵北海劝降,但他十分同情李陵的遭遇,诀别在即,他百感交集,写诗为答。其诗追叙了二人的友谊,抒发了乖离的感伤,最后写道:"我有一樽酒,欲以赠远人。愿子留斟酌,叙此平生亲。"把酒当成了赠别之物,将万千情怀全部融化于杯酒之中。

以感慨人生韶华易逝,抒发士子愁、朋友情、夫妇意,表现及时行乐情怀为主要内容的《古诗十九首》,在表达离愁别绪、苦闷彷徨和忧虑人生诸方面,委婉曲折,一唱三叹,曲尽其妙。无论是写生命忧患的感伤,还是写及时行乐的欢快,无论是写夫妇的深情厚谊,还是写朋友的临别相赠,都把酒作为重要的媒介,都融进了酒文化的内容。"人生天地间,忽如远行客。斗酒相欢娱,聊厚不为薄"。"今日良宴会,欢乐难具陈。弹筝奋逸响,新声妙入神。""人生忽如寄,寿无金石固。万岁更相送,圣贤莫能度。服食求神仙,多为药所误。不如饮美酒,被服纨与素。"这些诗都把酒与人生紧密地联系在一起,突出了酒在社会文化生活中的重要作用。

魏晋是人的自我意识觉醒的时期,也是文学的自觉时期,正如鲁迅先生所说:"曹丕的时代可说是文学的自觉时代,或如近代所说,是为艺术而艺术的一派。"(《鲁迅全集》第3卷,第504页)作为人的自觉的重要标志,就是全社会对人自身价值的再发现与再认识,以及文人士大夫自我意识的觉醒,对个性精神的追求,对人物品行的评判,对生死存亡的重视,对人生短促的感伤。在这样一种文化大背景下,酒与酒文化在人们的社会文化生活中占据了较为重要的地位。饮酒与谈玄、服食一样,成为名士的重要标志之一,也成为名士有别于他人的一种徽记。正如王瑶先生所说:"失去了长寿的希冀,所以对现刻的生命就觉得热恋和宝贵。放弃了乞求生命的长度,便不能不要求增加生命的密度。""这种为了'生之难遇而死之易及',于是尽量地把握住这现存的一刻,尽量地去享受的人生态度,正是汉末以来名人们喜欢饮酒的理论说明。《世说·任诞篇》云:'王孝伯言,名士不必须奇才,但使常得无事,痛饮酒,熟读《离骚》,便可成名士。'痛饮酒是增加享受的,读《离骚》是希慕游仙的,这是当时名士们一般的心境,而其背景正是时光飘忽和人生无常的感觉的反映。"(《中古文学史论集》,上海古籍出版社1982年版)

曹操之所以要"对酒当歌",是有感于"人生几何"(《短歌行》),在"何以解忧?惟有杜康"的因果关系中,表达了借酒消愁的情怀。这种情怀几乎成了整个酒文化和中国诗歌史中一个原型母题,成为历代文人常写常新的话题。而曹植正是有感于"清时难屡得,嘉会不可常。天地无终极,人命若朝霜",才那么欣喜于"亲昵并集送,置酒此河阳。中馈岂独薄,宾饮不尽觞"(《送应氏》)。孔融希望"座上客常满,杯中酒不空",王粲表示"探怀援所欢,愿醉不顾身",也都缘于对人生短促的深深忧虑。建安诗人如此感慨人生短促,表面上看流露出的似乎是颓废、消极、悲观的情绪,但其深层意蕴却是中国文人对人生、生命、生活的深沉思考,反映出他们对有限人生的热爱与执著,洋溢着昂扬向上的意绪和情感。建安诗人的人生感慨与生命之忧,和他们积极向上的人生态度、建功立业的人生追求是紧密地结合在一起的,即使是那些倡导及时行乐的作品,在当时那种特定的社会文化背景下,也有着不同寻常的积极意义,与后世那些消极颓废之作有着本质的区别。

魏晋时期是中国历史上最为混乱的时期,其显著特点是篡乱不断、动荡不安、灾难频仍和政权无序更替,许多文人死于非命。这一现实状况,无疑加重了文人对生命的忧虑,于是,借酒避祸全身、寻求精神寄托和安慰,就成了魏晋文人咏酒诗的另一重要内容。阮籍、陶渊明就是其杰出代表。阮籍饮酒,主要是以酒为饰物,借酒来掩饰自己真实的思想,掩饰自己种种不为世俗所容的行为。在他的人生中,酒成了放浪形骸、避祸全身的最好工具,也成了抒情言志的催化剂。"临觞多哀愁,思我故时人。对酒不能言,凄怆怀酸辛"的慨叹,透露出诗人潇洒通脱的背后所蕴藏的沉痛心情。陶渊明则把酒当做知心朋友,在诗酒和田园生活中寻找人生的快乐和心灵的安慰。陶渊明现存诗文142篇,与酒有关的就有56篇,约占40%。如"故老赠余酒,乃言饮得仙。试酌百情远,重觞忽忘天"(《连雨独饮》),"有酒有酒,闲饮东窗"(《停云》),"悠悠迷所留,酒中有深味"(《饮酒》其十四),"若复不快饮,空负头上巾。但恨多谬误,君当恕醉人"(《饮酒》其二十),"未言心先醉,不在接杯酒"(《拟古》),"欢然酌春酒,摘我园中蔬"(《读山海经》)等等。难怪唐代诗人白居易不无夸张地说陶诗是"篇篇劝我饮,此外无所云"。但是,陶渊明咏酒,并非仅仅是简单地写饮酒之事,而是把饮酒和个人的思想情感及对社会人生的态度紧密地联系起来,借咏酒来表达对社会人生的看法。所以,萧统说:"有疑陶渊明诗篇篇有酒。吾观其意不在酒,亦寄酒为迹焉。"(《陶渊明集序》)今人王瑶先生则非常中肯地指出:正是从陶渊明开始,才"把酒和诗连了起来。即使是阮籍,'旨趣遥深,兴寄多端'的咏怀诗的作者,也还是酒是酒、诗自诗的,诗中并没有关于饮酒的境界和趣味的描写。但以酒大量地写入诗,使诗中几乎篇篇有酒的,确以陶渊明为第一人。在阮嗣宗,酒只和他的生活发生了关系,所以饮酒所得的境界也只能见于行为,所以我们只看见了任达。虽然生活还会影响到诗,但毕竟是间接的。但陶渊明却把酒和诗直接联系起来了,从此酒和文学发生了更密切的关系"。(《中古文人生活》)

不过，在魏晋中后期文人饮酒的风气中，陶渊明可以说是一个例外。东晋时期的戴逵就已经指出，竹林名士的放达，像西施有心痛而皱眉，元康放达派则像人们模仿郭泰遇雨折头巾那样可笑。(《晋书·戴逵传》)鲁迅先生的论述更为精辟："不过何晏、王弼、阮籍之流，因为他们的名位大，而所学的无非是表面，他们实在的内心，却不知道。因为只学他们的皮毛，于是社会上便很多没意思的空谈和饮酒。许多人只会无端的空谈和饮酒，无力办事，也就影响到政治上，弄得玩'空城计'，毫无实际了。在文学上也这样，嵇康阮籍的纵酒，也是能做文章的。后来到东晋，空谈和饮酒遗风还在，而万言的大作如嵇阮之作却没有了。刘勰说：'嵇康师心以遣论，阮籍使气以命诗。'这'师心'和'使气'，便是魏末晋初的文章的特色。正始名士和竹林名士的精神灭后，敢于师心使气的作家也没有了。"(《鲁迅全集》第3卷，第515页)文章如此，诗歌亦然。

降而至南北朝，文人饮酒更是等而下之了。这一时期虽然文人饮酒之风依然炽盛，但是，已然走向没落的世族名士和骚人墨客（两者往往是合而为一的），已经没有了魏晋文人那种慷慨悲歌之气和执著于现实人生的矛盾、痛苦与深沉，缺少饮酒的境界和趣味。他们中的许多人为饮酒而饮酒，把饮酒作为一种感官享受，即使发而为诗，也难以寻觅曹操那种苍凉雄壮，建安七子的慷慨多气，甚至也没有阮籍的旷达，陶渊明的雅趣。比较而言，下列作品或可一读："人生苦多欢乐少，意气敷腴在盛年。且愿得志数相就，床头恒有沽酒钱。功名竹帛非我事，存亡贵贱付皇天"。"酌酒以自宽，举杯断绝歌路难。心非木石岂无感，吞声踯躅不敢言。"（鲍照《拟行路难》）"山川不可尽，况乃故人杯。"（谢朓《离夜》）"勿言一樽酒，明日难重持。"（沈约《别范安成》）"仙童下赤城，仙酒饷王平。野人相就饮，山鸟一群惊。细雪翻沙下，寒风战鼓鸣。此时逢一醉，应枯反更荣。""云光偏乱眼，风声特噪心。冷猿披雪啸，寒鱼抱冻沉。今朝一壶酒，实是胜千金。负恩无以谢，惟知就竹林。"

(庾信《奉答赐酒》)"今日小园中,桃花数树红。开君一壶酒,细酌对春风。"(庾信《答王司空饷酒》)

就整体而言,南北朝时期的文人饮酒,虽然也有一些可圈可点的作品,但大多属于江总、庾肩吾、张正见一类,以吟咏宫廷生活、赞美佳人容颜为主要内容。如张正见的《艳歌行》:"满酌胡姬酒,多烧荀令香。不学幽闺妾,生离怨采桑。"徐陵的《乌栖曲》:"卓女红妆期此夜,胡姬沽酒谁论价?风流荀令好耳郎,偏能傅粉复熏香。"当然,最有代表性的应推陈后主的《独酌谣》:"独酌谣,独酌起中宵。中宵照春月,春花发春朝。春花春月正徘徊,一尊一弦当夜开。聊奏孙登曲,仍斟毕卓杯。罗绮徒纷乱,金翠转迟回。中心本如水,凝志更同灰。逍遥自可乐,世语世情哉!"此诗不仅借酒表现了宫廷生活的纸醉金迷、豪奢无度,而且还流露出悲观厌世、孤寂无奈的情怀。从这首诗中不难看出,南北朝饮酒诗虽写饮酒,但其注重的不是借酒表达慷慨之情、豪迈之气,而是表现奢侈淫靡的宫廷生活和个人的哀乐苦愁,多浮华香艳之姿,少慷慨悲歌之气。

唐诗与酒文化

唐代咏酒诗数量之多,意境之开阔,艺术成就之高,皆为历代所罕见。清蘅塘居士选编的《唐诗三百首》,诗中有"酒"或"醉"以及二者皆有的达47首之多。宋代大诗人、著名政治家王安石以为,李白的诗,十句有九句是说妇人和酒的。(《扪诗新语》卷八)其实,李白的诗除乐府诗之外,言妇人者极少,而说到酒的却很多。他写山简的诗"百年三万六千日,一日须倾三百杯"(《将进酒》),正是他的夫子自道。他赠妻子的"三百六十日,日日醉如泥。虽为李白妇,何异太常妻"(《赠内》),则是典型的自我写照。杜甫的诗写酒者也不少,只是由于他一生坎坷,得意之日少,失意之日多,饮酒诗也就少了几分李白那样的豪放与旷达,多了几分沉痛与苍凉。

他又是典衣买酒,又是设法"赊酒",经常是酒债高筑,以至于酒家不肯再赊。为此,他曾沉痛地写道:"蜀酒禁难得,无钱何处赊?"贫困潦倒限制了他的豪饮,也诱发了他对酒的无限眷恋和对诗的一往情深——"宽心应是酒,遣兴莫过诗"。无酒无诗怎么打发孤独寂寞的岁月?所以,直到晚年贫困交加的时候,杜甫还在不停地吟哦"数茎白发那抛得,百罚深杯亦不辞";"莫思身外无穷事,且尽生前有限杯"。白居易传世之诗有两千八百多首,咏酒之作竟达九百首之多,几乎占了三分之一。他把诗、酒、琴当做三位最为知心的朋友,这样写道:"今日北窗下,自问何所为。欣然得三友,三友者为谁?琴罢辄饮酒,酒罢辄吟诗。三友递相引,循环无已时。"他每到一个地方做官,总是以酒为号,为河南尹时号"醉尹",被贬江州司马时号"醉司马",为太子太傅时号"醉傅",总号为"醉吟先生"。隐居洛阳龙门以后,更是无日不饮,无饮不诗。那篇影响很大的《醉吟先生传》,正是对酒仙诗人的形象写真。白居易甚至以为,饮酒比吃饭睡觉更加不可缺少,他说:"吾尝终日不食,终夜不寝,以思无益,不如且饮。"(《醉功赞》)李白、杜甫、白居易是唐代最有影响的大诗人,他们尚且如此,其他诗人就可想而知了。王勃、刘希夷、张说、王昌龄、王维、孟浩然、高适、岑参、韩愈、李贺、孟郊、李商隐、温庭筠等知名诗人,也都吟诗饮酒,对酒赋诗,留下了充满诗情酒意的华章,共同构成了风采卓异的唐代咏酒诗百花园。

在我们惊诧于唐代咏酒诗百花园的姹紫嫣红时,是不能不提到与咏酒诗紧密相连的唐代新科进士的曲江宴的。这种宴会从唐中宗神龙年间开始,一直延续到唐僖宗乾符年间黄巢起义军进入长安为止,历时170年。在各种文献记载中,这一宴会由于时间、地点及当时情形的差异而有不同名称,因游宴时间在"关试"(吏部考试)之后而称之为"关宴",因游宴地点在曲江池西边的杏园而称之为"杏园宴",因同榜进士齐集曲江而称"曲江大会",又因宴会之后很多人要被派往外地做官而称"离筵",等等,名称繁多,不一而足。

曲江宴是新科进士进入仕途的第一次荣耀盛事，因而备受重视。他们衣着华丽，高车骏马，有的还特邀色艺俱佳的名妓作陪，一起品美馔佳肴，饮琼浆玉液，拜谢恩师，攀附权贵，交结新朋友，游览湖光山色，举行各种形式的娱乐活动，最后再到大雁塔题名留念。在丰富多彩的宴游活动中，吟诗唱和是一项非常重要的内容。因为它不仅是新科进士显示风雅的重要手段，而且是他们炫耀才华的宝贵舞台。在全唐诗中，流传下来的曲江宴游诗占了很大比重，其中自然不少粉饰太平、逢迎权贵之作，也有不少志得意满、不可一世之作，但同时也有不少咏物言志、写景抒怀之作写得相当成功，思想性艺术性都很强，堪称名篇佳构。如刘沧的"及第新春选胜游，杏园初宴曲江头。紫毫粉壁题仙籍，柳色箫声拂御楼。霁景露光明远岸，晚空山翠堕芳洲。归时不省花间醉，绮陌香车似水流"，王涯的"万树江边杏，新开一夜风。满园深浅色，照在绿波中"，姚合的"江头数顷杏花开，车马争先尽此来"，殷尧藩的"鞍马皆争丽，笙歌尽斗奢"，写景抒情，颇堪玩味。

宇宙间的一切事物，当它自觉不自觉地接受了其他事物的影响的时候，总是要或多或少地发生一些变化，并且或深或浅地留下某些痕迹。物质现象是如此，心理现象也是如此。人们的一切心理活动，只要由内在的变成外在的，只要形诸外在世界，就会有所表现，就会留下某种痕迹。像曲江宴这样庄严、热烈、隆重的盛会，对那些新科进士来说，是一生中只有一次的活动。这种活动自然会在他们的心里留下特别深刻的印象，化作难以忘却的记忆，永久地保留在他们的意识深处，进而发而为诗，于是便有了诸多描绘曲江宴游的诗篇。中唐诗人韩愈因谏阻唐德宗迎佛骨而被贬潮州，虽然遇赦，却不得归京，淹迟江陵，见北郭古寺杏花盛开，不由得又想起曲江的杏园："居邻北郭古寺空，杏花两株能白红。曲江满园不可到，看此宁避雨与风。"（《杏花》）与白居易齐名的元稹贬官江陵,春日想起从前的曲江游宴,发出了"当年此日花前醉,今日花前病里销。独倚破帘闲怅望,可怜虚度好春朝"的感慨。刘禹锡遭贬十年后重新回到京师,独自一人游览曲江,感慨良多,写下了忆往昔、伤今朝的《曲江春望》:"凤城烟雨歇,万象含佳气。酒后人倒狂,花时天似醉。三春车马客,一代繁华地。何事独伤怀,少年曾得意。"

  为历代诗家激赏不已的盛唐精神和盛唐气象,在唐代咏酒诗中得到了很好的表现。

  盛唐精神的重要特征是气象雄浑豪迈,格调激越高昂,洋溢着积极进取、奋发向上的精神。这样一种精神,在王维的《少年行》中得到了很好的表现:"新丰美酒斗十千,咸阳游侠多少年。相逢意气为君饮,系马高楼垂柳边。"深谙禅宗文化妙谛、惯吟人境之中孤独寂寞的山水诗人王维,深受时代精神的感染,吟出了这样充满豪气的诗句。即使是那些描写边塞征伐、表现战争残酷的诗章,唐代诗人也很少凄楚哀伤,而是表现出豪迈奋发的气质、一往无前的精神和视死如归的慷慨。王翰的名作《凉州词》这样写道:"葡萄美酒夜光杯,欲饮琵琶马上催。醉卧沙场君莫笑,古来征战几人回!"诗歌表现出来的戍边将士那种豪迈豁达的气概,令人肃然起敬。岑参的《送李副使赴碛西官车》一诗,表现的则是沙场上建功立业的豪壮情怀:"脱靴暂入酒家垆,送君万里西击胡。功名只向马上取,真是英雄一丈夫。"高适的《送李侍御赴安西》:"行子对飞蓬,金鞭指铁骢。功名万里外,心事一杯中。虏障燕支北,秦城太白东。离魂莫惆怅,看取宝刀雄。"真可谓是豪气冲天,心胸豁达。唐人汝询以赞叹的语气评此诗道:"此以立功期侍御也。君既为行子也,所对者飞蓬,所恃者鞍马。万里之志形于一杯。虏障秦城,特咫尺耳,岂以离别为恨哉!请视宝刀以壮行色!"(引自《唐诗解》卷三十七)

  盛唐气象在伟大的浪漫主义诗人李白的咏酒诗中,得到了更为集中而突出的表现。他在说过"人生得意须尽欢,莫使金樽空对月"之后,高吟的是"天生我材必有用,千金散尽还复来";他一边表示"美酒樽中置千斛,载妓随波任去留",一边高歌"兴酣落笔摇五岳,诗成笑傲凌沧州";他既"平台为客忧思多,对酒遂作梁园歌",又激动地吟唱"东山高卧时起来,欲济苍生未应晚";他既津津乐道于"金樽清酒斗十千,玉盘珍馐值万钱。停杯投箸不能食,拔剑四顾心茫然",又高歌"长风破浪会有时,直挂云帆济沧海"。他借酒来表达对宇宙的深刻思索,对人生的执著追求:"青天有月来几时,我今停杯一问之。人攀明月不可得,月行却与人相随……白兔捣药秋复春,嫦娥孤栖与谁邻?今人不见古时月,今月曾经照古人。古人今人若流水,共看明月皆如此。惟愿当歌对酒时,月光长照金樽里。"(《把酒问月》)酒中有他对自由人格的热烈向往和自觉追求:"昔在长安醉花柳,五侯七贵同杯酒。气岸遥凌豪士前,风流肯落他人后!"(《流夜郎赠辛判官》)酒中有他对功名富贵的轻蔑:"黄金白璧买歌笑,一醉累月轻王侯。"(《忆旧游寄谯元郡参军》)即使是那些感慨人生短暂的诗章,李白写来也是旷达洒脱:"悲来乎!悲来乎!主人有酒且莫斟,听我一曲悲来吟。悲来不吟还不笑,天下无人知我心。君有数斗酒,我有三尺琴。琴鸣酒乐两相得,一杯不啻千钧金。悲来乎!悲来乎!天虽长,地虽久,金玉满堂应不守。富贵百年能几何,死生一度人皆有。孤猿坐啼坟上月,且须一尽杯中酒。"(《悲歌行》)他写独饮的孤寂,也写得有声有色,情趣盎然:"花间一壶酒,独酌无相亲。举杯邀明月,对影成三人。月既不解饮,影徒随我身。暂伴月将影,行乐须及春。我歌月徘徊,我舞影零乱。醒时同交欢,醉后各分散。永结无情游,相期邈云汉。"(《月下独酌》)

　　林庚先生在论及唐诗所表现的盛唐气象时指出:"盛唐气象是饱满的、蓬勃的,正因其在生活的每个角落都是充沛的,它夸大到'白发三千丈'时不觉得夸大,它细小到'一片冰心在玉壶'时不觉得细小。正如一朵小小的蒲公英,也耀眼地说明了整个春天的世界。它玲珑透彻而仍然浑厚,千愁万绪而仍然开朗。这是植根于饱满的生活热情、新鲜的事物的敏感,与时代的发展中人民力量的解放而成长的,它带来的如太阳一般的丰富而健康的美学上的造诣,这就是历代向往的属于人民的盛唐气象。"(林庚:《唐诗综论》,人民文学出版社1986年版,第47~48页)印证于上述所引咏酒诗,此说信然。

一如唐诗全面反映了唐代社会生活及当时人们的思想情感一样,唐代社会生活和当时人们的思想情感,在许多方面也都通过咏酒诗得到了表现。换句话说,唐代咏酒诗是那样的丰富多彩,以至于我们可以把它当做透视唐代社会生活和当时人们的思想情感的一面镜子。

有的咏酒诗歌反映出诗人对自然山水、田园风光和农家生活的热爱,如王勃的《对酒春园作》:"繁莺歌似曲,疏蝶舞成行。自然催一醉,非但阅年光。"写莺歌蝶飞的自然风光,如在眼前。孟浩然的《过故人庄》:"开轩面场圃,把酒话桑麻。待到重阳日,还来就菊花。"写农家景象和田园风光,其乐融融。李白的《下终南山过斛斯山人宿置酒》:"相携及田家,童稚开荆扉。绿竹入幽径,青萝拂行衣。欢言得所憩,美酒聊共挥。长歌吟松风,曲尽河星稀。我醉君复乐,陶然共忘机。"绿竹幽径,松风长歌,像这样有酒有歌的田园生活,是何等的快乐!杜甫的《客至》:"盘飧市远无兼味,樽酒家贫只旧醅。肯与邻翁相对饮,隔篱呼取尽余杯。"虽然清贫到只能饮旧醅的地步,但那种田家欢乐却是极为难得的。

许多咏酒诗抒发的是诗人超然脱俗的高情远致,以及对功名利禄的蔑视、对自由人格的追求。如李颀的"东门沽酒饮我曹,心轻万事如鸿毛。醉卧不知白日暮,有时空望孤云高"(《送陈章甫》),权德舆的"身外皆虚名,酒中有全德。风清与月朗,对此情何极"(《独酌》),翁绶的"百年莫惜千回醉,一盏能消万古愁……

平生名利关身者,不识狂歌到白头"(《咏酒》),徐夤的"醉乡路与乾坤隔,岂信人间有利名"(《劝酒》),抒发的都是淡泊功名、心轻万事的情怀。

有的咏酒诗吟咏人生如梦、岁月如水的感慨。如白居易的"劝君一盏君莫辞,劝君两盏君莫疑,劝君三盏君始知。面上今日老昨日,心中醉时胜醒时。天地迢遥自长久,白兔赤乌相趁走。身后堆金拄北斗,不如生前一樽酒"(《劝酒》)。刘希夷的"酒熟人须饮,春还鬓已秋。愿逢千日醉,得缓百年忧。旧里多青草,新知尽白头。风前灯易灭,川上月难留"(《故园置酒》)。都是感慨人生如白驹过隙、惜时进酒的思想情绪。

有的咏酒诗表现的则是诗人怀才不遇、壮志难酬的愤懑和不平。如杜甫的"得钱即相觅,沽酒不复疑。忘形到尔汝,痛饮真吾师……相如逸才亲涤器,子云识字终投阁。先生早赋归去来,石田茅屋荒苍苔。儒术于我何有哉?孔丘盗跖俱尘埃。不须闻此意惨怆,生前相遇且衔杯"(《醉时歌》),钱起的"花繁柳暗九门深,对饮悲歌泪满襟。数日莺花皆落羽,一回春至一伤心"(《长安落第》)。

有的咏酒诗抒发的则是诗人建功立业的豪情壮志和豁达情怀。如李白的"闲过信陵饮,脱剑膝前横。将炙啖朱亥,持觞劝侯嬴。三杯吐然诺,五岳倒为轻。眼花耳热后,意气素霓生"(《侠客行》),岑参的"花门楼前见秋草,岂能贫贱相看老。一生大笑能几回,斗酒相逢须醉倒"(《凉州馆中与诸判官夜集》),陆龟蒙的"丈夫非无泪,不洒离别间。仗剑对樽酒,耻为游子颜"(《别离曲》)。

有的咏酒诗表现的是离情别绪,充满离别的忧伤。如王维的《送元二使安西》:"渭城朝雨浥轻尘,客舍青青柳色新。劝君更尽一杯酒,西出阳关无故人。"白居易的《何处难忘酒》:"何处难忘酒,青门送别多。敛襟收涕泪,簇马听笙歌。烟树灞陵岸,风尘长乐坡。此时无一盏,争奈去留何。"司空曙的《云阳馆与韩绅宿别》:"孤灯寒照雨,湿竹暗浮烟。更有明朝恨,离杯惜共传。"于武陵的《劝酒》:"劝君金屈卮,满酌不须辞。花发多风雨,人生是别离。"

有的咏酒诗反复吟咏和渲染的是酒解愁肠、一醉解千愁的思想情绪。如戴叔伦的《对酒示申屠学士》:"三重江水万重山,山里春风度日闲。且向白云求一醉,莫教愁梦到乡关。"贾至的《对酒曲》:"春来酒味浓,举酒对春丛。一酌千忧散,三杯万事空。"聂夷中的《饮酒乐》:"一饮解百结,再饮破百忧。白发欺贫贱,不入醉人头。"

毫无疑问,作为中国古典诗歌的代表,唐诗不仅是中国古典诗歌的黄金时代,而且是中国古典诗歌的最高峰。这一时期,咏酒诗也随着中国古典诗歌的繁荣而进入丰收时代。大量出现的咏酒诗,以它丰沛激越的思想情感,多姿多彩的社会文化内容,样式各异的表现形式,摇曳多姿的艺术手法,从不同侧面表现出酒神精神,丰富和充实了中国的酒文化,在诗歌艺术发展史和酒文化史上都占有十分独特而重要的地位。

宋代诗词与酒文化

两宋是词的繁荣时期。这一时期有咏酒诗词问世的诗人词客不在少数,北宋时期的王禹偁、范仲淹、张先、晏殊、梅尧臣、苏舜钦、欧阳修、柳永、王安石、晏几道、苏轼、秦观、贺铸、黄庭坚、周邦彦、叶梦得,南宋时期的朱敦儒、李清照、陈与义、杨万里、陆游、范成大、张孝祥、陈亮、辛弃疾、史达祖、刘辰翁,等等,都有咏酒诗词佳作问世,而且不少都是传之千古的名篇。

北宋时期的苏舜钦不仅性喜饮酒,而且花样翻新,他与石曼卿等人发明了不少闻所未闻的饮酒方法,如夜里不点蜡烛,摸黑饮酒,称作"鬼饮";像吊唁死者那样一边唱挽歌,一边哭泣,一边饮酒,称作"了饮";光着头,赤着足,把手铐起来,再戴上脚镣,称作

"囚饮";用草席把身体裹起来,把头伸出草席外来饮,称作"鳖饮";爬到树上,手攀树枝而饮,称作"鹤饮"。这位嗜酒成性的酒徒终于因筹办一次赛神酒会而给政敌以可乘之机,以"监守自盗"罪被革职,到苏州过起了流寓生活,不久就因郁郁不得志而客死贬所。

苏轼喜欢饮酒却又没有什么酒量,曾自谓"天下之不能饮,无在予下者。"虽然不能饮酒,但他很喜欢看别人饮酒,把饮酒当做一件乐事,仿佛看别人饮酒就是一种莫大的享受:"见客举杯徐饮,则予胸中为之浩浩焉,落落焉,酣适之味,乃过于客。"有意思的是,南宋诗人杨万里也像苏轼一样,喜欢看别人饮酒,把观看别人饮酒当做一种乐事。在《舟中新暑止酒》一诗中,他这样写道:"新暑酒不宜,作热妨夜睡。不妨看人饮,尤自有醉意。彼饮吾为咽,所美过于味。同舟笑吾痴,吾不羡渠醉。安知醉与醒,谁似谁不似。"细细分析起来,这种喜欢观看别人饮酒的现象,除了与个人的性格爱好有关之外,还与中国人的"看客"心理有很大关系。中国人有句古话,叫做"当局者迷,旁观者清"。也许是为了更清醒一些,很多人是不愿置身事中的。除非事不得已,人们总是愿意做看客,在一边指指点点,不论是好是坏,皆不承担责任,如果别人干得不好,还可以说三道四,论是论非。在专制横行、强权为大的社会,这种看客心理有一定的积极意义,常常成为不愿与当权者合作的文人士大夫避害远祸的有效手段,是他们赖以自保其身、苟全性命于乱世的护身法宝,也是他们坚持操守、洁身自好、排遣苦闷的一种方法。但是不容否认,这种看客心理实际上是一种消极避世,是变态的扭曲的社会文化心理在文人士大夫身上的反映,对人们的思想文化观念有较为严重的负面影响。清代戏剧理论家李渔说:"善弈不如善观,人胜而我为之喜,人败而我不必为之忧,则是常居胜地也。"这虽是论观棋,但从他对旁观者心态的分析,可以看出看客的普遍心理。观棋是如此,观饮也是如此。

苏轼对酒文化的体味相当深刻。他写过一篇《酒颂》，描写陶然微醉的快乐，很是令人神往。他还写过一篇介绍酿酒经验的文章《北山酒经》，从用料、用曲、投料到酿造时间、酿造过程、出酒率等，对整个酿造过程作了详细描述。更为值得注意的是他那些饮酒（或与饮酒有关的）诗作，如著名的《水调歌头·明月几时有》，是在宋神宗熙宁九年（1076）中秋节欢饮达旦醉后所作，另一首同样著名的《念奴娇·大江东去》也是在庆贺词人的生日宴会上首先示人的。

南宋大诗人陆游也挚爱酒。这可以从他的《无酒叹》一诗中看出来："不用塞黄河，不用出周鼎，但愿酒百家，日夜醉不醒。不用冠如箕，不用印如斗，但愿身常健，朝暮常饮酒。"《醉赋》突出的也是"饮酒"二字："乃今又大悟，万事付一觞。书中友王绩，堂上祠杜康。"他的诗歌中常常可见"梦"与"醉"，虽然诗人绝非醉生梦死之辈，但也流露出诗人报国无门、壮志难酬的悲哀。正因为如此，诗人才常常寄情诗酒，在"梦"与"醉"中企望实现其人生理想。辛弃疾"醉里挑灯看剑"更是早已为人所知，他因壮志难酬而常常像陆游那样与酒为伴，希望"醉里乾坤大，壶中日月长"。著名的《沁园春·将止酒戒酒杯使勿近》，写来汪洋恣肆，纵横捭阖，成为脍炙人口的佳作。他还专门设宴，请人为他的新作挑毛病，一时传为文坛佳话。

尤其值得一提的是，宋代两位女词人李清照和朱淑真都是善饮爱饮之人，且皆有饮酒佳作传世。靖康之难前，李清照生活幸福，家庭美满，词中常常表现出悠闲自得的快意，有"常记溪亭日暮，沉醉不知归路"，"昨夜雨疏风骤，浓睡不消残酒"，"东篱把酒黄昏后，有暗香盈袖。莫道不消魂，帘卷西风，人比黄花瘦"之句，让人感到词人之醉是甜蜜的醉、幸福的醉、无忧无虑的醉。靖康之难后，词人国破家亡，流离失所，词风一变而为苍老悲凉，即使是饮酒之作，也是别有一番滋味，别具一种风格。"三杯两盏淡酒，怎敌他、晚来风急";"故乡何处是,忘了除非醉";"醉莫插花花莫笑,可怜春似人将老"。读着这些词句,人们感受到的是故国之思,家国之念,是拂不去的悲苦,忘不了的哀伤。两相比较,端的是"流水落花春去也,天上人间"。朱淑真的词与李清照不同。她既没有李清照那样前后迥异的人生际遇,也没有李清照曾经有过的幸福美满婚姻。相传她因婚姻不美满抑郁而死,此虽系传说,但从她的《断肠诗集》《断肠词》来看,传说是有一定道理的。她的咏酒之作,多有断肠般的忧伤悲苦,往往令人不忍卒读。如"绿满山川闻杜宇,便作无情,莫也愁人苦。把酒送春春不语,黄昏却下潇潇雨"。"举杯无语送春归,吩咐东风欲去时"。皆是愁肠满篇,满篇愁肠。中国文学史上,能够占一席之地的女作家并不多见,而宋代两位最有成就的女词人,竟然都与酒有缘,这种现象是很耐人寻味的。这至少可以从一个独特的视角帮助我们理解古典诗歌与酒文化的关系。的确,好诗不一定都需要饮酒,但是,如果没有自由想像的空间,没有驰骋思绪的自由,没有洒脱的心境和挣脱世俗羁绊的个性精神,无论如何是写不出好诗的。李清照、朱淑真作为女性却敢于公开饮酒,大胆地写咏酒诗歌,显然是具备了这样一种心境,这样一种个性精神。

宋诗与唐诗大异其趣。比较而言,唐诗以气韵胜,宋诗以意趣胜;唐诗气势雄伟,意象浑阔,宋诗意态幽雅,闲远深邃;唐诗性情彰显,以感性胜,宋诗风流蕴藉,以理性胜;唐诗讲究巧夺天工,自然浑成,宋诗注重遣词造句,委曲工巧。用著名学者缪钺先生的话说,"唐诗之美在情辞,故丰腴;宋诗之美在气骨,故瘦劲。唐诗如芍药海棠,秾华繁采;宋诗如寒梅秋菊,幽韵冷香。唐诗如啖荔枝,一颗入口,则甘芳盈颊;宋诗如食橄榄,初觉生涩,而回味隽永"(《论宋诗》,载《诗词散论》,上海古籍出版社1982年版,第36页)。如果说作为一代诗歌,唐诗和宋诗各有特色,各具价值,未可轻言轩轾,那么,从咏酒诗的角度而言,宋诗就不免逊色于唐诗了。

因为，酒文化体性见情、直抒胸臆、自由挥洒、返璞归真的特征，恰巧与唐诗神投意合，相互默契，而与宋诗就隔着那么薄薄的一层，很难自然而然地融为一体。这就使得宋人的咏酒诗不仅在数量上远不及唐人，而且就已有的咏酒诗来看，还多少带有宋诗以人工意趣、议论学力取胜的特点。如梅尧臣的《汝州王侍制以长篇劝予饮酒因谢之》、苏舜钦的《对酒》和曾巩的《菊花》、王安石的《除夜寄舍弟》、苏轼的《薄薄酒》和《醉酒者》等等，表现出来的或是诗人对某一事物的意趣，或是对现实社会的人生思考，理性多于感性，思想大于形象，虽然自有价值，终觉未得酒文化之真谛。

另一方面，酒文化的独特作用也使得宋代咏酒诗出现了一些直抒性情、气韵流走、自由奔放、颇类唐音的作品。即使像江西诗派的鼻祖黄庭坚这样"皮毛落尽只存骨"的诗人，在酒文化的作用下，也写出了"清淡落笔一万字，白眼举觞三百杯"，"我自只如常日醉，满川风月替人愁"，"桃李春风一杯酒，江湖夜雨十年灯"这样迥异于宋代诗风的诗句。这也从另一方面证明了酒文化精神与艺术精神的深层契合。南宋诗人杨万里的咏酒诗，亦不乏唐代咏酒诗之趣：

老夫渴急月更急，酒落杯中月先入。领取青天并入来，和月和天都蘸湿。天既爱酒自古传，月不解饮真浪言。举杯将月一口吞，举头见月犹在天。老夫大笑问客道：月是一团还两团？酒入诗肠风火发，月入诗肠冰雪泼。一杯未尽诗已成，诵诗向天天亦惊。焉知万古一骸骨，酌酒更吞一团月。（《重九后二日同徐克章登万花川谷月下传觞》）

此诗隐括李白的《月下独酌》和苏轼的《水调歌头·明月几时有》的意境而大有变化和开拓，横说竖说，反说正说，所向皆如人意，又无不出乎人意，在咏酒诗和咏月诗中别具一格，最能表现作者的活泼奇趣、曲笔妙思以及独特的个性风采和浪漫情怀。据宋人罗大经《鹤林玉露》卷十记载,他曾经亲耳聆听杨万里向人吟诵此诗,并说:"老夫此作,自谓仿佛太白。"此诗的确有李白咏酒诗与咏月诗之遗风,但仔细比较,则是豪放不及,而曲折有加。杨万里的《又自赞》也是咏酒诗中的佳作:"春风索我吟,明月劝我饮。醉倒落花前,天地即衾枕。"此诗夸张地描写诗人胸怀万象、情极八荒的胜概豪情,从句法到诗境都让人想起李白的"白发三千丈,缘愁似个长"和陆游的"方我吸酒时,江山入胸中"。这样的作品在以委曲幽峭见长的宋诗中是不多见的。如果说是酒文化精神激发了诗人的奇想妙思和胸襟豪情,当非无稽之谈。

陆游的咏酒诗亦有佳作妙构。其《江楼吹笛饮酒大醉中作》,展示的是一种雄阔浪漫、大气磅礴的景象:"世言九州外,复有大九州。此言果不虚,仅可容吾愁。许愁亦当有许酒,吾酒酿尽银河流。酌三万觞玻璃舟,酣宴五城十二楼。天为碧罗幕,月作白玉钩。织女织庆云,裁成五色裘。披裘对酒难为客,长揖北辰相献酬。一饮五百年,一醉三千秋。却驾白凤骖班虬,下有麻姑戏玄洲。锦江吹笛余一念,再过剑南应小留。"他的《三月十七日夜醉中作》将家国之思融于酒中,表现出诗人的拳拳报国之情:"前年脍鲸东海上,白浪如山寄豪壮。去年射虎南山秋,夜归急雪满貂裘。今年摧颓最堪笑,华发苍颜羞自照。谁知得酒尚能狂,脱帽向人时大叫。逆胡未灭心未平,孤剑床头铿有声。破驿梦回灯欲死,打窗风雨正三更。"这些作品豪放中见浑厚雄壮,包含着深邃的爱国主义内容,洋溢着浓烈的英雄主义精神,读之令人想起那充满进取精神的"盛唐气象"。"酒助英雄胆"一语,用到陆游唾手燕云之意的咏酒诗,是再恰贴不过的了。清人沈德潜对陆游之诗甚是推崇,以为陆游"胸怀磊明,欲复国大仇,有触即动,老死不忘,时无第二人也。上追少陵,志节略同,勿第以诗人目之"(《放翁诗选例言》),可谓是深得陆游诗中三昧之语。

酒文化与宋诗的抵牾在宋词中得到了适当的调整，或者说是宋人咏酒诗的贫弱因了咏酒词的丰富多彩而得到了补偿。既然"以文字为诗，以才学为诗，以议论为诗"的宋诗无法表达宋代诗人日益缜密、细腻、复杂、伤感的思想情怀，那么如同一位窈窕顾长的淑女擅长轻歌曼舞而不善于战场呐喊厮杀一样，擅长抒写深微细腻、婉约幽怨之情而不善于表达壮怀激烈的情志与生活的宋词，则更适合扮演这一角色。既然"词之为体，要眇宜修，能言诗之所不能言，而不能尽言诗之所能言，诗之境阔，此之言长"（王国维《人间词话》删稿），既然词比诗更适合于抒写性情，表达情志，摹写心曲，那么就自然而然地和酒文化精神心有灵犀，自然而然地与酒文化产生广泛而深刻的契合。可以说，正是宋词和酒文化精神深刻而广泛的契合，带来了咏酒词的全面丰收。打开宋人词集看一看，咏酒词比比皆是，如果做一个精确的统计，其比例肯定在唐诗之上。而且就咏酒词的思想内容而言，唐代咏酒诗曾经表现或描写过的，在宋词这里都得到了回应，都能找到它们的身影。

中国古典诗歌有着表现忧患意识的悠久传统。这一传统，在宋代咏酒词中不仅得到了很好的表现，而且又有了"踵事增华，变本加厉"的发展。这种情况的出现，与宋代特定的社会文化环境是密不可分的。五代十国的动荡衰微，使得全社会弥漫着浓郁的忧患感和危机感，人们不论是对国家、对自己，还是对生活、对人生，始终找不到安定的感觉，因而常常是愁云惨淡，顾虑重重。这种社会状况必然影响到刚刚诞生不久的词章。北宋时期虽有过一段相对的安定与承平，但宋王朝积弱积贫的先天不足，随着中国封建社会日过中天步入"中老年"阶段，各种社会危机所引起的文人士大夫内心的忧患意识日趋成熟化和定型化，再加上理学思想对人们情感的禁锢和束缚，人们的忧患意识日趋强烈。南宋时，国土沦丧，偏安江南，金元相继南侵，国家社稷岌岌可危，使文人之间普遍存在的忧患意识更趋强烈，并在词作中得到了更为集中、更为普遍的表现。"唯酒可忘忧"、"一酌散千忧",忧愁与酒是天然的伴侣,它们相生相克,相辅相成。这样一种天然的联系,决定了表现忧患意识的词作大多有酒文化的参与,决定了咏酒词也以表现忧患意识者居多。具体而言,表现在以下两个方面:

其一是思乡怀土、感伤离别、伤春悲秋等有着悠久传统的忧患情结,在咏酒词中得到了更为深邃、更为细腻的表现:

更尽一杯酒,歌一阕。叹人生,最难欢聚易离别。(寇准《阳关引》)

多情自古伤离别,更那堪、冷落清秋节。今宵酒醒何处,杨柳岸晓风残月。(柳永《雨霖铃》)

暂停征棹,聊共引离樽,多少蓬莱旧事,空回首,烟霭纷纷。斜阳外,寒鸦万点,流水绕孤村。(秦观《满庭芳》)

东篱把酒黄昏后,有暗香盈袖。莫道不消魂,帘卷西风,人比黄花瘦。(李清照《醉花阴》)

佳节重阳近,清歌午夜新。举杯相属莫辞频。后日相思,我已是行人。(张孝祥《南歌子》)

这些词人,有的是德高望重的一代名相,有的是力主抗战的朝廷要员,有的是留恋风月的多情骚客,有的是多愁善感的柔弱裙钗,身份不同,地位不同,经历不同,个性也就迥然有异。但是,在细细地咀嚼、慢慢地品味绵绵哀愁和离情别绪这一点上,却表现出了惊人的一致。也许,这就是"集体无意识"的力量。

感伤离别必然导致思乡怀土,产生游子情结。无论外出游学还是异乡为官,不论是寻仙访道还是游山玩水,不论是主动的选择还是客观环境促成,都有一种难以解脱的思乡怀土的忧郁和感伤。范仲淹的《苏幕遮》最具代表性:

> 黯乡魂,追旅思。夜夜除非、好梦留人睡。明月高楼休独倚。酒入愁肠,化作相思泪。

如果事先不知道这首词的作者,人们很难相信它是出自有"先天下之忧而忧,后天下之乐而乐"博大胸襟和崇高品格的北宋著名政治家范仲淹之手。词章满纸凄凉,满纸相思,满纸愁绪,给人乡魂旅思无以排遣之感。周邦彦的《满庭芳》写漂泊异乡的游子之思,同样令人倍感凄凉。其下片云:"年年,如社燕。漂流瀚海,来寄修椽。且莫思身外,长近樽前。憔悴江南倦客,不堪听,急管繁弦。歌筵畔,先安簟枕,容我醉时眠。"据词前"夏日溧水无想山作"的小序可知,这首词写于他任溧水县令(1093～1096)之时。周邦彦曾因一篇歌颂新法的《汴都赋》而大受赏识,荣任太学正之职。但不久就因故遭贬外任,长期飘零在外,常常感到官场险恶,仕途艰辛。政治上的失意和苦闷必然给羁旅行役带来更多的惆怅,更多的忧愁。"年年"句自叹身世,文笔曲折;"且莫思"句以抛撒作转,劝人及时行乐;"憔悴"句又作一转,言虽强抑悲怀,不思身外之事,然而,当筵上弦繁管急之时,又是情思难抑;结句再转作收,言愁思绵绵难奈,惟有借醉眠了之。但是,醉眠终非长久之计,待到"一场愁梦酒醒时",愁思便会再次涌出,甚至愁上加愁,更难解脱。看来,词人不过是暂作超脱之举,以求得心灵的暂时解脱罢了。

和杜甫"国破山河在,城春草木深"所引起的羁旅之思相比较,周邦彦等人的愁苦不过是"为赋新词强说愁"而已。有道是,乱离人不如太平犬。战乱之中的漂泊颠沛,惶惶零落,更容易使人

郁结难解,愁肠难消。赵鼎的《满江红》,表达的就是这样一种情怀:

> 惨结秋阴,西风送、霏霏雨湿。凄望眼,征鸿几字,暮投沙碛。试问乡关何处是?水云浩荡迷南北。但一抹寒青有无中,遥山色。　　天涯路,江上客。肠欲断,头应白。空搔首兴叹,暮年离拆。须信道消忧除是酒,奈酒行有尽情无极。便挽取长江入樽罍,浇胸臆。

公元1126年,宋钦宗靖康元年,是宋朝历史上最为耻辱的一年。这一年,金兵攻陷汴京,掳获宋徽宗、宋钦宗,北宋王朝在金兵的铁鼓金笳声中宣告覆亡。次年九月,曾任开封府曹的赵鼎随着逃难的人群来到仪真(今江苏仪征)江口,北望故国,感慨万千,遂写下了这首"慷慨激烈,发欲上指"的词章。时逢国破家亡之际,诗人仓皇南逃,天涯沦落,不免柔肠寸断,华发顿生。生于乱世,无力主宰自己的命运,诗人只有"空搔首兴叹",兴叹之不足,便借酒浇愁。可是,那有限之酒怎能消除那无穷无尽的忧愁呢?于是,诗人想到了长江,想用长江之水为酒,来消除胸中的郁闷和愁绪。此外,张孝祥的"对月只应频举酒,临风何必更搔头,暝烟多处是神州"(《浣溪沙》),李清照的"三杯两盏淡酒,怎敌他、晚来风急。雁过也,正伤心,却是旧相识"(《声声慢》),等等,也都苍凉悲壮,包孕深厚,远非一般的羁旅之思、漂泊之情所能比。

伤春悲秋是中国文学的一个传统,也是中国文化的一道景观。从《诗经》、楚辞到汉乐府,从汉魏六朝抒情小赋到魏晋南北朝诗,伤春悲秋始终是文人久咏不衰的文学母题。春色宜人,姹紫嫣红,但"匆匆春又归去",不免令人伤心;金秋是收获的季节,但它那扫荡一切的肃杀气氛却让人感到无限悲凉,所以人们常常为万物遭遇寒秋而感到悲哀。但是,伤春也好,悲秋也罢,人们对四时运替及自然景物的伤感,实际上包含着对人生易老、韶华易逝的忧虑和感伤。有意思的是,两宋词人的伤春悲秋,常常是和酒联系在一起的。他们借酒来表达对春光易逝、秋景肃杀的感慨,抒写对世事无常的感慨,倾泻他们的满腹愁绪和人生悲苦。

让我们先看一看宋代词人的伤春之作。"谁道闲情抛弃久,每到春来,惆怅还依旧。日日花前常病酒,不辞镜里朱颜瘦。"冯延巳以"日日花前常病酒"来写对春的感伤;"水调数声持酒听,午醉醒来愁未醒。送春春去几时回?临晚镜,伤流景,往事后期空记省。"张先以"午醉醒来愁未醒"来表达韶光易逝的惜春之情;"绿满山川闻杜宇,便作无情,莫也愁人苦。把酒送春春不语,黄昏却下潇潇雨。"朱淑真以"把酒送春春不语"感慨春光短暂。很难说这样的词章有多么高深的思想境界,也很难说它们有多么深刻的现实生活内容,它们只是淡淡地叙说着一种细若游丝、轻若和风却又"剪不断,理还乱"的离情别绪。但是,由于这类作品大都意境空灵,格调凄迷,伤而不痛,悲而不哀,伤感中有豁达,迷离中有真情,因而与文人雅士的审美情趣不谋而合,很适合文人士大夫的欣赏口味。所以,历代选家对这类作品一向是青眼有加,非常珍爱。

比较而言,宋代词人的悲秋之情不论是在深度还是在广度上,都远胜于伤春之意。伤春之作表达的多是韶华易逝、青春不再的无可奈何之情,而悲秋之作表达的思想情感则相当丰富,既有对人生短暂的低吟,仕途困顿的哀鸣,身世坎坷的幽怨,也有对国破家亡的忧伤,壮志难酬的悲愤,英雄迟暮的感慨。"萧索清秋珠泪坠,枕簟微凉,辗转浑无寐。残酒欲醒中夜起,月明如练天如水。"冯延巳这首《鹊踏枝》表现的是对时光流逝的感慨;"世事一场大梦,人生几度秋凉。夜来风叶已鸣廊,看取眉头鬓上。酒贱常恐客少,月明多被云妨。中秋谁与共孤光,把盏凄凉北望。"苏轼这首《西江月》抒发的是人生如梦、岁月易逝之情;"郊原雨过金英秀,风扫霜威寒入袖。感君一曲断肠歌,劝我十分和泪酒。古道尘清榆柳瘦,系马邮亭人散后。今宵灯尽酒醒时,可惜朱颜成皓首。"周邦彦这首《木兰花》表现出来的是悲秋伤别、人生易老之意;杨炎正的《水调歌头》"把酒对斜日,无语问西风。胭脂何事,都做颜色染芙蓉。放眼暮江千顷,中有离愁万斛,无处落征鸿。天在阑干角,人倚醉醒中",抒写的是难以言说的游子思乡之情;辛弃疾《破阵子》中的名句"醉里挑灯看剑,梦回吹角连营。八百里分麾下炙,五十弦翻塞外声。沙场秋点兵",表现出来的是欲建功沙场的豪情壮志;王埜的《西河》表现的则是英雄迟暮、壮志难酬之情:"千古恨,吾老矣。东游曾吊淮水。绣春台上一回登,一回揾泪。醉归抚剑倚西风,江涛犹壮人意。"如果说伤春之作表达的多是"为赋新词强说愁"的浓烈之情,那么悲秋之作抒发的则多是"却道天凉好个秋"的高远情怀。如果把伤春之作比做临溪照水、自伤自怜的绝代佳人,那么,悲秋之作就是一个饱经世事沧桑、孤独行吟的憔悴老夫。伤春之作若是深情款款的小夜曲,悲秋之作则是深沉悠长的咏叹调。

其二是宋代词人的咏酒之作都带有鲜明的时代特征。宋代尤其是南宋,文人中弥漫着浓厚的忧患意识,他们感伤时事,忧国忧民,为国家民族的不幸而扼腕长叹,为收复中原而奔走呼号。正是在这种特定的社会文化氛围中,宋代文人的咏酒词有相当一部分深深地打上了时代的烙印。

本来,宋词狭深的抒情性特征使得其题材相当狭窄,反映社会生活的深度和广度既不能与唐诗相提并论,甚至也不能和宋诗相比。但是,宋代格外尖锐的民族矛盾,内忧外患、千疮百孔的社会现实,吏治的腐败和官场的险恶,必然对反应敏感、心灵细腻的词人产生深刻的影响。民族的存亡,国家的兴替,社会的治乱,政局的否泰,以及个人命运的遭际,都拓深拓广了词人的忧患意识,使咏酒词在表现社会生活、反映时代特征等方面都有了新的开拓,新的发展。陈人杰的《沁园春》:"抚剑想歌,纵有杜康,可能解忧?

为修名不立,此身易老;自古心许,与世多尤。平子诗中,庾生赋里,满目江山无限愁。关情处,是闻鸡半夜,击楫中流",抒发的是国破家亡之情,表达的是为国效命的壮志;张绍文的《酹江月》:"举杯呼月,问神京何在,淮山隐隐。抚剑频看勋业事,惟有孤忠挺挺。宫阙腥膻,衣冠沦没,天地凭谁整?一枰棋坏,救时着数宜紧",流露出的是作者对国家民族的耿耿忠心和深沉的忧国忧民之情,一句"救时着数宜紧",表现出作者对时局的深深关切;刘克庄的《沁园春》:"饮酣鼻息如雷,谁信被晨鸡轻唤回。叹年光过尽,功名未立,书生老去,机会方来。使李将军遇高皇帝,万户侯何足道哉!披衣起,但凄凉四顾,慷慨生哀",表达的是建功立业的壮怀和英雄迟暮、生不逢时的悲哀。不容否认,梧桐夜雨、芳草斜阳、断鸿声里、烟波江上、羊肠古道、瘦马西风式的忧患意识,都有一定的社会意义和审美价值,也很适合于落魄文人的夫子自道与自言自语,但是,这类作品整体上带有浓厚的悲观主义色彩,有的甚至流于感伤主义和琐屑的"杯酒风波"。而上述以民族存亡、国家兴替、社会治乱为主要内容的忧患意识,则因其具有强烈的社会责任感和历史使命感而表现出悲壮崇高的审美特质,更能打动人心,引起人们心灵的强烈共鸣。

  应该指出,所谓的"忧患意识",并非到处都是哭哭啼啼、悲天悯人,都是一筹莫展、一蹶不振,也并非只有痛苦和忧伤。它虽然有消极、低沉的一面,但在忧伤的背后却蕴涵着对美好生活的热切向往,对人生的热烈追求,蕴涵着积极向上的进取精神。人类的历史是在充满艰难困苦的进程中走过来的,痛苦是人生这本大书的题中应有之义,忧患和感伤是人类走向未来所必须付出的代价之一。在宋代词人那充满忧患与伤感的咏酒词章中,我们感受到了词人的豁达与大度,体味到了他们对美好人生、美好人格、美好理想与美好生活的一片痴情,他们这种情感真挚而深沉,具有高尚的品格,所以,他们的作品也绝非那些虚伪、浮浅的无病呻吟之作所能比拟的。

此外，表现隐逸生活、抒写隐逸情趣也是宋代咏酒词章的一大特征。

中国的文人历来把"学成文武艺，货于帝王家"作为自己的一种人生追求，儒家则表述为"达则兼济天下"。但事实上，能够青云直上或兼济天下者毕竟是少数，得遂心愿的人也不是很多，大多数文人依然是布衣终身。尤其是当社会动乱之时，或是改朝换代之际，许多文人性命尚且难保，哪里还有机会在政治舞台上一展身手呢？既然不能兼济天下，许多人就退而求其次，走上了独善其身的道路。所以，早在传说中的三皇五帝时代，就已经有了独善其身的隐士。巢父、许由属于不肯接受禅让的隐士，伯夷、叔齐属于耻事二姓的隐士，到了秦汉之际，则又有了为躲避战乱兵燹以求全身远祸的隐士，"商山四皓"就是其中的代表。陶渊明的出现，则把中国的隐逸文化推向了一个新的阶段，他既没有栖身山林，也没有寓身海滨，而是"结庐在人境"，隐于田园。南北朝时期，出现了以隐逸为终南捷径的假隐士，他们身在江湖之上，心存魏阙之下，借隐逸之名行沽名钓誉之实，败坏了隐士的名声。但是，隐逸作为文人的一种生活方式和生活道路，对那些不得志的人来说，始终有很大的诱惑力。不论是信奉儒家学说，还是尊崇道家思想，远离尘世喧嚣，融入自然风物之中，对热爱自由、喜爱大自然的文人来说，都是一种心灵的享受和愉悦。

到了宋代，国运的衰微，民族矛盾的空前尖锐，吏治的腐败，使得许多文人只好拥向"穷则独善其身"之路——而这条道路是最容易导向隐逸之路的，甚至可以说儒家学说的创始人最初指出这条人生之路，就是为那些在现实生活中难以实现自己人生理想的文士而设计的。这是其一。其二是宋代哲学和佛家思想的影响。禅宗以追求自我精神解脱为核心，表现为适意人生哲学，以及清静雅致、自然淡泊的生活情趣和缘此而来的以清、幽、寒、静为核心的审美情趣。这样一种人生哲学在宋代颇为流行,对宋代文人产生了深远而广泛的影响。受此影响,许多文人的文化心理愈加内向封闭,性格愈加敏感细腻,维持心理平衡的途径也由盛唐时期的立功受赏、建功疆场、科场奏捷、遨游山林等外在活动转向自我解脱、自我修养、忍辱负重等内在心理活动,审美情趣也由盛唐时期的热情奔放、洒脱不羁、色彩斑斓转向幽雅淡静、细腻敏感,向着超尘脱俗、物我两忘的境界发展。北宋画家宋迪创造的、为后代诗人画家一致激赏的八种山水画主题,是宋代文人士大夫审美情趣的典型代表。这八种山水画主题是:平沙落雁、远浦归帆、山市晴岚、江山暮雪、洞庭秋月、潇湘夜雨、烟市晚钟、渔村落照。这些山水画主题,表现的都是幽静深远的隐逸景象,是远离世俗社会和尘世喧嚣的逸士之情。就连主张享乐人生的道教,在宋代文人士大夫这种人生哲学和审美情趣的影响下,也逐渐向老庄靠拢,与禅宗合流,摈弃了粗俗鄙陋、惑人心志的巫仪方术,从而精美化、典雅化和士大夫化了。这样一种人生理念和审美情趣,这样一种社会文化氛围,显然为隐逸情思的生长提供了非常适宜的文化土壤。

　　宛如袈裟皂袍是和尚道士的身份标记和必备之物一样,文人士大夫在表现隐逸生活、抒写隐逸情趣时,也往往离不开酒这一道具。"结庐人境无来辙,寓迹醉乡真乐邦"。如果说尘世之饮是"诗酒风流",那么,这种隐逸之饮更多的则是"诗酒自娱"。于是就有了苏轼的"且陶陶,乐尽天真。几时归去,作个闲人。对一张琴,一壶酒,一溪云"(《行香子》),有了秦观的"饮罢不妨醉卧,尘劳事、有耳谁听?江风静,日高未起,枕上酒微醒"(《满庭芳》),也有了黄庭坚的"踏破草鞋参到了,等闲拾得衣中宝。遇酒逢花须一笑,长年少。俗人不用嗔贫道"(《渔家傲》)和晁补之的"前岁栽桃,今岁成蹊。更黄鹂、久住相知。微行清露,细履斜晖。对林中侣,闲中我,醉中谁"(《行香子》),更有了吕渭老的"百年间,无个事,且安闲。功名两字,茫然都堕有无间。且尽身前一醉,休问古来今往,几取菊花残。仙事占无据,竹帛笑刘安"(《水调歌头》)和赵师侠的"静中乐,闲中趣,自舒迟。心如止水,无风无自更生漪。已是都忘人我,一任吾身醉醒,有酒饮连卮"(《水调歌头》)。即使是"说到胡尘意不平"的陆游和曾表示"男儿到死心如铁"的辛弃疾,言及隐逸生活和隐逸情趣,也一改雄浑壮阔、壮怀激烈、慷慨激昂之气,变得清新飘逸,空灵绝尘。陆游"卖鱼沽酒醉还醒,心事付横笛。家在万里云外,有沙鸥相识"(《好事近》),显得那么淡泊,那么一尘不染。辛弃疾面对远树斜阳、松窗竹户,也表现出万千潇洒:"千峰云起,骤雨一霎儿价。更远树斜阳,风景怎生如画?青旗卖酒,山那畔,别有人家。只消山水光中,无事过这一夏。午醉醒时,松窗竹户,万千潇洒。野鸟飞来,又是一般闲暇。却怪白鸥,觑着人欲下未下。旧盟都在,新来莫是,别有说话。"(《丑奴儿近》)

  论及宋词表现出的隐逸情趣,不能不说一说"诗万首,酒千觞"的朱敦儒。他那飘逸不群的《樵歌》三卷,堪称隐逸词章的集大成之作。朱敦儒生于北宋末年,早年以清高自许,不愿出来做官。金兵南侵,他从江西跋涉到岭南,后来听从朋友的劝说出来做官,却被冠以"专立异论"的罪名而免官。他的词作较多地表现了遁世隐居的生活情趣和审美理想,散淡幽雅,清远脱俗。他陶醉于"一个小园儿,两三亩地,花竹随宜旋装缀。槿篱茅舍,便有山家风味。等闲池上饮,林间醉"(《感皇恩》)的田园生活,整天无拘无束,自由自在,"日日深杯酒满,朝朝小圃花开。自歌自舞自开怀,且喜无拘无碍"(《西江月》)。这些表现隐逸生活、抒发隐逸情趣的作品,思想意义虽然不像《减字木兰花慢·刘郎已老》、《相见欢·金陵城上西楼》等作品那样,忧国忧民,忧时悯乱,但词人那悠闲自得、自适自娱的生活,却能给人以审美享受,给人以精神上的幽静与清凉,心灵上的清醒与澄明,能让人在扰攘不宁、喧嚣烦躁的世俗生活之外,发现一个广阔无垠的大千世界,发现一个孑然一身、天真无瑕的自我。

咏酒诗词的余音

宋代以降,中国文学的发展重心逐渐由抒情文学向叙事文学倾斜,诗词衰微,元曲(包括元杂剧和散曲)和明清小说相继勃兴。相应地,元、明、清时期的咏酒诗词无论是数量还是质量,都无法和唐诗宋词相提并论。但披检文献,有情趣有格调又同时具有较高审美价值的佳作名篇亦时有所见。

金元时期的咏酒诗词颇有一些佳作,值得玩味。方回的《与孟能静饮》,写人生多烦恼之事,惟酒可以解之:"三月一日春如酒,红是桃花绿杨柳。人生不醉欲如何?不如意常十八九。"刘赞的《月下独酌》写月下之饮,清夜佳月,水寒露凉,醉意蒙眬,颇有太白遗风:"佳月静可饮,一天明水寒。余光泛不及,徘徊樽俎间。但觉凉露下,不知清夜阑。醉眠吾有兴,君当下西山。"张养浩的《郊饮醉归》,写田间醉卧时与自然心契神交的赤子情怀,有辛弃疾咏酒词之余韵:"昨朝醉田间,欲借山为枕。青山不肯前,却枕白云寝。"任仕林的《月下歌》写月下饮酒的疏狂与豪兴,洒脱奔放:"月为抵愁之白玉,酒为买笑之黄金。吾徒俯仰明月下,月也傲兀窥人深。径须推罍倒瓮为月尽一醉,如何青天白眼放月还西岑。狂歌他日作佳事,共道此乐今宵今。"萨都剌的"人生百年如寄,且开怀、一饮尽千钟。回首荒城斜日,倚栏目送飞鸿"(《木兰花慢》),抒发的是人生如寄、百年如梦之感慨;戴良的"世间有真乐,除是醉中境。可能得美酒,一醉不复醒"(《和陶渊明饮酒》),表现的是对醉酒佳境的体味和感悟。这些诗词都有一定的艺术性,有较高的审美价值。

当然,最有代表性也最能体现金元时期咏酒诗词水平的,是黄庚的《醉时歌》:

茫茫古堪舆,何日分九州？九州封域如许大,仅能著我胸中愁。浇愁须是如渑酒,曲波酿尽银河流。贮以倒海千顷黄金罍,酌以倾江万斛玻璃舟。天为青罗幕,月为白玉钩。月边天孙织云锦,制成五色梦茸裘。披裘把酒踏月窟,长揖北斗相劝酬。一饮一千石,一醉三千秋。高卧五城十二楼。刚风冽冽吹酒醒,起来披发骑赤虬。大呼洪崖拉浮丘,飞上昆仑山顶头。下视尘寰一培楼,挥斥八极逍遥游。

前人评黄庚的诗风致婉约,与晚唐诗风浑然一体。而这首诗则属例外。它气势雄浑,刚健遒劲,想像奇特,兼有李白的豪迈浪漫,杜甫的雄浑劲健,更近盛唐风格。

元曲与唐诗、宋词并称为我国古代诗歌艺术的三座高峰。元代诗歌虽然不能与唐诗、宋词同日而语,但元代散曲尤其是小令中产生了不少咏酒名篇,这多少弥补了元代咏酒诗的不足。

元代社会,民族矛盾异常激烈,许多汉族知识分子虽然跻身元朝统治阶层,但他们与元蒙统治者始终难以真正合作,不少人身在曹营心在汉,与统治者貌合神离。一些文人干脆采取不合作的态度,遁迹山林,窜身海滨,归隐田园。所以,元曲中那些咏酒之作多以抒写超然物外的隐逸情志,歌吟闲适淡泊、自得其乐的人生方式为主,带有浓郁的禅宗风味和道家情调。略举几例以证之:

酒杯浓,一葫芦春色醉山翁,一葫芦酒压花梢重。随我奚童,葫芦干兴不穷。谁人共,一带青山送。乘风列子,列子乘风。(卢挚[双调·殿前欢])

旧酒投,新醅泼,老瓦盆边笑呵呵,共山僧野叟吟和。他出一对鸡,我出一个鹅。闲快活。(关汉卿[南吕·四块宝·

闲适])

不因酒困因诗困,常被吟魂恼醉魂。四时风月一闲身。无用人,诗酒乐天真。(白朴[中吕·阳春曲·知己])

裴公绿野堂,陶令白莲社。爱秋来那些:和露摘黄花,带霜烹紫蟹,煮酒烧红叶。人生有限杯,几时登高节?嘱咐俺顽童,记者:便北海探吾来,道东篱醉了也。(马致远[双调·夜行船·秋思])

自酌,自歌,自把新诗和。人间甲子一任他,壶里乾坤大。流水当门,青山围座,每日家叫三十声闲快活。就着这绿蓑,醉呵,向云锦香中卧。(张养浩[中吕·朝天子·夏])

诗狂悲壮,杯深豪放。恍然醉眼千峰上。意悠扬,气轩昂,天风鹤背三千丈,浮生大都空白忙。功,也是谎。名,也是谎。(刘时中[中吕·山坡羊])

这些作品吟咏隐逸情趣,表现隐逸生活,都把诗酒作为隐逸的象征物,或是"不因酒困因诗困,常被吟魂恼醉魂",或是"人间甲子一任他,壶里乾坤大",把酒在隐逸生活中的作用表现得淋漓尽致。而无名氏的[双调·蟾宫曲·酒],则着重表现酒在人们生活中的作用和神奇功效,突出了酒能消百虑、能令怯者勇的特征:

酒能消闷海愁山。酒到心头,春满人间。这酒痛饮忘形,微饮忘忧,好饮忘餐。一个烦恼人乞惆似阿难,才吃了两三杯可戏如潘安。止渴消烦,透节通关,注血和颜,解暑温寒。这酒则是汉钟离的葫芦,葫芦儿里救命的灵丹。

明代诗坛笼罩着浓郁的复古气息,"文必秦汉,诗必盛唐",一时成为文坛的最强音,成为文人相互标榜、相互号召的口号,成为讨伐异端的利器。这种复古的风气与崇尚自然本真的酒文化精神南辕北辙,自然也就很难和酒文化精神妙合无垠、融为一体了。但是,人们的真实情感可以被压抑被扭曲,却不能泯灭和铲除,即使是在宋明理学已经成为束缚人们的思想观念、桎梏人们的精神创造力的明代,也还是出现了主张"独抒性灵"的公安派,出现了李贽这样持"童心说"的人。李贽以为,"天下之至文,未有不出于童心者也";而"夫童心者,真心也。若以童心为不可,是以真心为不可也。夫童心者,绝假纯真,最初一念之本心也。若失却童心,便失却真心;失却真心,便失却真人"。在这样一种思想观念和文化学说的影响下,明代也出现了一些有价值的咏酒诗。它们在抒写离情别绪、表现人生感悟、吟咏隐逸情趣等方面,继承了唐诗宋词的传统,并在某些方面又有所发展。

抒写离情别绪几乎成了咏酒诗的"原型意象"。明代诗人对这一"原型意象"也是情有独钟,写来得心应手。如袁凯的"今夕为何夕,他乡说故乡。看人儿女大,为客岁年长。戎马无休歇,关山正渺茫。一杯柏叶酒,未敌泪千行"(《客中除夕》),徐熥的"偶向新丰市里过,故人樽酒共悲歌。十年别泪知多少,不道相逢泪更多"(《酒店逢李大》),汤显祖的"久客逢秋心易伤,新声还此尽离觞。休将半路梅花岭,梦断相思玉茗堂"(《宗望酒中言别》),都是借酒写离情别绪和客居异乡的思乡之情。

明代诗人写人生感悟,表现豁达任情的处世态度和人生情怀,虽然也是"老生常谈",但是却明显地带有明代文人对现实社会的新思考,对时代文化的判断和甄别。明代尤其是明代中后叶,随着国门的打开,海禁的开放,沿海商埠的设立,商品贸易日趋活跃,不少大都市出现了以经营贸易为主业的市民阶层,在西方国家已经实行了近百年的资本主义,也开始在古老的中国生根发芽。这种情况的出现,对宋明理学和没落的封建制度是一个很大的冲击,曾经风行于东汉的及时行乐思想在经历了漫长的沉寂之后,借着人们思想观念的改变和商贸活动的活跃而再次风行一时,并波及到明代诗人的饮酒诗。如林鸿的"古人既已死,古道存遗书。一语不能践,万卷徒空虚。我愿但饮酒,不复知其余。君看醉乡人,乃在天地初"(《饮酒》),高启的"君不见陈孟公,一生爱酒称豪雄。君不见扬子云,三世执戟徒工文。得失如今两何有,劝君相逢且相寿。试看六印尽垂腰,何似一卮长在手。莫惜黄金醉青春,几人不饮身亦贫。酒中有趣世不识,但好富贵亡其身……地下应无酒垆处,何苦寂寞孤平生。一杯一曲,我歌君续。明日自来,不须秉烛。五岳既远,三山亦空。欲求神仙,在酒杯中"(《将进酒》)。周宪王的"莫向忙中去,闲时自养神。功名一场梦,世界半分尘。日月朝还暮,时光秋复春。不如来饮酒,醉里乐天真"(《拟不如来饮酒》),皆是深悟酒中三昧和人生至理之语。至于顾大武的《漫歌》,则可视为参透人生玄机之后的极端之词:"酒旗招摆西北指,北斗频频渴不止。天上有酒饮不足,翻身直下解作人间顾仲子。酒中生,酒中死。糟丘酒池如醒醍,千钟百觞亦徒尔。堪笑刘伶六尺身,死便埋我须他人。此身血肉岂是我,乌鸢蝼蚁谁疏亲。四腮鲈鱼千里莼,有此下酒物,刘季张良焉知论。左携孔北海,右挽李太白,余杭老姥送信来,道我新封合欢伯。"

基于道家超然物外、返璞归真的思想观念,抒写渔父樵夫情调,表现出世情怀,是明代咏酒诗的另一特色。这部分咏酒诗与酒神精神最为切近,与酒文化精神一脉相承。如杨慎著名的《临江仙》词:"白发渔樵江渚上,惯看秋月春风。一壶浊酒喜相逢。古今多少事,都付笑谈中。"壶里看日月,冷眼看世界,显得甚是超脱。王锡爵的《渔家傲》表现的也是超然物外的情怀:"芦荻萧萧秋正晚,小舟移处沙汀浅。藕嫩鱼肥莼更软。新酒暖,妻儿列坐周船板。　　明月满江风似剪,夜寒添著蓑衣短。漫酌缓斟知几碗。星斗转,一声横笛青山远。"吴廷翰的"晚来钓罢不归家,饭睡船头酒更赊。醉饱不知何世界,满身积雪宿芦花"(《渔歌》),也是借渔樵之事说人生之理,意在言外。其他如钱秉镫的《效渊明饮酒诗》,委顺自然,超然达观;王夫之的《更漏子》,心系天下,情真语切;陈子龙的《戊寅九日同周公舒章诸子登高之酌》,忧时伤世,深沉悲壮,也都可以视为明代咏酒诗的别响。

　　清代是中国封建社会的末期,虽然曾经有过所谓的"康乾盛世",但实际上已是落日的辉煌。清朝统治者为维系摇摇欲坠的僵死政权,对敢于发表不同意见的文人痛下杀手,大兴文字狱,采用残酷的暴力手段来限制人们的思想、文化、学术和艺术活动,将整个社会的思想意识束缚在统治者划定的范围和区域之内。据不完全统计,仅乾隆一朝,发生在全国各地的文字狱就有一百三十多起,整个清朝的文化恐怖氛围不难想见。在这样一种从思想行为到文化观念的双重钳制下,"避席畏闻文字狱"的诗人是绝难写出直抒性情的咏酒诗的。正是因此,有清一代的咏酒诗、词、曲甚是平庸匮乏,与考据章句之学的丰硕收获形成鲜明对比。

　　不过,清代咏酒诗也并非一片荒漠,其中有些诗作还是很富思想意义和艺术性的。如李昌垣的《鹧鸪天》,"思往事,负年华,梦魂飘泊任天涯。西风吹换江州鬓,独醉东篱数暮鸦",述人生感悟,颇为悲凉;江桐敏的《好独酌》以酒写心,借酒言情,写穷达委之于命、毁誉不系于心的超脱与豁达:"毁誉本无端,闭门省愆尤。穷达自我命,通塞皆有由。但见得者乐,不见失者忧。得失两不化,身灭愿未酬。有愿必酬之,造物穷其谋。解此颇自得,泛泛比闲鸥。无酒苦寂寞,有酒不暇愁。将来百无虑,吾当营糟邱。"蒋云轩的《醉歌》以屈原"世人皆醉我独醒"而终遭贬斥为鉴戒,表达了对世事人生的无限感慨:"朝露晞,试回首,不如意事常八九。人生行乐须及时,何如樽前一杯酒。君不见屈灵均,世浊怀独清,世醉怀独醒。屈愿独醒,我愿长醉,醉来尝拥花月睡。醉时欢乐醒时愁,何必矫矫与世相怨怼。世事颠倒如转蓬,庸耳俗目岂有真,是非在其中。天无私覆,地无私载。达人知命,何论穷通。穷兮通兮乐陶然,开尊把酒问青天。"姚麟祥的《问松歌》通过一个高阳酒徒与松树的对话,表现出诗人超尘拔俗的情怀:"新醅凸盏眼般清,新韭对盘眉样绿。酒肴罗列青松前,且歌且饮人中仙。酒醒却在松下坐,酒醉还于松下眠。明朝欲起还复倒,头著松根身藉草。仰舒白眼问高松,昨宵酒后歌谁好。松不能言空讽汝,松鼠啾啾代松语。须臾鼠亦惊避人,但见松针落如雨。日高归去不用扶,手中提得空酒壶。风来松杪作鼓吹,送我高阳一酒徒。"此外还有一些咏酒诗作各有特色,如清新秀逸的"茅屋水声里,面面桃花红。深杯独浅酌,花落盈杯中"(梁逸《把酒桃花下》),超旷达观的"达士奚须身后名,拍浮自足了平生。壮怀勃塞消无术,愁阵坚牢赖有兵。止酒王琨真鄙啬,倾家此道最多情。醉乡亦是人间世,正好陶陶乐太平"(倪潜斋《饮酒》),颂扬酒能识知己的"我生不善饮,见酒心辄喜。酒户三数人,视我颇知己。人生隔胸臆,对面万千里。惟有酒后言,谬误亦至理"(周寿昌《饮酒杂诗》),批判嗜酒误事、惹祸上身、平地起纠纷的"酒是祸之魁,贪了杯,正事丢,此中征逐无良友。纷纷宴游,昏昏醉归,穷形尽相全忘旧。醉堪忧,心迷性乱,蓦地起戈矛"(缪艮［南商调・黄莺儿・酒］)等等,皆有一定的审美价值和艺术价值。

真正为清代咏酒诗赢得声誉的是那些感时伤世、忧国忧民的沉痛悲壮之作。清朝政治腐败,社会黑暗,文网密布,民族矛盾日趋激烈,综合国力每况愈下。这种社会现实对广大有社会责任感的知识分子来说,既是残酷的、难以忍受的,同时又激发了他们的创作热情。"国家不幸诗家幸"。诗人面对这样的社会,创作激情不可抑制,自觉地用手中的笔抒写他们的忧国忧民之情,表达他们对时政的关切,对民族的责任,对未来的企盼。明末清初的陈维崧少负才名,意气风发。他20岁的时候,清军入关,成了中原的主人。他无意仕宦,漫游祖国各地,流离四方,对社会现实有了更多更深刻的了解,胸臆之中愁塞郁结,满腹豪气遂借助诗词的形式喷薄而出。《南乡子》可见其壮志豪情:

秋色冷并刀,一派酸风卷怒涛。并马三河年少客,粗豪,皂栎林中醉射雕。　残酒忆荆高,燕赵悲歌事未消。忆昨车声寒易水,今朝,慷慨还过豫让桥。

康熙七年(1668),诗人自北京南游开封、洛阳,途经邢州(今河北邢台),过易水,有感而发,遂有是作。上片写邢州道上的自然风貌和所见所闻之人物气概,满纸豪气。下片抒发怀古之情,通过吟咏古代志士的义烈之举,抒发对他们的钦敬之情,激发出精神的抗争力量。国事沧桑虽然已经有二十多个春秋,但它却是压在诗人心头的巨石,是诗人心头永远的痛。经临燕赵之地,诗人不由自主地想起了荆轲、高渐离、豫让等志士仁人,想起了"燕赵多慷慨悲歌之士",也因此想起了家国之难、山河之悲,情不自禁地流露出感伤之情和慷慨之意。

近代著名思想家梁启超也是一位心系家国兴衰、企盼民族振兴的诗人。他的《少年中国说》不知曾经感动过近现代多少志士仁人。他的《水调歌头》堪称近代咏酒诗词中的名作:

拍碎玉斗,慷慨一何多!满腔都是血泪,无处著悲歌。三百年来王气,满目山河依旧,人事竟如何?百户尚牛酒,回塞已干戈。　千金剑,万言策,两蹉跎。醉中呵壁自语,醒后一滂沱。不恨年华去也,只恐少年心事,强半为消磨。愿替众生病,稽首礼维摩。

如果说陈维崧的山河之痛在于对明王朝的眷恋,笔法隐约而婉曲的话,那么,梁启超的这首《水调歌头》则流露出对民族危机的深沉忧患,表现出拯救民族危机的急切心情,抒发了为民族振兴而发奋努力的豪情壮志。1894年6月,梁启超到北京参加会试,同年7月,中日甲午战争爆发。次年,清政府与日本签订了丧权辱国的《马关条约》。国家已面临亡国之虞,民族已到了生死存亡的紧要关头,可是清朝统治者却依然醉生梦死,歌舞升平。梁启超等爱国志士奔走呼号,呼吁当权者鼓励军民抗敌救国,结果却是对牛弹琴,当权者不理不睬。梁启超义愤填膺,挥毫泼墨,写下了饱含血泪的壮词。这首词感情强烈,直抒胸臆,不假修饰。上片揭露朝政腐败,指明国家面临的形势已是十分严峻,表达了"满腔都是血泪,无处著悲歌"的悲愤之情;下片抒写壮志难酬的痛苦,表达了为救国救民不惜献身、为追求真理而不屈不挠的决心。读着那"愿替众生病,稽首礼维摩"的诗句,百年之后,犹令人肃然起敬,不胜感佩。

"身不得,男儿列。心却比,男儿烈"的民族英雄秋瑾,用她那首脍炙人口的《黄海舟中日人索句并见日俄战争地图》,为清代咏酒诗树起了辉煌的殿军旗:

万里乘风去复来,只身东海挟春雷。忍看图画移颜色,肯使江山付劫灰!浊酒难销忧国泪,救时应仗出群才。拼将十万头颅血,须把乾坤力挽回。

秋瑾在《致王时泽》书中说:"吾自庚子以来,已置吾生命于不顾。即不获成功而死,亦吾所不悔也。"这种为国捐躯何惜一死的英雄气概和高昂的爱国主义精神,在本诗中得到了集中表现。诗人在东渡黄海途中,目睹"日俄战争地图"——实际上是我国东北地区的地图,看到日俄两国为争夺在华利益而在我国领土上大动干戈,不由得忧心如焚,感慨万千。诗人的国家仇、民族恨是那样的强烈,以至于浊酒根本无法消除。她动情地呼喊广大同胞要不怕牺牲,浴血奋战,以拯救满目疮痍、危机深重的祖国。全诗悲壮激切,慷慨雄健,句句出于肺腑,字字出于至诚,同样令人热血沸腾,壮怀激烈!

现当代咏酒诗扫描

在现当代人们的社会文化生活中,酒是人们交际和沟通的媒介,是节日喜庆之时的必不可少之物。尽管它充当媒介时并不总是那么堂堂正正,甚至常常被有意识地用做拉关系走后门的润滑剂,但人们对于酒依旧是宠爱有加,情有独钟。也许正是因此,诗人们对酒格外垂青,咏酒之作时时见诸报端,其中自然有不少名篇佳作。柳亚子的《次韵和玄庐》、《三和悔晦》皆是咏史述怀之作,豪放雄浑,挥洒自如,具有深沉的历史感。如《次韵和玄庐》:"不是寻常纵酒人,当筵一恸劫余身。阮生失路嵇生死,明哲还须让伯伦。"郁达夫的《风流子·三十初度》描绘其过30岁生日的情形,自嘲自讽,诙谐机趣,脱俗超尘:"小丑又登场。大家起,为我举离觞。想此夕清樽,千金难买。他年回忆,未免神伤。最好是,题诗各一首,写字两三行。踏雪鸿踪,印成指爪,留住文章。明朝三十一。数从前事业,羞煞潘郎。只几篇小说,两鬓青霜。谅今后生涯,也长碌碌。老奴故态,不改伴狂。君等若来劝酒,醉死无妨。"

现代著名诗人艾青、郭小川都有咏酒佳作。艾青的《酒》以辩证的眼光看待酒,充满着对酒的理性思考;郭小川的《祝酒歌》则洋溢着对生活的热情,表现出诗人对美好事物的追求和对未来的向往。席慕容的《美酒》则表现出酒在展示人性方面的特殊作用:

终于厌倦了这种/把灵魂/一层又一层/包装起来的世界/

我要去了/列蒂齐亚下决心不再对生命提出/任何的要求/什么也不带走/只留下孤独/作为我款待自己/最后的那一杯美酒

叶延滨的《酒瓶在城里空了》，显然是受当时一首颇为流行的通俗歌曲《酒干倘卖无》的影响，吟咏的是那"酒干倘卖无"的叫卖声，以及陶醉于这种声音的人们，思绪绵绵，余味悠长：

立体声摇滚出激光灯/挤出一声青砖小巷的调门/"酒干倘卖无"/撞响皮转椅上千百只/陶陶醉醉的酒瓶似的人儿/空酒瓶——都市的抒情方式/莫道是空腹透明/收集不易整理不易/走千家串万户得来/如当代《诗经》/如当代《乐府》/哪一只酒瓶不曾风流过？万愁万绪黄昏窗/虎啸龙吟酒席郎/生离死别一碰杯/七情六欲多情泪/啊！空酒瓶装满老故事/不必再受回炉罪/自来水消毒液清算千般孽债/贴上新标签/又是好风光/闯荡世界谁比酒瓶豪爽/旧瓶新酒味而长

张艺谋、杨凤良的《酒神曲》，随着电影《红高粱》在国内外影坛的走红而风靡一时。唱着这首充满野味和激情的《酒神曲》，不论懂艺术的还是不懂艺术的，都会不由自主地喊上几嗓子"好酒"！遇有酒场，有人高兴起来，扯开喉咙喊上两嗓子，不论是否叶律合调，是否能唱出其中的韵味，总是有人叫好，甚至还有人附和。《酒神曲》走进了街头巷尾：

九月九酿新酒/好酒出自咱的手/喝了咱的酒/上下通气不咳嗽/喝了咱的酒/滋阴壮阳嘴不臭/喝了咱的酒/一人敢走青杀口/喝了咱的酒/见了皇帝不磕头/一四七/三六九/九九归一跟我走/好酒/好酒/好酒

论起历史感和苍凉感,应推蒋勋的《酒歌》。这是一首吟咏酒文化的长诗,一些与酒有关的著名历史人物和文学家、艺术家,都被诗人收罗进来,共同构建起一座酒文化的长廊,让人更清晰、更透彻、更便捷地明白了什么是酒,什么是酒神精神和酒文化。这里摘录其中的一段,作为本章的结束语:

这一碗酒/且让我敬一敬/醉去了的陶渊明/醉梦中的世界/芳草鲜美/落英缤纷/不为五斗米折腰/不去逢迎谄媚/不拿生死浪费/去追逐空名/这无根底的人生/这飘飞在陌上的尘土/朋友/落地即为兄弟/你喝我一口酒/只要一口/便可忘了车马声喧/只要一口/便忘了这战争的世代/只要一口/便可以看见/欣欣的荣木/涓涓的水流

第六章　为文侔其醻

——散文艺术中的酒文化

散文是一个很宽泛的概念,也是后人对无韵之文的一种泛称。在古人的文学观念中,所有无韵之文皆可称做散文。魏晋南北朝时期的文学批评家在划分文体时,把诗歌、乐府和辞赋之外的文体分做很多种,曹丕《典论·论文》把所有的文章分成四科八种,以为"奏议宜雅,书论宜理,铭诔尚实,诗赋欲丽"。显然,除诗歌和辞赋之外,其余皆可划归散文一类。陆机《文赋》以为,文章"体有万殊,物无一量。纷纭挥霍,形难为状",把文体划分为诗、赋、碑、诔、铭、箴、颂、论、奏、说10种,和曹丕的划分不仅有所不同,而且多出了两种。到了刘勰《文心雕龙》,分得就更细了,把所有的文体分成了29种,除诗歌、辞赋、乐府和骚之外,散文类有25种之多。这些散文中,有许多属于应用体,文学性不是很强。真正属于后人所说的文学散文的,大概只有叙事散文、抒情散文和一些文学性较强的历史散文、论说文(如一些著名的政论文、书檄)。所以,我们论述散文中的酒文化,也是把散文限定在这样一个范围——即文学散文之内。

散文与酒文化的关系源远流长。先秦历史散文,如《左传》、《战国策》、《国语》等,皆有和酒有关的描述。司马迁《史记》中有关酒的描写,更为精彩。魏晋以后的散文,和先秦历史散文不同,它们主要不是在叙述历史事件中展示酒文化的魅力,而是通过对酒或饮酒场景的描写,来表现酒与散文的深厚关系。具体而言,表现在两个方面：一是因酒成文；二是文以酒名。在中国古代散文中，酒与文，文与酒，相辅相成，相得益彰，酒的作用因文而尽显，文章也因酒而越发词采飞扬。

历史散文中的酒文化

先秦两汉的散文，主要是诸子散文和历史散文。诸子散文，如《庄子》、《荀子》、《韩非子》等，今天多归之于哲学著作。而历史散文如《左传》、《国语》、《战国策》、《史记》、《汉书》等，人们一向把它们作为历史著作来看。的确，严格地说，它们都不能算做真正意义上的文学散文，但由于具有很强的文学性和很高的文学价值，人们习惯上都把这些散文作为文学散文来看，或者把它们划归到文学散文中去。这些散文都或多或少地涉及中国的酒文化，并以其特殊的形式表现出中国酒文化的独特魅力。

诸子散文是诸子百家的哲学思想和政治理想的载体，是诸子游说诸侯的记录，因此，它们在涉及酒文化时，多是借酒文化来说明诸子的政治理想和哲学思想。在这些散文中，酒如同一个睿智的老人，时时刻刻在向人们展示他对人生和社会的思考。《韩非子》中有这么一段记载：晋平公与群臣饮。饮酣，乃喟然而叹曰："莫乐为人君。惟其言而莫之违。"师旷侍坐于前，援琴撞之。公披衽而避，琴伤于臂。公曰："大师，谁撞？"师旷曰："今者有小人言于侧者，故撞之。"公曰："寡人也。"师旷曰："嘻！是非君人者之言也。"左右请除之。公曰："释之。以为寡人戒。"（《太平御览》卷八百四十五）晋平公喝酒喝到高兴的时候，就有些忘乎所以了，对众人说，做君主没什么可快乐的，惟一的好处就是他说的话没有人敢于违背。师旷听了，装作不知是谁说的，就用琴撞击说话的人。晋平公赶快躲避，还是被撞伤了手臂。晋平公有些不解，问师旷拿琴撞谁。师旷仍然装作不知道的样子，说这里有小人，我要撞的就是他。晋平公说,刚才说话的就是他本人。师旷很愤怒,说:"这哪里是君主应该说的话!"其实,师旷的本意,就是要用这种方法告诫晋平公,作为君主,说什么话都要想一想,不能胡说八道。好在晋平公明白了他的意思,表示要引以为戒。在这个故事中,晋平公借酒胡言,师旷也借酒装糊涂,而结果却是使晋平公如醍醐灌顶。

如果说《韩非子》中的这个故事,师旷是借酒劝诫,那么,《管子》中管仲对齐桓公的一段话,表现出的则是管仲对人生的思考了:

> 桓公饮管仲酒,仲弃其半。公问其故,对曰:"臣闻,酒入舌出,舌出言失,言失身弃。臣弃身不如弃酒。"桓公笑焉。
> (引自《太平御览》卷八百四十四)

齐桓公是春秋五霸之一,曾经叱咤一时,诸侯闻其名而丧胆。可是,他让管仲饮酒,管仲不说不饮,而是饮一半,弃一半。齐桓公问他为何如此,管仲的回答很是巧妙,说是喝酒多了话就多,话多了就会有说得不对的地方,不小心得罪了人,就会招致杀身之祸。所以,与其多喝酒而招致杀身之祸,不如少喝一些酒。俗话说:"言多必失。"而饮酒过量就是导致言多的重要原因。管仲从保护自身的角度来看待饮酒,可以说是明哲保身之语。

与诸子散文不同的是,历史散文是以记述和表现重大历史事件、历史人物为主。这一特点决定了历史散文中的酒文化与诸子散文中的酒文化有着根本的区别。诸子散文是借酒言理,通过酒来说明某种人生或社会哲理,表现诸子的政治理想或哲学思想,而出现在历史散文中的酒,则常常为了表现重大历史事件,展示重要历史人物的风采。这一特点决定了酒与重大历史事件、重要历史人物之间的不解之缘。出现在历史散文中的酒文化因此常常成为政治斗争的一种手段,一种掩饰其真实目的和用心的道具。

《史记·项羽本纪》记鸿门宴事,充分表现出酒在政治斗争中的作用。当时,项羽40万大军屯于新丰鸿门,刘邦的10万人马驻扎在灞上。项羽的叔叔项伯和张良最要好,知道这一消息之后,连夜去见张良,要张良和他一起离开,不要和刘邦一块儿等死。刘邦得知这一消息,立即邀请项伯来见,"奉卮酒为寿",并结为儿女亲家,然后才请项伯回去后向项羽多多美言。次日,刘邦亲至鸿门向项羽谢罪。项羽知刘邦并无不臣之心,就设宴款待刘邦。项羽的谋士范增不想错过这一千载难逢的良机,多次在宴会中向项羽示意,要其杀死刘邦。项羽没有回应。没有办法,范增离席请项庄进来舞剑,借机杀死刘邦。项庄入席舞剑,项伯看出了他的用意,也拔剑起舞,用自己的身体保护刘邦。张良见情况紧急,令樊哙入内保护刘邦。樊哙冲进宴会厅,"披帷西向立,瞋目视项王,头发上指,目眦尽裂"。司马迁于此写道:"项王按剑而跽,曰:'客何为者?'张良曰:'沛公之参乘樊哙者也。'项王曰:'壮士!赐之卮酒!'则与斗卮酒。哙拜谢。起,立而饮之。项王曰:'赐之彘肩!'则与一生彘肩。樊哙覆其盾于地,加彘肩其上,拔剑切而啖之。项王曰:'壮士!复能饮乎?'樊哙曰:'臣死且不惧,杯酒安足辞!夫秦王有虎狼之心,杀人如不能举,刑人如恐不胜,天下皆叛之。怀王与诸将约曰:先破秦入咸阳者王之。今沛公先破秦入咸阳,毫发不敢有所近,封闭宫室,还军霸上,以待大王来。故遣将守关者,备他盗出入与非常也。劳苦而功高如此,未有封侯之赏,而听细说,欲诛有功之人。此亡秦之续耳。窃为大王不取也!'项王未有以应,曰:'坐!'樊哙从良坐。坐须臾,沛公起如厕,因招樊哙出。"为了自保,刘邦首先用酒联络项伯的感情,请项伯在项羽面前为他多说些好话。鸿门宴上,范增则欲借酒除掉刘邦,故而让项庄舞剑助兴,所谓"项庄舞剑,意在沛公"。当然,最令人过目不忘的,则是樊哙。他先是立而饮斗酒,接着又吃掉了一只猪腿,猛士的形象已跃然纸上。不仅如此,他还借酒说出了刘邦、张良皆不敢说出的话,说得项羽哑口无言。鸿门宴是樊哙的形象最为光彩之时,一句"臣死且不惧,杯酒安足辞",不知胜得过多少豪言壮语!

刘邦传奇的一生,与酒有不解之缘。他最初的发迹,和酒有着十分密切的关系。《史记·高祖本纪》记其事云:

> (刘邦)及壮,试为吏,为泗水亭长。廷中吏无所不狎侮。好酒及色。常从王媪、武负贳酒,醉卧。武负、王媪见其上常有龙,怪之……单父人吕公善沛令,避仇从之客,因家沛焉。沛中豪杰吏闻令有重客,皆往贺。萧何为主吏,令诸大夫曰:"进不满千钱,坐之堂下。"高祖为亭长,素易诸吏,乃绐为谒,曰:"贺钱万!"实不持一钱。谒入,吕公大惊,起迎之门。吕公者,好相人。见高祖状貌,因重敬之。引入,坐。萧何曰:"刘季,固多大言,少成事。"高祖因狎侮诸客,遂坐上座。酒阑,吕公因目固留高祖。高祖竟酒后,吕公曰:"臣少好相人。相人多矣,无如季相。愿季自爱。臣有息女,愿为季箕帚妾。"酒罢,吕媪怒吕公曰:"公始常欲奇此女与贵人。沛令善公,求之不与,何自妄许与刘季?"吕公曰:"此非尔女子所知也。"卒与刘季。吕公女乃吕后也。

刘邦因酒而发迹,不仅对酒有特殊的爱好,而且对酒的妙用也有很独到的感悟。在他看来,真正的男人是不能不饮酒的,饮酒是男人的标志。他当上皇帝之后,衣锦还乡,置酒招待众乡亲,又是饮酒,又是唱歌,又是跳舞,十分得意。他对儒生很是瞧不起,为了表示对儒生的轻蔑,凡有儒生来见,他就把他们的帽子取下来当尿罐用。可是,郦食其前来求见,自称为"高阳酒徒",他马上对郦食其显得十分恭敬。(事见《史记·郦生陆贾列传》)秦王与赵王的渑池会,也是把酒作为政治斗争工具的典型例证,前已述及,不再征引。

因酒成文

　　散文艺术与酒文化的联系之一,就是酒对散文创作的激励和激发作用。中国古代许多很有影响的散文,都是作者在酒的刺激作用下,在酒神精神的激发下创作出来的。最为典型的例证是"初唐四杰"之一的王勃醉写《滕王阁序》和李白醉草《吓蛮书》。

　　王勃是初唐时期的大才子。他少年早成,聪颖过人,诗歌、文章都擅场一时。那首著名的《送杜少府之任蜀川》,成为送别诗中最有名的篇章,尤其是"海内存知己,天涯若比邻"两句,更是广为人们所熟知。他写文章一向是"初不精思,先研墨数升,则酣饮,引被覆面而卧。及寤,援笔立就,不易一字"。14岁那年,他去交阯看望被贬远谪的父亲,途经洪都(今江西南昌市),恰逢洪州牧阎伯屿刚刚修葺好滕王李元婴任洪州刺史时修建的滕王阁,准备在重阳佳节那天在此大宴宾客,一来附庸风雅,二来借机宣扬自己的政绩,和文人骚客套套近乎,笼络笼络他们。江南名流一百多人都应邀来到了南昌。王勃虽然年少,但大名远扬,因而也有幸在被邀之列。这一天,众人齐聚滕王阁,开怀畅饮。酒过三巡,阎伯屿故作姿态,拿出笔墨纸砚,请来宾为修葺一新的滕王阁作序。其实,他早已事先让女婿吴子章精心准备好了一篇序文,想趁机在众名士面前炫耀一下女婿的才华,以利于他今后的仕途升迁。许多来宾都已经知道这其中的奥秘,或有意谦让,或担心在众人面前出丑,都委婉谢绝。惟有王勃初生牛犊不怕虎,也没有那么多的顾虑,欣然领命。阎伯屿命人站立在王勃身后,王勃写出一句,就向他回报一句。这时一人来报:开头一句是"南昌故郡,洪都新府"。阎伯屿听了,微微一笑道:"不过是老生常谈而已。"接着又有人来报:第二句是"星分翼轸,地接衡庐"。他听了,立刻收敛了笑容,已经感到这个刚满14岁的少年不可小视。等到报出"落霞与孤鹜齐飞,秋水共长天一色"时,阎伯屿再也坐不住了,急忙来到宴会大厅,对众宾客说:"此文定将千古流传!"史家述及此事,则说王勃"对客操斛,顷刻而成,文不加点"(事见《新唐书·王勃传》和《唐才子传》)。王勃酒酣之后,欣然命笔,写出了传诵千古的《滕王阁序》。

李白"斗酒诗百篇",作文的时候同样也需要酒的激发和刺激,如果没有酒,几乎就没有办法写文章。有了酒,即使是喝得醉眼蒙眬,也能"为文不舛"。其中,李白醉草《吓蛮书》则是流传甚久的文坛佳话。据《酒史》等书记载,唐玄宗时,番邦派使者来大唐下书,众多翰林学士,见番书如鸟兽之文,没有一人能够读懂。后来唐玄宗召见李白,李白当即把番书翻译成汉语,原来番使送来的国书竟是一封战表。唐玄宗命李白代他给番国回信,李白却喝醉了酒,借着酒兴,当场草就《吓蛮书》,文章先张扬大唐之天威:"本朝应运开天,抚有四海,将勇卒精,甲坚兵锐。"接着指斥番邦小国不自量力:"况尔海外小邦,高丽附国,比之中国,不过一郡,士马刍粮,万分不及。若螳怒是逞,鹅骄不逊,天兵一下,千里流血,君同颉利之俘,国为高丽之续。"番使见大唐有如此人物,遂山呼万岁,辞朝回国。明朝冯梦龙根据这一故事,敷衍出《李谪仙醉草吓蛮书》这篇小说,写得有声有色,甚见气势。

类似王勃、李白这样因酒成文的事例还有很多。中唐的时候,裴度留守东都洛阳,福先寺修好后,欲立碑刻文记其事。当时,驰名文坛的白居易正在长安,裴度准备派人去长安请白居易来撰写碑文。裴度手下的判官皇甫湜也是散文名家,知道此事后很是不满,以为裴度放着他这样一个文坛高手不用,而远去长安请白居易,是对他的不公,于是立即请求辞官。裴度知道此事办得不妥,马上向皇甫湜致歉,并命他撰写碑文。皇甫湜要了一斗酒,一饮而尽,酒酣之时,"援笔立就"(《新唐书·皇甫湜传》)。碑文写成后,文采斐然,举座称奇。中唐诗人姚崟杰弱冠之时就精通典籍,诗酒为乐,游于江东。到达江西鄱阳时,正巧赶上颜真卿的后人颜标的"鞠场"(即足球场)建成。颜标请姚嵒杰作文以记其事。姚嵒杰诗文皆擅场一时,自然很痛快地答应了。饮酒至酣,欣然命笔,一挥而就,顷刻间成千余言。颜标颇为欣赏,只是删去了两个字,就请人刻了上去。姚嵒杰知道后大为不满,竟将石碑推倒拉走,把上面的字全部磨去,并写诗给颜标:"为报颜公识我么?我心惟有与天和。眼前俗物关情少,醉后青山入梦多。田子莫嫌弹铗恨,宁生休唱饭牛歌。圣朝若为苍生计,也含公车到薛罗。"既表达了对无真才实学的颜标的蔑视,也表达了对自己酒后之文的高度自信。

宋代大诗人欧阳修、苏轼皆有酒为文助的故事。欧阳修"醉能同其乐,醒能述其文",颓然而醉之后,遂有千古名篇《醉翁亭记》;苏轼与客把盏对饮,兴致酒酣,不觉东方既白,写出了意境高远、气象宏大的《前赤壁赋》。

明清时期,为文饮酒,饮酒为文,几成文人之间的一种风气,一种时尚。乾隆年间的大才子纪晓岚天性不喜饮酒,座师孙宫允觉得他这位弟子样样都好,美中不足的是不喜饮酒,让人深感遗憾。后来,纪晓岚做了主考官,录取了文佳善饮、酒量冠绝一时的葛正华。孙宫允闻讯大喜,手之舞之,足之蹈之。清代文人对酒的嗜好于此可见一斑。

以文写酒

中国散文史上有许多写酒的散文。《尚书》中就有《酒诰》一章,告诫当权者不可沉湎于酒,若"诸臣百工乃湎于酒,毋庸杀之,姑惟教之"。《礼记》中则有《乡饮酒义》一节,记述饮酒的礼仪,所谓"乡人以时会聚,饮酒之礼也"。这些散文皆出于儒家经典,文学性不强,因而一般不把它们作为正宗的文学散文来看。真正以文写酒是从孔融开始的。东汉末年,北方大乱,生灵涂炭。曹操为了安顿百姓,下令禁酒。孔融则写了《难曹公表制酒禁书》,以为"酒之为德久矣。古先哲王,英帝禋宗,和神定人,以济万国,非酒莫以也。故天垂酒星之耀,地列酒泉之郡,人著旨酒之德。尧不千钟,无以建太平;孔非百觚,无以堪上圣;樊哙解厄鸿门,非豕肩卮酒,无以奋其怒;赵之厮养,东迎其王,非引卮酒,无以激其气;高祖非醉斩白蛇,无以畅其灵;景帝非醉幸唐姬,无以开中兴;袁盎非醇醪之力,无以脱其命;定国不酣饮一斛,无以决其法。古郦生以高阳酒徒,著功于汉;屈原不哺糟啜醨,取困于楚。由是观之,酒何负于治哉"?孔融老爱找曹操的碴,和曹操过不去,又写了《再难曹公禁酒书》。后来,曹操终于动了杀机,随便给孔融加了个罪名,就把他杀了。

竹林七贤中的刘伶是以嗜酒出名的,他的一生不像阮籍、嵇康那样留下了很多有价值的作品,但一篇《酒德颂》却使他名垂酒史:

有大人先生,以天地为一朝,万期为须臾,日月为扃牖,八荒为庭衢。行无辙迹,居无室庐,幕天席地,纵意所如。止则操卮执觚,动则挈榼提壶。惟酒是务,焉知其余?有贵介公子,缙绅处士,闻吾风声,议其所以。乃奋袂攘襟,怒目切齿,陈说礼法,是非锋起。先生于是捧罂承槽,衔杯漱醪,奋髯踑踞,枕麴藉糟,无思无虑,其乐陶陶。兀然而醉,豁尔而醒。静听不闻雷霆之声,熟视不睹泰山之形,不觉寒暑之切肌,利欲之感情。俯观万物,扰扰焉若江海之载浮萍。二豪侍侧,焉如螺蠃之与螟蛉?

自魏晋时期开始,写酒咏酒的散文就逐渐多了起来。曹植和建安七子中的王粲等人都有《酒赋》,就连北朝杨玄之的《洛阳伽蓝记》这样以记述寺庙为主的著作,也有以文写酒的名篇。其《法云寺》记刘白堕酿酒事,颇有传神之笔:"河东人刘白堕善能酿酒。季夏六月,时暑赫晞,以罂贮酒,暴于日中。经一旬,其酒味不动,饮之香美,醉而经月不醒。京师朝贵多出郡登藩,远相饷馈,逾于千里。以其远至,号曰'鹤觞',亦名'骑驴酒'。永熙中,南青州刺史毛鸿宾赍酒之藩,路逢盗贼,饮之即醉,皆被擒获,因此复名'擒奸酒'。游侠语曰:'不畏张弓拔刀,惟畏白堕春醪。'"唐朝以降,颇有名篇,初唐王绩有《五斗先生传》、《醉乡记》,宋朝欧阳修有《醉翁亭记》,苏轼有《浊醪有妙理赋》,叶适有《醉乐亭记》,金朝元好问有《蒲桃酒赋》,元朝耶律铸有《独醉道者赋》,清朝戴名世亦有《醉乡记》,皆是以文写酒,把酒的功效、酒文化精神,以及酒与社会人生的关系,都写得惟妙惟肖,入木三分。

到了现当代,以酒为题材的散文更是时时可见,且不乏名作。周作人的《吃酒》、《酒望子》、《醉酒》、《古代的酒》,梁实秋的《饮酒》,林语堂的《酒令》,丰子恺的《吃酒》,以及当代作家罗兰的《诗酒乐天真》,余光中的《何以解忧》,李敖的《喝酒,喝也不中,不喝也不中》等等,都是以酒为题材的散文佳作。咏酒述酒的散文如同中国文学百花园中的一枝奇葩,摇曳多姿,纷繁多彩,令人赞叹。

文以酒名

中国散文史上,有一些散文是以写酒而出名的。上面说到的刘伶的《酒德颂》是如此,唐朝王绩的《醉乡记》和清人戴名世的同名之作也是如此。它们都是借酒言事,通过酒来冷眼观察社会,观察生活,并通过对酒的体味,表达作者对人生的感悟,对世态炎凉和人情冷暖的慨叹。这两篇文章之所以为人们所激赏,最主要的就是通过对醉乡的描述,让人们对酒有全新的、完全不同的认识。

先看王绩的《醉乡记》。这篇文章先写醉乡的不同凡俗:"其土地旷然无涯,无丘陵阪险;其气和平一揆,无明晦寒暑;其俗大同,无邑居聚落;其人任清,无爱憎喜怒。吸风饮露,不食五谷。其寝于于,其行徐徐。与鸟兽鱼鳖杂处,不知为舟车器械之用。"就是这样一个俨然世外桃源的地方,却使圣贤明君"杳然丧其天下",一些帝王希望能够到达醉乡却不可得:

> 昔者黄帝氏尝获游其都,归而杳然丧其天下,以为结绳之政已薄矣。降及尧、舜,作为千钟百壶之献,因姑射神人以假道,盖至其边邻,终身太平。禹、汤立法,礼繁乐杂,数十代与醉乡隔。其臣羲和,弃甲子而逃,冀臻其乡,失路而夭,故天下遂不宁。至乎末孙,桀、纣怒而升糟丘,阶级千仞,南向而望,卒不见醉乡。武王得志于世,乃命公旦立酒人氏之职,典司五齐,拓地七千里,仅与醉乡达焉,故四十年刑措不用。下逮幽、厉,迄乎秦汉,中国丧乱,遂与醉乡绝。而臣下之受道者,往往窃至焉。阮嗣宗、陶渊明等数十人,并游于醉乡,没身不返,死葬其壤,中国以为酒仙云。

对于身负天下之任的帝王来说,醉乡可望而不可即,而对于那些超然物外的文士而言,醉乡却正是他们逃避世俗扰攘的世外桃源。王绩是初唐诗人,所处时代正是中国封建社会进入鼎盛时期的前夜,经历了中国历史上著名的"贞观之治",故而其述醉乡以帝王为主要对象,而以阮籍、陶渊明等名士为点缀,表现出超尘脱俗、高蹈世外的情感倾向。

比较而言,戴名世的《醉乡记》就不同了。由于他生活的年代正是封建社会由盛而衰的最后阶段,清朝政府尽显腐败相,世风民俗亦是每况愈下。于是,他就借言醉乡而论世事,对凋敝的世风和龌龊的社会给予了无情的抨击:

> 昔余尝至一乡陬,颓然靡然,昏昏冥冥,天地为之易位,日月为之失明,目为之眩,心为之荒惑,体为之败乱。问之人:

"是何乡也?"曰:"酣适之方,甘旨之尝,以徜以徉,是为醉乡。"呜呼!是为醉乡也欤?古之人不余欺也。吾尝闻夫刘伶、阮籍之徒矣。当是时,神州陆沉,中原鼎沸,而天下之人放纵恣肆,淋漓颠沛,相率入醉乡不已。而以吾所见,其间未尝有可乐者。或以为可以解忧云尔。夫忧之可以解者,非真忧也。夫果有其忧焉,抑亦不必解也,况醉乡实不能解其忧也。然则入醉乡者,皆无有忧也。呜呼!自刘、阮以来,醉乡有人,天下无人矣。昏昏然,冥冥然,颓堕委靡,入而不知出焉。其不入而迷者,岂无其人者欤?而荒霍败乱者,率指以为笑,则真醉乡之徒也已。

中国是地地道道的酒乡,酒文化相当发达。从传说中的杜康造酒,到《尚书·酒诰》《礼记·乡饮酒义》,再到曹操的"何以解忧?惟有杜康",酒逐渐由祭祀之物演变成消愁解忧之物。刘伶"惟酒是务,焉知其余",阮籍一醉就是60日不醒。他们生当魏晋易代之际,激烈的党争和惨烈的政治角逐,使得神州陆沉,中原鼎沸,名士少有全者。在这种情况下,他们为求自保,苟全性命于乱世,不沉醉酒乡,又能如何呢?但是,他们沉醉酒乡,并不是为了消愁解忧,而是为了保全性命。所以,在作者看来,可以消解的,都不能算做忧愁,真正的忧愁是不可解的,李白所谓"抽刀断水水更流,举杯消愁愁更愁"。真正有忧愁,沉醉酒乡解决不了任何问题。能够进入酒乡的人,都是没有忧愁的人,是浑浑噩噩、百无聊赖、无所事事的人。所以,作者认为"醉乡有人,天下无人"。联系作者所处的清代社会现实,不难看出作者这样一种感慨,不是无缘无故而发,而是有深刻的社会文化原因。这篇散文反映出一个有社会责任感的知识分子对世风日下的忧虑,表现出一个牵情社会的知识分子批判现实的良知。

表现饮酒之乐

纵观历代咏酒述酒散文,可以发现,作者咏酒述酒不是就酒写酒,仅仅停留在酒的物质意义上,他们更为看重酒的社会文化意义和精神层面的价值,更为看重酒对人生的激励或消解作用。

就其物质意义而言,酒是五谷杂粮发酵之后通过蒸馏程序流出来的水,它含有一定浓度的酒精,少饮有提神健体之功效,多饮则易醉,对身体尤其是对大脑和五脏有一定损害。这种简单的道理很多人都懂得,但是,一进入酒场,人们常常是难以自我控制,少则几杯,多则过量,甚者烂醉如泥。所以如此,决不仅仅是酒精的作用,而是因为许多人把饮酒作为一种乐事。有的散文着重描述饮酒的快乐和机趣。曹子建以为,饮酒的乐趣在于醉后让人忘怀现实,真情毕现,人性高蹈:"或扬袂屡舞,或扣剑清歌,或聱啾辞筋,或奋爵横飞,或叹骊驹既驾,或称朝露未晞。于斯时也,质者或义,刚者或仁,卑者忘贱,寡者忘贫。"(《酒赋》)刘伶以为饮酒的乐趣在酒后无拘无束,自由自在,蔑视礼法,忘怀世俗,所谓"无思无虑,其乐陶陶。兀然而醉,恍然而醒。静听不闻雷霆之声,熟视不睹泰山之形,不觉寒暑之切肌,利欲之感情"。王绩以为饮酒的乐趣在醉乡广大,别有洞天,那里不啻是随时可觅的人间桃花源。

喜饮善饮解饮、自号"醉吟先生"的唐代大诗人白居易,对酒之乐趣体味更为深切,描写更为传神:"麦曲之英,米泉之精,作合为酒,孕和产灵。孕和者何?浊醪一樽,霜天雪夜,变寒为温;产灵者何?清醑一酌,离人迁客,转忧为乐。纳诸喉舌之内,谆谆泄泄,醍醐沉瀣。沃诸心胸之中,熙熙融融,膏泽和风。百虑齐息,时乃之德。万缘皆空,时乃之动。吾常终日不食,终夜不寝,以思无益,不如且饮"(《酒功赞》)。在散文家的笔下,饮酒、醉酒、酒乡都是那么的令人神往、令人陶醉。酒给人们带来的无穷乐趣,似乎只有真正进入醉境、步入酒乡的人才能体味得到。

描写饮酒功效

　　酒之为酒,奇妙无穷。它是欢乐者的良朋,愁闷者的诤友,更是悲伤者的知己。它能令失意者超脱,无为者奋发,更能令得意者放达。它为灰色的社会增辉,更给苦涩的人生添彩;给寂寞者以安慰,更给孤独者以温暖;给凡夫俗子以现实的欢娱,更给文人骚客以惬意的诗情;给实用主义者以物质的满足,更给理想主义者以审美的温馨。酒也是一柄双刃剑,善恶兼具,功过并存。它既是复杂的组合,又是矛盾的统一;一半为良,一半为莠,半是天使,半是魔鬼;半是火焰,半是海水。酒既然具有如此神奇的功效,历代散文家自然要来探究这块宝藏,发掘它的妙理真谛。

　　也许是"酒能祛百虑"的缘故,散文家们对酒的认识多是正面的、积极的、有意义的,他们在描写酒的功效时,着眼点在酒对人们的激励催发作用和审美价值。建安七子之一的孔融吟咏"座上客常满,杯中酒不空",把酒的功效推向极致,提到治国安邦的高度加以赞颂,以为"古先哲王,英帝禋宗,和神定人,以济万国,非酒莫以也"。他上从尧说起,一直说到汉高祖、汉景帝,逐一列举酒对治国安邦的作用,认为酒对治理国家有很大的功劳,不应加以禁止。相比之下,苏轼对酒的功效的肯定更多地着眼于酒的审美价值,他说:"酒勿嫌浊,人当取醇。失忧心于昨梦,信妙理之凝神。浑盎盎以无声,始从味入。杳冥冥其似道,径得天真。伊人之生,以酒为命。常因既醉之适,方识此心之正。稻米无知,岂解穷理?曲蘖有毒,安能发性。乃知神物之自然,盖与天工而相并。得时行道,我则师齐相之饮醇;远害全身,我则学徐公之中圣。湛若秋露,穆如春风。疑宿云之解驳,漏朝日之瞰红。"(《浊醪有妙理赋》)苏轼以为,酒本之自然,巧夺天工,湛若秋露,穆如春风,它既有妙理,又有审美价值。

现当代散文家摈弃了古人对酒的片面之见,对酒的功效的认识相对而言比较全面,既肯定酒畅神解忧、返璞归真、超越功利、澄心静性的积极作用,又指出了酗酒误事、损伤身体、消磨意志的消极作用。梁实秋先生的《饮酒》说得很好:"酒实在是妙。几杯落肚之后就会觉得飘飘然,醺醺然。平素道貌岸然的人,也会绽出笑脸;一向沉默寡言的人,也会议论风生。再灌下几杯之后,所有的苦闷烦恼全都忘了,酒酣耳热,只觉得意气飞扬,不可一世,若不及时知止,可就难免玉山颓欹,剧吐纵横,甚至撒疯骂座,以及种种的酒失酒过全部的呈现出来。"酒能够让人扯去面具,还原本真,也能让人告别木讷,侃侃而谈,更能令人愁肠顿解,烦恼全抛。但是,如果饮酒过量,发起酒疯,那就要惹祸起纷了。所以,梁实秋先生特别欣赏北宋邵雍的"花看半开,酒饮微醺"之说,以为这才是饮酒应该达到的最佳境界。他说:"'花看半开,酒饮微醺'的趣味,才是最令人低徊的境界。"这是一种十分迷人却又很难把握的境界,——惟其如此,才更应该去追求,去欣赏。

林语堂很看重酒对文学创作的作用。他以为,酒这种东西"比之别物更有所助于文学"。在《酒令》一文中,他这样写道:"饮酒之乐,尤其是中国文学常提到的所谓'小饮'之乐,起初我总视为神秘,不能了解。直到一位美丽的上海女士在她半醉之时,以灿花妙舌畅论酒的美德后,我方感到所描写的乐境是真实不虚。'一个人在半醉时,说话含糊,喋喋不休,这是至乐至适之时。'她说,在这时节,一种洋洋得意的感觉,一种排除一切障碍力量的自信心,一种加强的锐感,和一种好像介于现实和幻想之间的创作思想力,好似被提升到比较平时更高的行列。这时好像使人具着一种创作中所必需的自信和解放动力。"

胡思升对酒的功效也有独到的品悟。他说:"有酒的文化,必然有酒的非文化,正像有人的理性,必然有人的非理性一样。社会生活里这种形影相随的关系,是颇值得观察与研究一番的……我非常同意这样的比喻:酒搭起了一座各种人沟通、交往、了解的桥梁。多少佳话趣谈,在酒桥上诞生、流传。有些人没有经过这座酒香四溢的桥梁走向美好的彼岸而不慎掉下深渊,是令人惋惜的。"(《酒搭起的一座桥梁》)

酒与人生感悟

人们对生活的感悟,对人生的态度,对社会时事的看法,在酒场和酒桌上常常看得更清楚,所谓酒后吐真言,酒后见真情是也。饮酒之后,人们不仅胆气壮了,而且在微醺之时思维更敏捷,反应更灵敏。所以,散文家常常借酒写人生感悟。欧阳修任滁州太守时写下的名篇《醉翁亭记》,直言"醉翁之意不在酒,在乎山水之间也。山水之乐,得之心而寓之酒也",表达了仕途失意后倦于官场而亲近自然山水的人生感情。苏轼在清秋月夜与客人泛舟游玩于赤壁之下,举酒属客,饮酒乐甚之后,到江上清风、山间明月中去寻找人生的真谛,借与客人的对答表明了他对人生的独特感悟,借老庄的处世哲学来解脱精神的苦闷。的确,人们喝醉了酒,或者试图喝醉,真正的用意不是要喝醉,而是试图通过酒的刺激或麻醉作用,寻求精神的解脱或慰藉,对人生进行更为深刻的思考和反省。这其实也是酒的作用之一。

陶渊明的《五柳先生传》、王绩的《五斗先生传》、邵长蘅的《八大山人传》等传世名作,虽然是在写人物,写人生,但其中皆可见酒的身影。陶渊明"性嗜酒,家贫不能常得。亲旧知其如此,或置酒而招之。造饮辄尽,期在必醉。既醉而去,曾不吝情去留"。他闲静少言,不慕荣利,经常"酬觞赋诗,以乐其志",表现出他对人生的深刻感悟。王绩笔下的五斗先生,"以酒德游于人间,有以酒请者,无贵贱皆往,往必醉,醉则不择地斯寝矣,醒则复起饮也"。他轻天地而忽万物，不知天下之有仁义厚薄，把功名富贵皆等闲看，显示出超脱豁达的人生态度。邵长蘅笔下的八大山人也是喜饮善饮之人。他虽然"饮酒不能尽二升，然喜饮"，人不论贵贱，家不论贫富，只要是请他喝酒，他是每请必到，到则必醉，醉后挥毫泼墨，为书作画赠与他人。一天，他忽然写了一个大大的"哑"字贴在门上，从此再不说一句话，但仍旧爱笑喜饮，喝酒喝得更厉害。有人请他饮酒，他照旧前往，"缩项抚掌，笑声哑哑然。又喜为藏钩拇阵之戏，赌酒胜则笑哑哑，数负则拳胜者背，笑愈哑哑不可止，醉则往往唏嘘泣下"。从八大山人"笑声哑哑然"中，读者可以感受到他对人生的痛彻感悟，感受到他对世事人情的漠然。

　　现代作家写酒与人生感悟，虽然不及古人那么潇洒无羁，信笔写来，但同样凝聚着他们对社会的独到见解，流露出他们的人生态度。刘虚的《喜酒》，在人生的完满中感到了人生的不完满，在人生的欢喜中感到了某种悲凉。他喜欢喝酒，喝醉了又喜欢乱想。在参加生日喜宴和新婚喜宴时，他和主人一样高兴，一样快活，喝起酒来更加无所顾忌，一杯一杯地喝，喝醉了，却忘记了早已准备好的贺词，而是"低着头痴痴地想。我想到了崎岖险阻的人生的旅路，想到了人生旅路过程中的孤零，想到了茫茫的漫漫的夜一般的前途，更想到了静悄悄躺着期待它的主人之降临的我们的坟墓"。这虽然有些悲观，带有特定社会的文化背景，但是却比那些廉价的浅薄的乐观更接近人生的本相。当代作家邵燕祥的《关于喝酒》，对人生的感悟更为深邃丰富，不仅有"酒不能消愁，更不能疗饥。酒自有酒的恩惠，给你片刻精神的自由"这样的精警之语，更有对酒与醉酒的深刻体味："面对着人间忧患如海，一醉并不能获得解脱。在有喝酒的自由的时候和地方，何妨举杯。对于自由意志的主人，酒，能使你燃烧，又能使你清醒不醉。"

　　中国的文学散文中蕴涵着丰富的酒文化，尤其是对酒文化的社会意义和审美价值的描述与探讨，对人们全面正确地认识酒和酒文化,有着十分积极的意义。在如何看待中国酒文化这个问题上,我们自然不必因袭前人,我们理应有自己的认识和判断。随着时代的进步,酒在人们的社会文化生活中的作用也在发生变化。酒已不再单纯地用做解忧消愁,也不仅仅是用于喜庆。在现代人的生活中,酒更多地属于人们相互认识、加强了解、增进友谊、彼此沟通的媒介和桥梁。饮酒既属于物质生活,也属于精神生活。我们赞美酒的积极作用和审美价值,也应提防那种把酒庸俗化的倾向。如果把本来具有审美价值的酒仅仅用做人情往来和拉关系、走后门的润滑剂,或者仅仅用做消愁解忧,排遣郁闷,自我超脱,那就有意无意地将酒的作用与价值看低用低了。

第七章　酒壮英雄胆

——小说艺术中的酒文化

"小说"一词虽然由来已久，但在先秦两汉时期，它实际上指的是那些蕴含某种思想哲理的"小家珍说"或"丛残小语"，是诸子百家论证或说明自己的哲学思想和政治理想的必要补充，所以有人把先秦两汉的所谓"小说"称做寓言。小说的出现，严格地说是在魏晋时期。随着文学自觉时代的到来，不仅诗歌、辞赋开始独立于经史和诸子百家学说而存在，而且出现了以讲述故事为主要特色的小说。其中最有代表性的，应推干宝的《搜神记》和王子年的《拾遗记》。他们讲述故事，不是为了说明某种道理，而是因为故事本身所具有的审美价值和积极意义。

让我们以《搜神记》为例略做说明。

干宝创作《搜神记》的直接诱因，据《晋书·干宝传》记载，是受了发生在身边的两件奇异之事的影响："宝父先有所宠侍婢，母甚妒忌。及父亡，母乃生推婢于墓中。宝兄弟年小，不之审也。后十余年，母丧，开墓，而婢伏棺如生。载还，经日复苏，言其父常取饮食与之，恩情如生。在家中，吉凶辄语之，考校悉验。地中亦不觉为恶。既而嫁之，生子。又，宝兄尝病气绝，积日不冷，后遂悟，云见天地间鬼神事如梦觉，不自知死。宝以此遂撰集古今神祇灵异人物变化，名为《搜神记》。"小说的材料来源，干宝在《搜神记序》中做了说明，一是"承于前载"，即前朝的历史文献，二是"访行事于故老"，即采访得来的，主要属于街谈巷议、道听途说一类。撰集《搜神记》的目的,一是为了"明神道之不诬",二是"游心寓目而无尤焉",前者有明显的教化世风的意思,后者则侧重审美价值。从《搜神记》的材料来源和创作目的来看,魏晋小说已由先秦两汉时期的自在进入到自为,并已经开始显露出自觉的态势。

在《搜神记》中,酒已经作为情节结构的道具和媒介而出现在故事中。葛玄"为客设酒,无人传杯,杯自至前。如或不尽,杯不去也"(《葛玄》)。东海黄公的兴衰与酒的关系更为密切,黄公善为幻术,能制蛇御虎,可是,到了年纪大的时候,他因"饮酒过度"而衰老。秦朝末年,东海有虎伤人,黄公受诏前往缚虎,但因年老体衰,幻术不再像当年那样有威力,结果反被老虎吞噬。(《鞠道龙》)

《搜神记》中的许多故事严格地说属于"怪力乱神"一类,以此来说明小说与酒文化的关系,未免难以令人信服。下面,我们以中国最为著名的古典小说为例,来探讨一下小说艺术与酒文化及酒神精神的关系,看一看酒神精神是如何影响中国的古典小说,古典小说又是如何借助酒神精神的激励和催发来结构情节,塑造人物,表现作者的思想情感和文化道德取向的。

酒与《世说新语》

如果说酒在志怪小说《搜神记》中还只是一种道具和媒介,那么,到了志人小说《世说新语》,酒的作用就更加明显了。在这部文言小说中,我们不仅可以看到魏晋名士越名教而任自然的卓异风采,而且可以看到酒文化在自由人格的实践过程中发挥着怎样重要的作用,从而可以对酒文化的本质有更深一层的领悟和把握。

宗白华先生曾经指出:"汉末魏晋六朝是中国政治上最混乱、社会上最混乱的时代,然而却是精神上极自由、极解放、最富于智慧、最浓于热情的一个时代,因而也就是最富有艺术精神的一个时代。"(《美学散步》,上海人民出版社1981年版,第177页)这种精神上的自由解放的一个重要标志,就是魏晋玄学的兴盛。魏晋玄学的中心课题是探求理想人格的本体,而这种理想人格与儒家倡导的个人绝对服从于仁、义、礼、智、信等道德规范则是格格不入的。它冲破了儒家伦理道德规范的束缚,张扬独特的个性精神,追求个人价值的完美实现;它崇尚的是个人精神、人格、思想和行为的自由,并以此为人生的最高准则和最终追求。在这样的思想文化背景下,一些自称为名士或被世人称之为名士的知识分子,以反传统的姿态登上了当时的社会大舞台。他们或结社清议,聚众清谈,或酗酒服药,祈求长生,或纵性而为,不拘礼法;他们狂放不羁,慷慨任气,安贫乐道,玩世不恭,甚而赤身裸体,恣情纵欲,留下了一幅幅既光怪陆离又令人瞠目结舌的历史风俗画卷。这种文化思潮和酒文化同声相应,同气相求,二者不可能不因此而发生特别密切的联系。鲁迅先生在《魏晋风度及文章与药及酒之关系》一文中对此有深刻精辟的论述。而《世说新语》则借助一种新的艺术形式再现了这些具有鲜明时代特色的历史风俗画卷,展示了酒文化与时代思潮的内在联系。

　　魏晋名士最为显著的特点就是饮酒和发牢骚,东晋的王恭概括为:"名士不必须奇才,但使常得无事,痛饮酒,熟读《离骚》,便可称名士。"在魏晋文士狂放不羁的社会文化行为中,人们常常可以看到酒的身影,酒与名士如影随形,如响随声,须臾不离。有"江东步兵"之称的张翰任情纵性,有人对他说:"你可以放纵一时,可你难道就不为你身后的名声想一想吗?"张翰回答得很痛快,说:"与其让我身后有名,不如现在就给我一杯酒!"毕卓与谢鲲、阮瞻等八人号称"八达",他嗜酒如命,说:"一手持蟹螯,一手持酒杯,拍浮酒池中,便足了此一生!"(《世说新语·任诞篇》)周伯仁身为尚书仆射,却经常大醉,数日不醒。姐姐去世时,他沉醉三日不醒,人们因此而称他为"三日仆射"。东晋的王蕴曾任会稽内史,嗜酒如命，任期内很少有不喝得酩酊大醉的日子。西晋时期的刘公荣曾任兖州刺史，也是个大酒鬼，只要有酒，他随叫随到，甚至不请自到。有人因此而瞧不起他，他却振振有词地解释说："对于胜过公荣的人，不可不与他喝酒；对于不如公荣的人，也不可不与他喝酒，对与公荣同一层次的人，同样不可不与他喝酒。"言外之意是要和所有的人喝酒。有一次，他遇到了克星，这个人就是阮籍。有一天，王戎去拜访阮籍，刚好刘公荣也在座。阮籍对王戎说："我有二斗美酒，应当与你共饮，与公荣无关。"二人把盏对饮，把刘公荣晾在了一边，可是他们喝他们的酒，同时照样与刘公荣谈论不休。有人听说了这件事，感到很奇怪，就问阮籍为何不让见酒如命的刘公荣饮酒，阮籍说："胜过公荣的人，我是不得不与他喝酒；不如公荣的人，我同样是不得不与他喝酒。只有刘公荣这样的人，我可以不和他喝酒。"(《世说新语·简傲篇》)阮籍这样对待刘公荣，而刘公荣却不在意，不把它当回事儿。

阮籍是个鼎鼎有名的"高阳酒徒"。他在为母亲守丧期间，参加司马昭举办的宴会，照样喝酒吃肉，开怀畅饮。司隶校尉何曾看不下去了，对司马昭说："现在提倡以孝治天下，阮籍不守丧礼，喝酒吃肉，应该流放到海外去，以正风教。"司马昭却不这么看，他认为阮籍有病在身，不能苛求。司马昭和何曾在一旁说他们的，阮籍却不理不睬，该喝酒喝酒，该吃肉吃肉。司马昭想和阮籍结为儿女亲家，阮籍明白他的意思，一醉60天不醒，司马昭不便向醉酒的阮籍提亲，只好作罢。邻居有一个美丽的少妇当垆卖酒，阮籍就经常到她那里喝酒，喝醉了就躺在少妇身边大睡。少妇的丈夫一开始怀疑阮籍图谋不轨，观察了一段时间，见阮籍并无不轨之举，这才放下心来。阮籍听说步兵校尉厨中有三百石美酒，就请求去做步兵校尉，上任后，二话不说就直奔酒库，和刘伶一道开怀畅饮。传说阮籍就是因为这一次喝得太多了，而和刘伶一起醉死在酒库中。

同样名列竹林七贤的刘伶更是嗜酒如命。他有时赤身裸体在自己屋中,来了人也不拿块布遮挡一下。有人指责他太过放纵,他却振振有词:"我以天地为房屋,以房屋为衣裤,你们为何要钻到我的裤裆里来呢?"有一次他醉酒醉得很厉害,口渴难忍,向夫人要酒喝。夫人摔碎酒器,把酒倒掉,哭着劝他说:"你喝酒喝得太多了,不合养生之道,一定要戒掉才行。"刘伶说:"你说得很对。只是我没有毅力自己戒酒,必须对天起个誓才行。你赶快给我准备酒肉!"夫人闻言大喜过望,急忙准备酒菜供于神前,请刘伶发誓。刘伶跪倒在地,起誓说:"天生刘伶,以酒为名。一饮一斛,五斗解酲。妇儿之言,慎不可听。"发过誓愿,又是喝酒,又是吃肉,顷刻间又是烂醉如泥。

　　山涛的儿子山简颇有竹林名士之风,他任荆州刺史时,常常野餐狂饮,每次都是大醉而归。人们因此为他编了一段顺口溜,描述他的醉态:"山公时一醉,径造高阳池。日暮倒载归,酩酊无所知。复能乘骏马,倒著白接篱。举手问葛强,何如并州儿?"王忱自幼嗜酒,为官荆州后,更加恣意纵饮,经常烂醉如泥,而且一醉就是几天不醒。他把醉酒称为"上顿",意思是上顿饭,还有下一顿等着呢。因此,"上顿"就成了暴饮的代名词。他曾经对人说:"三天不喝酒,就觉得形和神不再相亲。"其嗜酒的程度,由此可见一斑。

　　饮酒之风对当时的世风影响很大,寻常人物也都效法名士的做派,把饮酒作为人生潇洒之事。东晋名将庾冰在苏峻之乱中只身出逃,只有一个小兵用船载着他,准备逃出钱塘江口。当时,苏峻正悬赏捉拿庾冰,派人四处搜寻,形势十分危急。那个小兵是个酒鬼,把庾冰藏在船上的苇席下,就下船去酒家饮酒了,直喝得大醉方归,手舞船棹说:"到哪里去找庾太守呢?就在这里。"吓得庾冰魂飞魄散,出了一身冷汗。幸好搜查的军士以为小兵是胡言乱语,没有理会,放走了小船,庾冰因此得以逃命。苏峻之乱平定后,庾冰官复原职,为报小兵的救命之恩,问他有何要求,一定会尽量满足。小兵说:"我一不想当官,二不想发财,只是想痛痛快快地喝酒,少挨点鞭子。"庾冰非常感动,以为这个小兵不仅很聪明,而且旷达超脱,就给他盖上房子,买了仆人,赏给他美酒百斛,终生不再让他服役。

《世说新语·简傲篇》中的一些故事也和酒有关。魏晋名士简傲疏狂,常常需要酒的介入和参与。阮籍是一个超群脱俗之人,常以青白眼看人,见了高人达士,以青眼视之,见了世俗之人,则以白眼看之。阮籍丧母,嵇康的兄长嵇喜来阮籍家吊丧,阮籍对他却不理不睬,用白眼看之。嵇康知道后,特意携带酒和琴前来拜会,受到了阮籍的热情招待。此事传开后,舆论哗然,礼法之士对阮籍恨之入骨,必欲置之死地而后快。幸亏司马昭对阮籍甚为宽容,阮籍才没有像嵇康那样成为刀下鬼。

桓温与谢奕为布衣之交。桓温任徐州刺史时,谢奕在其手下供职,任晋陵太守。等到桓温迁荆州刺史,准备西行之时,谢奕的弟媳妇王氏见桓温义气甚笃,知道他必定带谢奕随往荆州,常常对丈夫谢据说:"桓荆州的用意已十分明显,他必定与兄长一同西赴荆州。"果然,过了不久,桓温聘谢奕为司马,一同到荆州赴任。谢奕上任后,自恃与桓温是布衣之交,说话做事都很随便。即使是在桓温的公堂上,他也是岸帻啸咏,无拘无束,和平常没什么两样。桓温常常向人这样介绍谢奕:"这是我的方外司马。"二人经常举杯对饮,一喝就是一整天。桓温喝得招架不住,就到内室去,谢奕这才随之离去。后来,谢奕喝醉了,桓温这才有机会避开他,进去见妻子。妻子说:"您要是没有这样一个张狂的司马,我哪里会有机会和你相见!"

与《任诞篇》、《简傲篇》的疏狂任情不同,《雅量篇》赞美的是宽容和豁达。乍一看这似乎和儒家主张的克制忍让有些相似,实际上二者有着本质的区别。因为《世说新语》所赞美的宽容豁达是建立在自然本性的基础之上的,它不需要借助伦理道德规范的约束,不要求改变自己的个性精神,而是名士风度的一种表现,所以经常在与酒的联系中表现出来。有一个叫裴遐的人,在平东将军周馥处与人下围棋,周馥的司马向他劝酒,不料他下棋下得入了迷,忘记了饮酒的事。司马大怒,一把把裴遐扯倒在地。裴遐自己爬了起来,不恼不怒,举止如常,神色不变,像方才一样继续下棋。

褚裒为太尉记室参军时,官位虽然不高,但是名声却很大,是声名远扬的大名士。有一次外出公干,夜宿钱塘亭。刚住下不久,钱塘县令沈充送客人恰巧也投宿钱塘亭。亭吏见了父母官,自然不敢怠慢,就把褚裒赶出客房,让他到牛棚中去住。夜里,沈充酒后出来散步,见牛棚中住有人,就问住的是什么人。亭吏说是一个北方佬。沈充带着几分醉意向牛棚问道:"北方佬,你姓甚名谁,可以出来聊聊天吗?"褚裒回答说:"河南褚子野。"沈充一听是大名士,急忙到牛棚中拜见,并令亭吏立即准备一桌酒席,和褚裒在牛棚中对饮,以示歉疚之意。次日又亲自送褚裒出境。褚裒对沈充这种卑恭的行为,视而不见,听而不闻,自始至终"言色不异,状如不觉",既没有把住牛棚当回事,也没有因为县令后来的恭敬而自傲。

陆玩升任司空之后,有人来向他表示祝贺,并向他要酒喝。那人得到酒后,直接来到顶梁柱前,把酒倒在柱子上,说:"如今没有什么好材料,所以才让你当柱石,你可千万别让房屋倒塌了呀!"陆玩听出了那人的话外之音,笑着对他说:"先生所言极是,可以称为箴言。"

《世说新语》其他篇章也有不少写酒的文字,而且有一些颇具积极意义。《言语篇》载:"过江诸人,每至美日,辄相邀新亭,藉卉饮宴。周侯中坐而叹曰:'风景不殊,正自有山河之异。'皆相视流泪。惟王丞相愀然变色曰:'当共戮力王室,克复神州,何至作楚囚相对!'"《豪爽篇》亦载,大名士王敦每次喝醉了酒,就感慨伤怀,一边用手中的如意敲打唾壶,一边吟咏曹操的名诗"老骥伏枥,志在千里。烈士暮年,壮心不已",敲得唾壶的边沿伤痕累累,尽是缺口。这些故事都从某个方面说明了南渡诸文士对故国山河的怀念,收复中原的豪气,以及慷慨任气的情怀。

有时候,酒还可以充当道具或媒介,让人把不便表达的意思说出来。晋武帝立司马衷为太子,而司马衷却是个昏庸无能之辈。老臣卫瓘十分不满,却又不能明说,就借醉酒来旁敲侧击,劝晋武帝改变主意。他用手抚摸着皇帝宝座,说:"可惜了这个宝贵的座位了!"晋武帝明白他的意思,却不加责怪,只是笑着说:"先生喝醉了。"(《世说新语·规箴篇》)

《世说新语》有时也通过对酒的描写来表现富豪权贵们的穷奢极欲、惨无人道。《汰侈篇》载有这样一个故事:石崇每次在家中举行宴会,都让侍女出来劝客人饮酒,若是客人不喝,就要把侍女杀掉。有一次,王导、王敦等人都来石崇家赴宴,王导知道石崇的规矩,虽然不能饮,但是侍女来劝酒时,他还是尽量饮一些,结果喝得酩酊大醉。王敦就不是这样了,他说不喝就不喝,石崇见他不给面子,接连让三个侍女前去劝酒,结果一杯也没劝下去,石崇一怒之下,接连杀了三个侍女。王敦见了,眼也不眨一下。王导责备王敦心肠太硬。王敦说:"人家杀的是自家人,关你什么事呢!"

虽然《世说新语》只是一部短篇文言小说集,但它记述了魏晋时期的官场百态、名士生活、社会思潮、文化嬗变、审美风尚、风土民情和世风变迁。它不仅是了解魏晋时期的政治、社会、文化生活的形象化教材,是魏晋名士人生态度和处世哲学的百科全书,同时也是了解和把握中国酒文化的一把钥匙,是了解酒文化与中国古典小说的关系的重要文献资料。可以这么说,在中国小说史上,再也没有任何一部作品像《世说新语》这样如此丰富多彩地写到酒,如此集中而概括地突出了酒文化的社会文化功能及其在人们日常生活中的作用。

唐传奇中的酒文化

和《世说新语》相比，唐传奇对酒的描写可以说上升了一个档次。在小说情节结构中，酒的作用逐渐显现出来。李公佐的《南柯太守传》，开篇就是"东平淳于棼，吴楚游侠之士。嗜酒使气，不守细行"，曾因武艺补淮南军裨将，却因"使酒忤帅"，斥逐落魄，最后遂纵诞饮酒为事，终于"因沉醉致疾"。一次，他喝醉了酒，被和他一起饮酒的朋友扶回家，躺在大堂的东廊庑下，昏然忽忽，仿佛若梦，只见二紫衣使者引他至"大槐安国"，国王招他为驸马，他轻而易举地就娶到了国王美若天仙的女儿瑶芳为妻。婚后，夫妻二人恩爱异常，情款意洽。不久被任命为南柯太守，为政期间，政绩显著，累迁大位。他和公主生有五男二女，男以门荫授官，女亦聘于王族，"一时之盛，代莫比之"。然而盛极而衰，不久公主去世，接着他就被革职软禁。国王慈悲，念他离家多年，将他发付故里。依旧由先前二紫衣使者引他出境，待看见本里间巷时，二使者忽然不见。淳于棼猛然惊醒，"见家之童仆拥彗于庭，二客濯足于榻，斜日未隐于西垣，余樽尚湛于东牖。梦中倏忽，若度一世矣"。淳于棼"感南柯之浮虚，悟人世之倏忽，遂栖心道门，绝弃酒色"。故事因酒而起，又因酒而结。酒在整个小说中起到了结构情节、突出主题的重要作用。李公佐的另一篇小说《谢小娥传》，写谢小娥为父亲及未婚夫段居贞报仇，也是酒在关键的时候发挥了重要作用。谢小娥的父亲和未婚夫被人杀害，她侥幸逃得一条性命，暗访杀人凶手，得知凶手是申兰、申春，就女扮男装，到申家做佣工。一天，申兰、申春和群贼酣饮至醉，群贼离开后，申兰露寝于庭，申春沉醉，卧于内室。谢小娥先把申春锁在屋内，亲手杀了杀父仇人申兰，然后到官自首。谢小娥只是一个弱女子，如果不是那些奸人喝醉了酒，她如何能够报得了仇？

虽然酒文化在唐传奇的情节结构中的地位和作用上升到一个新的层次,但在表现社会生活、反映时代风尚、折射时代思潮、展示士人心态等方面,它却不及《世说新语》那样淋漓酣畅、丰富多彩,倒是仅存小序的敦煌故事赋《茶酒论》,铺陈茶酒功过是非,生动形象,影响深远。

茶与酒虽是两种性质不同的饮品,但各具特质,各具风神。酒富有浪漫色彩,茶则显得很古典;酒飞扬奔放,热烈多情,茶含蓄内敛,平淡朴素。若是争长较短,论是论非,则很难有个定论。作者别具匠心,把茶酒放在同一个层面上,让它们争论优劣短长,借此来表现茶与酒的功能和作用。茶先道己之长:"百草之首,万木之华。贵之取蕊,重之摘芽。呼之茗草,号之作茶。贡王侯宅,奉帝王家。时新献入,一世荣华。自然尊贵,何用论夸!"酒也不甘示弱,谈古论今,说贵道贱,扬己之长,并且连儒家的仁义道德也抬了出来,以示自己是"正统":

  自古至今,茶贱酒贵。单醪投河,三军告醉。君王饮之,叫呼万岁。群臣饮之,赐卿无畏。和死定生,神明歆气。酒食向人,终无恶意。有酒有令,仁义礼智。自合称尊,何劳比类?

茶和酒为争高低,各使出浑身解数,或攀龙附凤,或旁征博引,夸耀自己的尊贵与优越。夸耀不足以见出高下,便相互攻讦,贬人扬己。茶说酒"破家散宅,广作邪淫。打却三盏以后,令人只是醉深",酒则说人们吃了茶"只是胃疼,多吃令人患肚,一日打却十杯,肠胀又同衙鼓。若也服之三年,养蛤蟆得水病报"。茶说酒让人昏乱,让人破财,"吃了多饶啾唧,街上罗织平人,脊上少须十七",酒则说古来才子吟咏酒的作品很多,还说酒能解忧消愁,生养性命,而茶则贱到三文钱就能买五大碗,为人所弃,"终朝吃你茶水,敢动些些管弦"!茶则说只见有酒黄酒病,没见到茶疯茶癫,酗酒闹事,打架斗殴,送往监牢,挨打受刑,这些事都是酒的专利。

在茶和酒争得不可开交之时,冷不防水在一旁插话了。水以一种居高临下的架势,借自我表白,把酒和茶教训了一番:你们相互争功,简直是不知天高地厚。殊不知"人生四大,地水火风。茶不得水,作何相貌?酒不得水,作甚形容?米麦干吃,损人肠胃,茶片干吃,粝破喉咙",若是没有水随物赋形,你们茶酒又算什么东西?教训完之后,水又充当和事佬,给茶和酒做了结论,让双方握手言和,最后皆大欢喜,都表示"从今以后,切须和同。酒店发富,茶场不穷。长为兄弟,须得始终"。

《茶酒论》对争奇型小说产生了很大影响,茶酒优劣功过之争也经常出现在以后的文学创作中,形成了一个小小的"母题",并进而扩展成一种创作模式。从诞生于17世纪的藏族寓言《茶酒仙女》和流传在贵州兴仁一带的传说《茶和酒》中,我们都可以看到《茶酒论》的影子。明冯梦龙《广笑府》有一篇茶酒争功的小品文,可以看做是《茶酒论》的微缩再版。茶这样贬酒自夸:"战退睡魔功不少,助成吟兴更堪夸。亡家败国皆因酒,待客何如只饮茶。"酒不甘示弱,也有意抬高自己,把茶狠狠地贬了一通:"瑶台紫府荐琼浆,息讼和亲意味长。祭祀筵宾先用我,何曾说着淡黄汤?"正当二者争论不休的时候,水过来劝解说:"汲井烹茶归石鼎,引泉酿酒注银瓶。两家且莫争闲气,无我调和总不成。"很显然,这个茶酒争功的笑话是从《茶酒论》脱胎而来的。

话本小说中酒的角色

在宋元话本和明代拟话本中,酒常常是以色之媒的角色出现的。在时人眼中,酒壮英雄胆,酒也是色之媒。而在宋元话本和明代拟话本中,酒的角色更多地偏重后者。宋元话本是说书艺人的底本,为招徕听众,说书艺人需要迎合以新兴市民阶层为代表的听众心理和需求,而酒为色之媒,虽是一种陈腐的观念,但它在听众中还是很有市场,能够引起听众的兴趣和共鸣。所以,许多话本都把酒的角色定位在色之媒这一点上,对酒大加挞伐,把酒色与财气并列为人生"四害"。《古今小说》中的《蒋兴哥重会珍珠衫》,集中反映出这样一种世俗观念。小说作者把酒作为色媒来看,一些关键情节的设计,都与酒有关。蒋兴哥经商在外,其妻三巧儿思夫心切,一天见一人与丈夫打扮相似,就在楼上掀开窗帘来看,不想却是徽州商人陈大郎,知是认错了人。而陈大郎却被三巧儿这一看给看丢了魂,于是就用重金请薛婆把他引荐给三巧儿。薛婆借为三巧儿过生日之名,在蒋家摆下宴席,一边用言语挑逗三巧儿,一边灌三巧儿酒,直喝到夜深人静,薛婆借机把陈大郎引进三巧儿的卧室。三巧儿是闺中怀春的少妇,又早被薛婆子说得春心荡漾,见了陈大郎,哪里还把持得住?在薛婆的巧妙安排下,在酒的遮掩下,完成了三巧儿与陈大郎的私下苟合。此后情节的发展,一波三折,奇巧迭出,则都是由于二人苟合所引起。

《警世通言》中《苏知县罗衫再合》一篇的"引子",不仅可以看出明代享乐主义的人生观,而且可以看出当时人们(包括许多文人在内)对酒的认识。杭州才子李宏三科不第,心情抑郁,准备往严州访友,在钱塘江口,看见一"秋江亭",亭壁上有人题《西江月》一首,单道酒色财气的害处:"酒是烧身硝焰,色为割肉钢刀,财多招忌损人苗,气是无烟火药。 四件将来合就,相当不欠分毫。劝君莫恋最为高,才是修身正道。"李生看了颇不以为然,认为"人生在世,酒色财气四者脱离不得。若无酒,失了祭享宴会之礼;若无色,绝了夫妻子孙人事;若无财,天子庶人皆没用度;若无气,忠臣义士也尽委靡",于是也题了一首《西江月》,与前人之词针锋相对,颂扬酒色财气的功绩:"三杯能和万事,一醉善解千愁,阴阳和顺喜相求,孤寡须知绝后。 财乃润家之宝,气为造命之由,助人情性反为仇,持论何多差谬。"这时,李生不觉神思恍惚,伏几而卧，忽见美女四人，一穿黄，一穿红，一穿白，一穿黑，自外而入，感谢李生为她们平反昭雪。李生知是酒、色、财、气四者之精，请教高姓大名。穿黄衣的说她是"杜康造下万家春"，穿红衣的说她是"一面红妆爱煞人"，穿白衣的说她是"生死穷通都属我"，穿黑衣的说她是"氤氲世界满乾坤"。李生当即口占一首，赞美她们说："香甜美味酒为先，美貌芳年色更鲜。财积千箱称富贵，善调五气是真仙。"四美女感谢李生如此理解她们，要求李生从她们中间挑选一个无过之女奉陪枕席。待李生答应后，酒女上前，以一首《西江月》自我表白："善助英雄壮胆，能添锦绣诗肠。神仙造下解愁方，雪月风花玩赏。　　好色能生疾病，贪杯总是清狂。八仙醉倒紫云乡，不羡公侯卿相。"

李生觉得酒女甚好，正要留下，红衣女上前责怪酒女不该抬高自己，贬低别人，并做诗一首，单道酒的害处："平帝丧身因酒毒，江边李白损其躯。劝君休饮无情水，醉后教人心意迷。"接着又把自己夸耀一番："每羡鸳鸯交颈，又看连理花开。无知花鸟动情怀，岂可人无欢爱？　　君子好逑淑女，佳人贪恋多才。红罗帐里两和谐，一刻千金难买。"

李生听到"一刻千金难买"，正要把色女留下，一旁白衣女早已按捺不住，以为色女不该说"千金难买"，于是把色女也贬低了一番："尾生桥下水涓涓，吴国西施事可怜。贪恋花枝终有祸，好姻缘和恶姻缘。"之后，白衣女也自我夸耀道："收尽三才权柄，荣华富贵从生。纵教好善圣贤心，空手难施德行。　　有我人皆钦敬，无我到处相轻。休因闲气斗和争，问我须知有命。"

黑衣女听白衣女说"休因闲气斗和争"，知她是有意贬低自己，立刻也不高兴了，只见她粉脸生嗔，星眸带怒，立刻上前，把财女贬得一无是处："有财有势是英雄，命若无时枉用功。昔日石崇因富死，铜山不助邓通穷。"黑衣女也把自己夸耀一番："一自混元开辟，阴阳二字成功。含为元气败为风，万物得之萌动。　　但看生身六尺,喉间三寸流通。财和酒色尽包笼,无气谁人享用。"

李生见四美女各有过失,不敢相留,遂让她们都回去。酒色财气四美女一听这话,立即反目成仇,相互攻讦,各揭其短:"酒骂色,盗人骨髓;色骂酒,专惹是非;财骂气,能伤肺腑;气骂财,能损情怀。"骂不解恨,四女又厮打起来,顷刻间打成一团。四人的厮打使李生猛然惊醒,顿悟酒色财气无益于人生,于是又写了一首诗,表明自己对酒色财气的认识:"饮酒不醉最为高,好色不乱乃英豪。无义之财君莫取,忍气饶人祸自消。"

小说的作者虽然最终对酒色财气持否定态度,但从中也可以看出当时人们对酒色的宽容。酒还是可以饮的,但是不要喝醉了,更不要因酒伤身;美色该爱还是要爱,但要像《诗大序》说的那样"好色而不淫",不要乱来胡来。这正反映出明代市民阶层的享乐主义生活观。试想一下,如果不是酒色财气在当时泛滥成灾,如果人们不是把它们视如洪水猛兽,避之惟恐不及,又何必煞费苦心地去加以否定呢?

《三国演义》与酒文化

中国古典小说在设计故事情节、塑造人物形象、表现作者的主观思想时,常常要借助酒这一道具和媒介,通过酒文化这一桥梁,达到作者所欲到达的彼岸。《三国演义》写到酒的地方很多,酒文化的内容很丰富,也很富特色。具体而言,主要表现在以下几个方面:

一是借酒来表现人物性格,塑造人物形象。这是《三国演义》中酒文化的最为主要的内容。第二十一回"曹操煮酒论英雄",是作者精心设计的一个情节,目的是借此展示曹操藐视各路诸侯、欲并吞天下的豪情壮志,表现刘备的大智若愚,机智敏捷。小说写刘备居许都,见曹操有僭越之意,遂与国舅董承等欲匡扶汉室。为避免引起曹操的怀疑,他整天种菜灌园,以为韬晦之计。一天曹操请他去喝酒,酒至半酣,忽然阴云密布,大雨将至。曹操借机与刘备把酒论英雄。刘备把当时天下英雄如刘表、袁绍等说了一遍,都被曹操一一否定。小说写道:

> 玄德曰:"舍此之外,备实不知。"操曰:"夫英雄者,胸怀大志,腹有良谋,有包藏宇宙之机,吞吐天地之志者也。"玄德曰:"谁能当之?"操以手指玄德,复自指曰:"今天下英雄,惟使君与操耳!"玄德闻言,吃了一惊,手中所执匙箸,不觉落于地下。时正值天雨将至,雷声大作。玄德乃从容俯首拾箸曰:"一震之威,乃至于此。"操笑曰:"丈夫亦畏雷乎?"玄德曰:"圣人迅雷烈风必变,安得不畏?"将闻言失箸缘故,轻轻掩饰过了。操遂不疑玄德。后人有诗赞曰:"勉从虎穴暂趋身,说破英雄惊煞人。巧借闻雷来掩饰,随机应变信如神。"

第四回写曹操因行刺董卓未遂,逃跑时夜宿老朋友吕伯奢家,吕伯奢杀鸡宰羊,又特意买好酒招待他。可是,曹操却怀疑吕伯奢出卖他,拔剑杀了吕伯奢一家八口,出村逃跑时,见吕伯奢提着酒菜回来,知道错怪了吕伯奢一家,但为免后患,他还是狠心又把吕伯奢杀了。这一情节很典型地表现出曹操"宁教我负天下人,不教天下人负我"的极端利己主义的性格,反映出曹操阴险奸诈的一面。第四十八回"宴长江曹操赋诗",既通过酒来表现曹操不同凡俗的大志,气吞山河的豪迈气概,又表现出曹操的骄横残忍,很好地表现出曹操性格的复杂性。

第五回"关羽温酒斩华雄"一节,则是借酒突出关羽的神勇。十八镇诸侯歃血为盟讨伐董卓,孰料董卓手下猛将华雄接连斩了鲍忠、祖茂、俞涉、潘凤等几员大将。华雄又来挑战,众人闻之失色。袁绍感慨道:"可惜吾上将颜良、文丑未至。得一人在此,何惧华雄!"这时,关羽请求出战,愿斩华雄首级献于帐下。袁绍得知关羽只是一个弓手,立即令人将其赶出去。曹操见关羽仪表不俗,建议令其出战。小说这样写道:"关公曰:'如不胜,请斩某头!'操教酾热酒一杯,与关公饮了上马。关公曰:'酒且斟下,某去便来。'出帐提刀,飞身上马。众诸侯听得关外鼓声大振,喊声大举,如天摧地塌,岳撼山崩。众皆失惊,正欲探听,鸾铃响处,马到中军,云长提华雄之头,掷于地上。其酒尚温。"关羽出战时,酒刚刚酾好,等他百万军中取上将之首回来,酒还温温的。这里,作者没有一句议论,也没有一句赞美之词,仅"其酒尚温"四字,已把关羽百万军中取上将之首如探囊取物的神勇,淋漓尽致地表现出来。第四十五回写周瑜想在群英会上杀死刘备,"酒行数巡,瑜起身把盏,猛见云长按剑立于玄德背后,忙问何人。玄德曰:'吾弟云长也!'瑜惊曰:'非向日斩颜良、文丑者乎?'玄德曰:'然也。'瑜大惊,汗流满背,便斟酒与云长把盏。"关羽的赫赫神威在众人饮酒之时得到了很好的表现。第七十五回关云长刮骨疗毒一节,更是表现关羽英雄本色的传神之笔:"公饮数杯酒毕,一面仍与马良弈棋,伸臂令华佗刮之。……佗乃下刀,割开皮肉,直至于骨,骨上已青。佗用刀刮毒,悉悉有声。帐上帐下,见者皆掩面失色。公饮酒食肉,谈笑弈棋,全无痛苦之色。"

二是借鉴《史记》"鸿门宴"的手法,把酒作为政治、军事斗争的工具,作为战胜对手的一种手段。最为典型者是第八回"王司徒巧使连环计"、第四十五回"群英会蒋干中计"和第七十回"张飞智取瓦口隘"。司徒王允为除掉董卓,设下连环计,先将貂蝉许给吕布,又借机将貂蝉送给董卓,让貂蝉从中离间二人的关系,借吕布之手除掉祸国殃民的董卓。小说写王允笼络吕布,先是亲自"殷勤敬酒",待酒至半酣,王允遂令貂蝉出面为吕布把盏,而"貂蝉送酒与布,两下眉来眼去"。这时,王允不失时机地假装喝醉,留貂蝉坐下。吕布目不转睛地看貂蝉,又饮数杯。王允这时指着貂蝉说:

"吾欲将此女送与将军为妾,还肯纳否?"吕布急忙离席谢道:"若得如此,布当效犬马之报。"笼络吕布的事情在饮酒谈笑之中已经完成。后来,王允又如法炮制,请董卓来家中赴宴,令貂蝉在帘外载歌载舞,先吊起董卓的胃口,然后才让貂蝉出来相见,为董卓把盏。董卓一见貂蝉美貌,垂涎欲滴。于是,王允又借机把貂蝉献给董卓。董卓和吕布这对义父子终因貂蝉而反目成仇,最后,吕布亲手杀死了董卓,除掉了汉贼。

在"群英会蒋干中计"一节中,酒的作用被发挥得淋漓尽致。周瑜见昔日同窗蒋干从江北来,已知其意,于是"大张筵席,奏军中得胜之乐,轮换行酒"。周瑜手指蒋干对众将说:"此吾同窗契友也,虽从江北到此,却不是曹家说客。公等勿疑。"说罢把佩剑解下来,交给太史慈,说:"公可佩我剑作监酒。今日宴饮,但叙朋友交情,如有提起曹操与东吴军旅之事者,即斩之!"接着周瑜再次借酒为词,说:"吾自领军以来,滴酒不饮。今日见了故人,又无疑忌,当饮一醉!"说罢大笑畅饮。酒至半酣,周瑜携蒋干出帐外,让蒋干见识一下东吴军士的威势。然后进帐再饮,舞剑作歌:"丈夫处世兮立功名,立功名兮慰平生。慰平生兮吾将醉,吾将醉兮发狂吟。"之后佯装大醉的样子,携蒋干入帐,与之共宿一榻。半夜醒来,又假装不知此事,作出十分懊悔的样子,问帐下军士:"吾平日未尝饮醉。昨日醉后失事,不知可曾说甚言语?"正是由于周瑜巧妙地利用酒作掩护,把曹操的水军将领蔡瑁、张允投降东吴这件原本属于子虚乌有的事情,做得煞有介事,像真的似的,骗过了蒋干,借蒋干之口把消息传递给曹操,并借曹操之手除掉了手下最熟悉水战的人。酒在周瑜这里,简直成了进攻敌人的利器,不闻鼓角齐鸣,不见刀光剑影,只是酒杯频举,酒兴频发,即将蒋干玩于掌股之上,把曹操的水军将领置于死地。

刘备进取西川之后,乘胜夺取汉中。曹操派猛将张郃把守瓦口关。相拒五十余日,张飞也没能攻下瓦口关。张飞扎住大寨,每天饮酒,喝得大醉的时候,就到关前大骂张郃。刘备派人到关前慰问,使者见张飞终日饮酒,遂向刘备报告。刘备听到这个消息,大吃一惊,忙去问孔明。孔明笑着说:"原来如此!军前恐无好酒,成都佳酿极多,可将五十瓮作三车装,送到军前,与张将军饮。"刘备不明白是怎么回事儿,说:"吾弟自来饮酒失事,军师何故反送酒与他?"孔明笑曰:"主公与翼德做了许多年兄弟,还不知其为人耶?翼德自来刚强,然前于收川之时,义释严颜,此非勇夫所为也。今与张郃相拒五十余日,酒醉之后,便坐山前辱骂,旁若无人。此非贪杯,乃败张郃之计耳。"于是又命魏延押送美酒到军前,犒赏张飞和军士。张飞是粗中有细之人,跟随孔明久了,知道打仗的事不能仅靠匹夫之勇。他一边调度人马分头埋伏,令他们见军中红旗升起即一起进兵,一边在军前鸣鼓而饮。张郃终于忍不住了,驱兵下山,直扑张飞中军,结果正中张飞之计,丢了瓦口关,自己也险些性命不保。这里,作者借酒写张飞,先是张飞饮酒,并通过孔明之口点出张飞是在用计;接着写孔明送张飞酒,而张飞又善于利用孔明送来的酒,再次设计引诱张郃下山。最后,张飞终于用酒把张郃引下了关隘,乘势夺取了进军汉中的关口。酒成了张飞取胜的法宝,也成了导致张郃之败的迷魂汤。

其他如第四回董卓用鸩酒逼宫,第十三回郭汜妻酒中下毒、挑拨离间,等等,都是把酒作为政治、军事斗争的工具,通过酒达到用其他手段所无法达到的目的。

三是写醉酒酗酒的坏处,表现酒在人们的社会、政治、文化生活中的负面作用。酗酒惹祸,因酒滋事,不仅在现代生活中常常可以见到,在古代也是司空见惯。小说第十四回张飞鞭挞曹豹招致兵变,就是醉酒惹的祸。刘备奉诏讨伐袁术,商议留何人守徐州。张飞要留下来。刘备说:"你守不得此城。你一者酒后刚强,鞭挞士卒;二者作事轻易,不从人谏。吾不放心。"张飞表示今后再不饮酒,刘备这才答应。为了戒酒,张飞摆下宴席,把众将招来,说:"我兄临去时,吩咐我少饮酒,恐致失事。众官今日尽此一醉,明日都各戒酒,帮我守城。今日却都要满饮。"并亲自为众人把盏。轮到吕布的岳父曹豹时,因其天生不饮酒,但在第一巡时,因惧怕张飞,"只得饮了一杯;"第二巡时,曹豹"再三不饮",并抬出吕布来吓唬张飞。于是,张飞一怒之下,打了曹豹五十鞭子。曹豹把受辱之事告诉吕布,里应外合,夺取了徐州。张飞因酒而失了徐州,刘、关、张三人因此失散,连刘备的老小也都失陷城中。第八十一回张飞因关羽之死而酗酒,醉酒后杀人,招致部下的反叛,引来杀身之祸。

就连有"马中赤兔,人中吕布"之誉的吕布,兵败下邳,也是因酒而起。曹操围困下邳,吕布自恃有赤兔马和方天画戟,终日只是与妻严氏及貂蝉饮酒解闷,但因酒色过度,形容顿减。一天他照了照镜子,发现已被酒色所伤,遂下令全城人戒酒,若有人饮酒,立斩不赦。部将侯成的50匹马失而复得,十分高兴,准备和众将饮酒庆贺一下。他怕吕布怪罪,就带着五瓶酒去见吕布,说:"托将军虎威,追得失马。众将皆来作贺。酿得些酒,未敢擅饮,特先奉上微意。"吕布刚颁布过戒酒令,见侯成竟然敢和众将会饮,命令将侯成立即推出去斩首。后得众将求饶,打了五十背花才算完事。这件事激怒了众将,于是,众人乘吕布守城时睡着了,把他绑起来,献出城池,投降曹操了。

张飞和吕布同是守城池,张飞为戒酒而请部下吃酒,吕布为禁酒而拒纳部下献上的酒,形式虽不相同,结果都是一样的——因酒而起祸。清人毛宗冈意识到了这一点,两相比较,发表了一番高见:

将欲和人戒酒,先特特邀人饮酒,张飞何其有礼;从未请人吃酒,便白白教人断酒,吕布大是不情。自要吃酒,却怪他人不吃酒,张飞怪得高怀;自不吃酒,却怒他人吃酒,吕布怒得没趣。送酒是好意,侯成遇张飞,定当引为腹心;拒酒是蠢才,曹豹与吕布,果然可称翁婿。先饮酒,后领棒,以醉人爱醉棒,曹豹之痛好耐;既折酒,又折棒,以醒棒打醒人,侯成之恨难消。张飞借老曹打老吕,实不曾打老曹;吕布为众将打一人,是分明打众将。张飞戒饮之饮,比不戒饮之饮愈多,翻觉戒饮为多事;吕布禁酒之害,比害酒之害更甚,可为禁酒之大惩。戒气胜戒酒,张飞但当戒一己之鞭笞;禁酒如禁色,吕布安能禁众人之夫妇。张飞杀过一夜酒风,明日便戒酒不成,倒便宜了醉汉;吕布打散他人筵席,自家竟与酒永别,活断送了醒人。张飞徐州之失,还堪以酒解其闷;吕布白门楼之死,谁能以酒奠其魂?

此外,作者对酒的描写还表现在借酒增添豪情(第六十八回),以酒招徕人才(第三十六、三十七回),通过酒来表现一个人的奇才(第五十七回),激起人们的智慧(第六十九回),并通过酒来沟通情节,使酒文化在情节结构中起到了起承转合的衔接作用。

《水浒传》与酒文化

《水浒传》展示的是男人的世界,是一群天不怕地不怕的男人揭竿而起的斗争史。他们大碗喝酒,大块吃肉,大秤分银,豪爽慷慨,潇洒自在,四海之内皆兄弟,虽非同胞胜同胞。在这样一部以血性男儿为主角的小说中,自然少不了血性男儿的爱物——酒。酒在小说中虽然也时常扮演色之媒、祸之源的角色,负面作用表现得较为明显,但是,在整部小说中,酒的主要角色却是血性男儿的诤友和伴侣,是豪杰气,是英雄胆,是谋士智。

酒之妙用,在"吴用智取生辰纲"一回中表现得最为充分。大名府梁中书为了巴结太师蔡京,令杨志押解庆贺礼物前往东京。杨志押解10辆太平车,上插一面黄旗,旗上写"献贺太师生辰纲"。

第七章 酒壮英雄胆

吴用探得实情，假装是卖枣的小贩，于正午时分在黄泥冈设伏。杨志一行到了黄泥冈，因天气太热，在冈上的林子中歇息。这时，一个汉子挑着酒担子，唱着"赤日炎炎似火烧，野田禾稻半枯焦。农夫心内如汤煮，公子王孙把扇摇"，来到黄泥冈上，在松林里头歇下担子，坐地乘凉。军士要买酒解渴，杨志却担心酒中有蒙汗药，把他们训斥了一顿。这时，吴用等人走上前来买酒，那汉子卖给他们一桶，并在相互争执时，吴用巧妙地把蒙汗药下到另一只桶里。军士们见先前那些人喝了没有什么事儿，就凑钱来买酒喝。那汉子却叫道："不卖了，不卖了！这酒有蒙汗药在里头！"军士们再三求情，要买些酒喝，那汉子就是不卖。吴用等人过来为他们说情，那汉子才答应卖酒给他们。众军士口渴难耐，见了酒一拥而上，刹那间就把一桶酒喝得干干净净。汉子收了酒钱，"依然唱着山歌，自下冈子去了"。不大一会儿，那帮士兵"头重脚轻，一个个面面厮觑，都软倒了"，眼睁睁地看着那些卖枣子的人把金银财宝都装了去。

对吴用智取生辰纲这段妙文，清代小说批评家金圣叹十分赞赏。他说："看他写枣子客人自一处，挑酒人自一处，酒自一处，瓢自一处，虽读者亦几忘其为东溪村中饮酒聚义之人，何况当日身在庐山者耶？耐庵妙笔，真是独有千古。看他写卖酒人斗口处，真是绝世奇笔。盖他人叙此事至此，便欲骤骤相就，读之满纸皆似惟恐不得卖者矣。今偏笔笔撇开，如强弓怒马，急不可就，务欲极扳开去，乃至不可收拾，一似惟恐为其买者，真怪事也。"（《第五才子书施耐庵水浒传》第十五回夹评）

《水浒传》对酒的描写，集中表现在对那些武艺超群、嫉恶如仇、敢作敢为的英雄人物，如鲁智深、武松、林冲、李逵等人的性格刻画上，表现在对他们的英雄气概和坚强精神的烘托与陪衬上。

和鲁智深有关的，有酒后三拳打死镇关西、大闹五台山、大闹桃花村、倒拔垂杨柳等，就连智取二龙山，也是诈称鲁智深酒醉被缚才奏效的。其中,尤以大闹五台山最为精彩。鲁智深原名鲁达,三拳打死镇关西之后,到五台山文殊院做了和尚,明是出家修行,实则是借此避难。在文殊院过了几个月斋戒食素的清淡日子,便觉"口中淡出鸟来,这早晚怎得些酒来吃也好",随即下山抢人酒喝,喝醉了酒又大打出手,闹得人仰马翻,"破了酒戒,乱了清规"。后来又到山下打制了一根62斤重的水磨禅杖,连走几家酒店都买不到酒喝,便假称自己是行脚僧人,才买到了酒和狗肉,美美地饱餐痛饮一顿,这才回五台山。走到半山亭,坐了一会儿,酒劲涌了上来,便借着酒劲耍起拳脚,不料"一膀子扇在亭子柱上,只听得刮喇喇一声响亮,把亭子柱打折了,坍了亭子半边"。虽然图得了一时痛快,可五台山是回不去了。于是,他便带着智真长老给他写的推荐信及"遇林而起,遇山而富,遇水而兴,遇江而止"四句偈语,下山去了。"不念经卷花和尚,酒肉沙门鲁智深",这两句不无揶揄的评语,对他还是很贴切的。

  武松是《水浒传》中赫赫有名的人物。他的出名,很大程度上得力于那段广为人知的故事——景阳冈武松打虎。武松回清河县看望哥哥,来到阳谷县地面,望见前面有一个酒店,酒旗上写"三碗不过冈"五个大字。武松进得酒店,不顾店家的劝阻,前后喝了18碗酒,吃了4斤牛肉,然后绰了哨棒出门而去。店家赶了出来,叫道:"客官哪里去?"武松问道:"叫我做甚么?我又不少你酒钱,唤我怎地?"店家让他看一旁张贴的榜文,原来景阳冈上有一只吊睛白额大虫,已经伤了32条好汉性命。官家告诫过往行人只在白天结伴过冈,不要独自行动,以免丢了性命。武松抢白了店家一通,然后自顾上冈,先见一棵大树被刮去一片树皮,上写道:"近因景阳冈大虫伤人,但有过往客商,可于巳、午、未三个时辰,结伙成队过冈,请勿自误!"武松以为是店家的把戏,拖着哨棒只顾上冈,直到看见了官府的正式榜文,武松这才相信真的有虎,欲要回去,却担心被店家耻笑,于是只好硬着头皮上冈。正走着,酒力发作,浑身焦躁，见一块大青石，就把哨棒倚在一边，躺在大石上，正要睡去，忽然从树背后跳出一只吊睛白额大虫。武松吃了一惊，酒都变作冷汗出来了。借着酒力，武松和老虎展开了你死我活的搏斗，哨棒打断了，他就用拳头，终于降伏了恶虎，为地方除了一害。武松也因在景阳冈打死了老虎而声名远扬，所谓："别意悠悠去路长，挺身直上景阳冈。醉来打杀山中虎，扬得声名满四方。"从小说的有关描写来看，武松绝不是那种"明知山有虎，偏向虎山行"的人。他之所以敢独上景阳冈，是因为小时候他曾多次从冈上过，从来没有见过什么老虎。所以，当店家告诉他冈上有老虎时，他首先想到的是店家要谋他的钱财；见了树上写的字，他还以为是店家耍的把戏，好让人在他的店里投宿，多赚几个钱。等到看见官府的榜文，他才相信真的有这么回事儿。这时，他动过转回去的念头，"欲待转身再回酒店里来"。可是，他又一寻思："我回去时，须吃他耻笑，不是好汉。"既然难以转回去，索性横下一条心："怕甚么鸟！且只顾上去，看怎地！"到了这个时候，已是开弓没有回头箭了，是死是活，是英雄还是狗熊，就看敢不敢上冈了。武松毕竟是一条好汉，硬着头皮上了冈，借着酒力打死了那只伤害了许多人的大老虎。在这个故事中，酒的作用是不可小视的。如果不是上冈前喝了那么多的酒，如果不是酒力适时发作，武松能否打死那只老虎还是个未知数。武松自己也承认这一点，他曾亲口对施恩说："若不是酒醉后了胆大，景阳冈上如何打得这只大虫？那时节，我须烂醉了好下手。又有力，又有势！"（《水浒传》第二十九回）

"武松醉打蒋门神"一节，不仅写得很精彩，而且很能见武松的性格。武松为替哥哥报仇，杀了西门庆和潘金莲，被刺配孟州，在安平寨与小管营施恩结为兄弟，得知施恩的快活林酒店被蒋门神霸占，和施恩一起去找蒋门神报仇，并约定过一家酒店要吃三碗酒，吃不了三碗酒不往前走。施恩说："这快活林离东门去，有十四五里田地。算来卖酒的人家，也有十二三家。若要每户吃三碗时，恰好有三十五六碗酒,才到得那里。恐哥哥醉了,如何使得?"武松大笑道:"你怕我醉了没本事?我却是没酒没本事。带一分酒便有一分本事,五分酒五分本事。我若吃了十分酒,这气力不知从何而来。"施恩得知这种情况,急忙令两个仆人去家里取好酒来,在路上的酒店等候。武松这才高兴,说:"怎么却才中我意!去打蒋门神,教我也有些胆量。没酒时,如何使得手段出来?还你今朝打倒那厮,教众人大笑一场!"武松每到一家酒店就要喝上三碗。其中有两篇描写酒店的文字,堪称妙文:

> 门迎驿路,户接乡村。芙蓉金菊傍池塘,翠柳黄槐遮酒肆。壁上描刘伶贪饮,窗前画李白传杯。渊明归去,王弘送酒到东篱;佛印山居,苏轼逃禅来北阁。闻香驻马三家醉,知味停舟十里香。不惜抱琴沽一醉,信知终日卧斜阳。

> 古道村坊,傍溪酒店。杨柳阴森门外,荷华旖旎池中。飘飘酒旆舞金风,短短芦帘遮酷日。磁盆架上,白泠泠满贮村醪;瓦瓮灶前,香喷喷初蒸社酝。村童量酒,想非昔日相如;少妇当垆,不是他年卓氏。休言三斗宿醒,便是二升也醉。

到了"河阳风月"酒店时,醉眼蒙眬的武松见酒望子上写着"醉里乾坤大,壶中日月长",一个小妇人坐在店中,就"径奔入酒店里来","双手按着桌子,不转眼看那妇人",打了两角酒,让小妇人陪他喝。谁知这小妇人正是蒋门神新娶的小妾,她见武松来者不善,正要逃出去,却被武松"揪住云髻,隔柜身子提将出来,望浑酒缸里只一丢,听得'扑通'的一声响,可怜这妇人,正被直丢在大酒缸里"。蒋门神得报,来斗武松,见武松醉了,已有轻敌之意,却被武松先用玉环步再使鸳鸯脚,打得跪在地上求饶,把快活林还给了施恩,并答应连夜回老家去,再也不到孟州来。此外,武松为哥哥复仇、大闹飞云浦、醉打孔亮等章节，也有一些有关饮酒的精彩描写，对表现武松的个性特征具有不可替代的作用。

林冲原是东京八十万禁军教头，武艺高强。高衙内无意中撞上了林冲的娘子，设计让陆谦把林冲叫到樊楼吃酒，然后把林冲的娘子骗到太尉府前巷内一家人家，欲强行非礼，幸得林冲及时赶到，救娘子出来。高衙内行奸不成，遂用陆谦之计，陷害林冲，把林冲刺配沧州。到了沧州，管营令林冲去看草料场。数九寒冬，风雪之夜，林冲宿于山神庙，寒气侵逼，难以入睡，就把葫芦中的冷酒提来慢慢地吃。忽听外面有响声，从墙壁缝中朝外一看，草料场失火了。他正要开门出去救火，却见陆谦等人正在外面小声议论他是否已经被烧死。林冲拽开庙门，大喝一声，冲了出去，亲手杀了陆谦、富安等仇人，然后冒着大雪去报官。路上，遇见一帮人在喝酒，林冲闻到酒香，要买些酒吃，那些人不肯，结果林冲一顿乱打，把那些人全都赶跑，抱着酒瓮一阵猛喝，然后又继续赶路，最后竟醉倒在山涧边。林冲本是戴罪之身，如今又杀了陆谦等人，州府行文捉拿。林冲无奈，只好去投奔梁山。梁山寨主王伦嫉贤妒能，山寨五个头领，仅让林冲坐第四把交椅。后来晁盖等人为躲避官军而上梁山，又是林冲在关键时候，设宴于水寨，借着酒兴，火并王伦，推举晁盖做了山寨之主，揭开了梁山好汉对抗朝廷的大幕。

林冲从八十万禁军教头，到被高俅父子陷害，发配沧州，再到陆谦等人追杀到草料场，他始终是一忍再忍，委曲求全，但当他发现忍让已不足以保全自身时，终于走上了反抗的道路，"逼上梁山"的"逼"字，在他身上表现得最为突出。但是，饶有意味的是，不论是逼上梁山，还是火并王伦，酒都在林冲的反抗性格发展过程中起到了相当重要的作用。据不完全统计，从林冲被陆谦骗到樊楼饮酒，到火并王伦，饮酒场景的描写竟达16次之多。这不仅表明酒在林冲的性格发展中起着十分重要的作用，更重要的是，酒在这里还起到了承前启后、中转过渡的媒介作用。当初，林冲如果不是贪酒,也不会中了陆谦的诡计;风雪山神庙,林冲如果不是去找酒喝,则可能葬身于火海;梁山之上,如果不是借着酒劲,林冲恐怕很难对王伦下得了手。梁山英雄小聚义之前,林冲的人生道路,始终有酒与其相伴相随。

黑旋风李逵一出场,作者就借戴宗之口,指出了他"酒性不好,人多惧他"的性格特征。浔阳江边的琵琶亭上,宋江喝醉了酒,李逵为了做鲜鱼汤给宋江醒酒,和浪里白条张顺在江中恶斗一场,之后二人因此成为好朋友,酒在这里成了英雄相识的桥梁。李逵下山接母亲,宋江嘱咐他千万不要喝酒,他满口答应。不料路经沂岭,李逵到山涧为母亲取水时,老母亲竟被老虎吞噬了。李逵顺着血迹,找到老虎洞,接连杀死四只老虎。当地富户曹太公听说杀了四虎的那人就是李逵,遂设下计谋,置办酒席,热情招待李逵,准备把他灌醉后绑送官府。李逵却把宋江的嘱咐早已扔到了九霄云外,"只顾开怀畅饮,全不记宋江的言语"。不到两个时辰,李逵被灌得酩酊大醉,立脚不住,被捆绑起来。李逵因酒中计。朱贵为救李逵,也把酒请了出来,在酒里下蒙汗药,将押送李逵的士兵都麻倒,救出了李逵。真是败事成事,皆在杯酒。

在《水浒传》中,酒就像一个称心如意的道具,需要的时候,随时随地都可以拿来用,但每一次使用时皆有特色,绝少雷同。譬如卖酒人,小说中出现了三次,三次出现各有妙处。第一次是鲁智深在五台山出家,搅扰了四五个月,久静思动,便大步出了山门,信步来到半山亭,正想找口酒喝,却"只见远远地一个汉子挑着一付担桶,唱上山来,上面盖着桶盖,那汉子手里拿着一个旋子,唱着上来。唱道:'九里山前作战场,牧童拾得旧刀枪。顺风吹动乌江水,好似虞姬别霸王。'"鲁智深要买酒喝,那汉子却是不卖,他抢过酒桶,自顾喝了起来,两桶酒喝得剩下一桶,这才作罢。鲁智深之所以要抢酒喝,一是因为他四五个月不曾沾酒,"口中淡出鸟来",二是卖酒汉子唱的山歌触动了他的离情别绪。几个月前,他与九纹

第七章 酒壮英雄胆

龙史进相遇,情投意合,视为知己,而他却因三拳打死镇关西,来到他并不情愿来的地方避难。一句"好似虞姬别霸王",使他情不自禁地想起了史进,不由得更加惆怅。所谓"酒浇愁肠",如今,酒就在他的面前,他如何不饮?金圣叹以为"第四句隐隐吊动史进,对此茫茫,那得不饮"?(《第五才子书施耐庵水浒传》第三回夹批)

第二个卖酒人出现在通往瓦官寺的路上。鲁智深下了桃花山,来到瓦官寺,见寺院败落,问寺中的和尚,方知这里已被一个和尚、一个道人霸占,和尚姓崔,法号道成,绰号"生铁佛",道人姓丘,排行小乙,绰号"飞天夜叉"。他们以出家为名,实则打家劫舍,鱼肉百姓。正在这时,外面有人唱歌而来,鲁智深一看,见是一个道人"挑着一担儿,一头是个竹篮儿,里面露些鱼尾,并荷叶托着些肉;一头担着一瓶酒,也是荷叶盖着"。那道人一边走,一边唱:"你在东时我在西,你无男子我无妻。我无妻时犹闲可,你无男子好孤恓。"道人明是唱山歌,实是借山歌唱他与崔道成奸淫良家女子之事,既是自我卖弄,又表明了他们是如何勾引良家妇女。如果说第一个卖酒人唱的山歌是为鲁智深而唱,那么,道人唱的山歌则是彻头彻尾的自我表现。

第三个卖酒人是梁山好汉白胜装扮的。他唱的小调既与当时炎热的天气相符合,又借此吊起那些口渴难耐的军士的胃口。赤日炎炎,禾苗焦枯,在这样的夏日,公子王孙手摇蒲扇纳凉,而那些受苦受累的农夫却因天气炎热、禾苗焦枯而经受着煎熬。白胜唱的小调虽是说农夫"心内如汤煮",实际上则是说那些在林中歇凉的士兵。所以,士兵一见有酒喝,都吵闹着要买酒喝,而杨志偏偏说酒里有蒙汗药,不让他们买,士兵只好强忍下来。等到那些卖枣子的人喝光了一桶,士兵们再也忍受不住,"心内痒起来,都待要吃,数中一个看着老都管道:'老爷爷与我们说一声,那卖枣子的客人买他一桶吃了,我们胡乱也买他这桶吃,润一润喉也好。其实热渴了,没奈何。这里冈子上又没讨水吃处,老爷方便。'"老都管过来向杨志求情。杨志也被说动了,又见剩下的那一桶,卖枣子的人也当面吃了半瓢,遂不再疑心,答应士兵买酒喝。杨志和士兵最终中计虽然与这支小调没有必然的联系,但这支小调表现的情景却与士兵当时的处境很切合。正如金圣叹所说:"上二句盛写大热之苦,下二句盛写人之不相体悉,犹言农夫当午在田,背焦汗滴,彼公子王孙深居水殿,犹令侍人展扇摇风。盖深喻众军身负重担,反受杨志空身走者打骂也。"(《第五才子书施耐庵水浒传》第十五回夹批)三处写卖酒人的文字,既是写人,又是写酒,各具特色,各具风采,显示出作者对酒文化的深刻理解。

《金瓶梅》与酒文化

《金瓶梅》是我国第一部文人创作的、以家庭生活为主要内容的长篇小说。它择取西门庆的三个妻妾(潘金莲、李瓶儿、春梅)名字中的一字为书名,详细描述了西门家族的兴衰际遇,形象而深刻地表现了明代以追逐享乐安逸为主要特色的市民生活,反映出一个时代的思想观念和行为方式的重大变化。在这样一部小说中,酒扮演了很重要的角色。酒不仅时常出现在小说的重要情节中,而且在小说的情节结构中还起到了链条和纽带作用。

即以小说的开篇而论。第一回"西门庆热结十兄弟",写十月初三那天,西门庆摆酒设宴,和应伯爵、谢希大、花子虚、祝实念、孙天化、吴典恩、云理守、常峙节、卜志道、白赉光等十人结为兄弟,这一帮帮闲篾片在西门庆家大吃大喝,酒过三巡,猜枚行令,耍笑哄堂,真个是"才见扶桑日出,又看曦驭衔山。醉后倩人扶去,树梢新月才弯"。通过这一场酒席,把全书中和西门庆相关的一些重要人物先交代出来。紧接着就是王婆定下"挨光计",把西门庆和潘金莲这一对男女撮合在一起,成就他们的好事。在王婆的"挨光计"中,酒充当了重要角色。王婆谎称请潘金莲做衣服,先把她请到家中,然后西门庆自动上门,王婆让西门庆出钱,她去买来酒菜,三人对饮起来,一连饮了三巡,王婆借口酒没了,以买酒为由离开,留下西门庆和潘金莲二人。二人得此机会,以酒为媒,成就了好事。这时,王婆忽然闯入,撞破他们的好事,声言要去告诉武大郎,逼潘金莲随时听候西门庆的召唤,并要二人各自留下信物为证。故事从此展开,于是有了潘金莲毒杀武大郎、西门庆偷娶潘金莲,有了潘金莲与吴月娘、孙雪娥、春梅等人的争风吃醋,有了潘金莲与陈经济的珠胎暗结,进而引出了西门庆的种种秽迹丑行。

在《金瓶梅》中,但凡西门庆偎红倚翠、再续新欢,总是少不了酒。他梳笼李桂姐时,经常到她那里饮酒。他第一次到李桂姐家,桂卿和桂姐姊妹两个就"金樽满泛,玉阮同调,歌唱递酒",席间觥筹交错,推杯换盏,煞是热闹。西门庆一见桂姐,就想梳笼她,让她唱一支南曲。李桂姐的姐姐李桂卿明白西门官人的意思,说:"我家桂姐从小儿养得娇,自来生得腼腆,不肯对人胡乱便唱。"于是,西门庆就取出五两银子,并说改日再送几套织金衣服。桂姐这才忙起身谢了,唱了一曲《驻云飞》:"举止从容,压尽拘栏占上风。行动香风送,频使人钦重。嗟!玉杵污泥中,岂凡庸?一曲清商,满座皆惊动。何似襄王一梦中,何似襄王一梦中。"这段曲子,是表白,是自夸,也是桂姐此时心情的真实写照。一句"何似襄王一梦中",唱得西门庆心花怒放,"喜欢的没入脚处"。正月十五那天,西门庆又被祝实念等人拖到李桂姐家,安排酒上来吃,"肴烹异品,果献时新,倚翠偎红,花浓酒艳",李桂姐满泛金杯,双垂红袖,殷勤地劝人饮酒。酒过两巡,桂卿和桂姐一个弹筝,一个弹琵琶,一同唱了一套《霁景融和》。在西门庆的生活中,除了酒色,还是酒色,美酒和美色相生相伴,都是特意为他安排的,所以,他拼命享受,不可一日缺之。

作者借酒写西门庆的日常生活,也借酒揭露西门庆花天酒地,荒淫无耻。李瓶儿原是西门庆的朋友花子虚之妻,花子虚死后,西门庆乘虚而入,和李瓶儿勾勾搭搭。正月十五这天,他又逛到李瓶儿那里,"重醖美酒,再整佳肴",与李瓶儿对饮起来。李瓶儿原就对西门庆有意,见西门庆也有意,遂借酒向西门庆表明心迹:"拙夫已故,举眼无亲。今日此杯酒,只靠官人与奴作个主儿。休要嫌奴丑陋,奴情愿与官人铺床叠被,与众位娘子作个姊妹,奴死也甘心。不知官人心下如何?"西门庆虽假意推脱,实则正中下怀。于是,"李瓶儿同西门庆猜枚吃了一回,又拿一副三十二扇象牙牌儿,桌上铺茜红苫条,两个灯下抹牌饮酒……又在床上紫锦帐中,妇人露着粉般身子,西门庆香肩相并,玉体厮挨。两个看牌,拿大钟饮酒。"二人饮酒求欢,恣意而为,种种丑行不一而足。这里,乍一看作者是在写二人饮酒,实则借写饮酒巧妙地揭露了西门庆奢侈无度、荒淫无耻的生活,表现了暴发户西门庆卑下龌龊的精神世界。

《金瓶梅》中的酒令也很有特色。第二十一回吴月娘与潘金莲、李瓶儿、孙雪娥、孟玉楼等陪西门庆饮酒,又是掷骰子,又是猜枚,又是划拳。轮到吴月娘时,她提议行曲牌贯骨牌令,要求曲牌与骨牌合为《西厢记》一句唱词:"既要我行令,照依牌谱上饮酒。一个牌儿名,两个骨牌名,合《西厢》一句。"吴月娘先说:"六娘子,醉杨妃,落了八珠环,游丝儿抓住荼蘼架。"掷的点数无六点、八点,不饮。接着是西门庆掷,西门庆说:"虞美人,见楚汉争锋,伤了正马军,只听'耳边金鼓连天震'。"一掷,果然是正马军,于是西门庆吃了一杯。下面该李娇儿掷,李娇儿说:"水仙子,因二士入桃源,惊散了花开蝶满枝。只做了落红满地胭脂冷。"不遇,下家掷。轮到潘金莲,她说:"鲍老儿,临老入花丛,坏了三纲五常。问他个非奸做贼拿。"一掷,果然是三纲五常,潘金莲于是也吃了一杯。下面到李瓶儿,她说:"端正好,搭梯望月,等到春分昼夜停。那时节,隔墙儿险化做望夫山。"不遇。接着是孙雪娥掷,说:"麻郎儿,见群鸦打凤,绊住了折足雁。好教我两下里做人难。"不遇。最后该孟玉楼掷,她说:"念奴娇,醉扶定四红沉,拖着锦裙襕。得多少春风夜月销金帐。"一掷，正好是四红沉。吴月娘叫小玉给孟玉楼斟上三大杯，对孟玉楼说："你吃三大杯才好。今晚你该伴新郎宿歇。"西门庆的众多妻妾虽然没有一个出身名门，但多少都认得一些字，也算是识文断字的人，所以，吴月娘出的酒令尽管一般人很难对上来，但由于她们这些人平日里主要的消遣就是打牌看戏，对骨牌和《西厢记》都有所了解，因而都能随便诌上几句。从她们说的酒令来看，大都比较切合各自的身份。吴月娘所说的"六娘子"虽是曲牌名，但实际上暗合西门庆的六个妻妾；西门庆说的"虞美人，见楚汉争锋"，既是曲牌，也是他的六个妻妾明争暗斗、争风吃醋的写照；潘金莲是一个敢爱敢恨的人，说话很少顾忌，行酒令也是指桑骂槐，"坏了三纲五常"，"问他个非奸做贼拿"，实际上都是在说西门庆；李瓶儿说的酒令，更是她的心里话。她和西门庆原就是一墙之隔，花子虚死后，二人陈仓暗度，如胶似漆，已到了谈婚论嫁的地步，不料想却出来个蒋竹山横刀夺爱，使二人的好事险些化为泡影。后来多亏西门庆略施手段，才把她又从蒋竹山手里夺过来，真个是"隔墙儿险化做望夫山"。

《红楼梦》与酒文化

鲁迅先生曾经指出："自有《红楼梦》以来，传统的思想和写法都打破了。"这是一个非常精辟的见解。打破传统写法的一个重要标志，就是小说不再单纯依靠曲折离奇的故事和惊险紧张的情节取胜（这是古典小说的惯用手法），而是把描写的重心转向人们的日常生活，并在看似平淡无奇的日常生活中推动情节发展，展示人们的思想情怀，表现人物性格，揭示生活中的矛盾，表达作者的情感取向。而饮酒正是人们日常生活的重要组成部分，要表现显赫一时的封建大家族是如何由盛而衰，表现他们的生活变化，更不可能少了酒的身影。

在《红楼梦》中，仅荣、宁二府就不知道举行过多少次宴会，以荣、宁二府为代表的贾、王、史、薛四大家族的兴衰，从他们的宴会中，就可以看出端倪。没有必要详尽地列举每一次宴会，我们只要将第四十回"史太君两宴大观园"和第一百零八回"强欢笑蘅芜庆生辰"比较一下，就可以看出有关酒文化的描写在表现贾府兴衰中的重要作用。

史太君在大观园设宴，和"元宵开夜宴"比起来算不上铺张，只是按每人平日爱吃的菜肴随便做上几样，摆在各人面前，然后再加一个十锦攒心盒，一个自斟壶。刘姥姥初进大观园，没见过世面，把鸽子蛋当成了鸡蛋，说："这里的鸡儿也俊，下的这蛋也小巧，怪俊的。我且得一个儿！"凤姐说："一两银子一个呢！你快尝尝罢，冷了就不好吃了。"刘姥姥便伸筷子要夹，偏偏凤姐给她用的是四棱象牙镶金的筷子，半天夹不起一个，好不容易夹起来，伸着脖子正要吃，却滚到了地上，被人捡出去了。刘姥姥十分惋惜，感叹道："一两银子也没听见个响声儿就没了！"后来又给她换成一双乌木镶银筷子。刘姥姥道："去了金的，又是银的，到底不及俺们那个伏手。"凤姐道："菜里要有毒，这银子下去了就试的出来。"刘姥姥道："这个菜里有毒，我们那些都成了砒霜了！那怕毒死了，也要吃尽了！"这一次宴会虽然没做过多的正面描写，但从刘姥姥的口中，读者已经感受到豪门大族的日常生活是如何的奢侈了。接下来一次宴会，不看菜肴，只看摆设，就知是何等气派了：

> 上面左右两张榻，榻上都铺着锦裀蓉簟，每一榻前两张雕漆几，也有海棠式的，也有梅花式的，也有荷叶式的，也有葵花式的，也有方的，有圆的：其式不一。一个上头放着一分炉瓶，一个攒盒。上面二榻四几，是贾母、薛姨妈。下面一椅两几，是王夫人的。余者都是一椅一几。东边刘姥姥，刘姥姥之下便是王夫人。西边便是湘云，第二便是宝钗，第三便是黛玉，

第四迎春,探春、惜春挨次排下去,宝玉在末。李纨、凤姐二人之几设于三层槛内,二层纱橱之外。攒盒式样亦随几之式样。每人一把乌银洋錾自斟壶,一个十锦珐琅杯。

这只是一帮女眷,宴会尚且如此铺张,其家族之鼎盛,家门之豪富,已经可想而知了。可是,到了第一百零八回"强欢笑蘅芜庆生辰"时,景象已完全不同。此时的贾府经历了"抄检大观园"等重大变故,已是"忽喇喇似大厦倾",没了昔日的辉煌,不见了当初兴旺景象。这时的宴会,虽然仍可聚起一帮人儿,但已是强作欢笑,勉强维持局面而已。喝酒的时候,有"凤辣子"之称的王熙凤"虽勉强说了几句有兴的话,终不似先前爽利、招人发笑";贾母原是因为闷得慌才为薛宝钗举办这个生日宴会,见参加宴会的人都不似往常欢快的样子,贾母着急道:"你们到底是怎么着?大家高兴些才好!"湘云道:"我们又吃又喝,还要怎么着呢?"凤姐道:"他们小的时候都高兴,如今碍着脸不敢混说,所以老太太瞧着冷净了。"宝玉轻轻地告诉贾母道:"话是没什么说的,再说就说到不好的上头去了。"

这其实正是《红楼梦》深刻的思想意义之所在。它通过对四大家族特别是贾府衰败过程的描写,揭露了封建统治阶级的腐朽性,揭示出历史发展的必然趋势。曹雪芹在表现这一历史趋势时,很多时候是通过对饮酒场面的描写来体现的。元春入宫为妃,元宵节回府省亲时在大观园大摆宴席,一掷千金,豪奢非常,就连元春也看不过去,以为太过分了。荣国府元宵开夜宴,不仅设宴十来席,器珍物华,肴佳酒美,而且还专门请来了戏班子演戏助兴。贾母一高兴,便赏了演员几簸箕的铜钱。贾珍、贾琏为讨贾母欢心,也把大簸箕的铜钱往戏台上撒,"只听得满台钱响,贾母大悦"。豪奢之家挥金如土,于此可见一斑。贾宝玉生日时,夜里举行宴会,用了四十个碟子,"皆是一色白粉定窑的,不过只有小茶碟大,里面不过是山南海北,中原外国,或干或鲜,或水或陆,天下所有的酒馔果菜"。一个平平常常的宴席，囊括了"天下所有的酒馔果菜"，还说"不过是"，其他上一些规格的宴会又该如何奢侈呢？贾府老爷、太太、公子、小姐众多，用探春的话说，"一年十二个月，月月有几个生日。人多了，便这等巧，也有三个一日、两个一日的"。有生日就有宴会，再加上年节宴会、祭祖宴会和迎宾送客的宴会，以及种种雅宴闲宴，贾府一年要摆多少个宴席，就数不胜数了。说日日有宴会或许有些夸张，但说三日一小宴、五日一大宴，肯定是合乎实际的。经常不断的大大小小的宴会，不仅显示出贾府的赫赫盛势、财大气粗，而且可见王公大族的奢侈腐败和挥霍无度。

但也正如冷子兴演说荣国府所言，荣、宁二府"如今生齿日繁，事物日盛，主仆上下安富尊荣者尽多，运筹谋划者无一。其日用排场费用，又不能将就省俭，如今外面的架子虽未甚倒，内囊却也尽上来了"。盛极而衰，乐极生悲。盛筵早晚是要散的。贾府在衰败时，方方面面都传出"盛筵必散"的"异兆悲音"。第七十五回"开夜宴异兆发悲音"一节，已经流露出贾府盛极而衰的先兆。八月十四夜，贾珍带领妻妾饮酒赏月，三更时分，贾珍酒已饮至八分，"大家正添衣喝茶、换盏更酌之际，忽听那边墙下有人长叹之声"，问之却无人答应。贾珍"一语未了，只听得一阵风声，竟过墙去了。恍惚闻得祠堂内槅扇开阖之声，只觉得风气森森，比先更觉凄惨起来。看那月色时，也淡淡的不似先前明朗，众人都觉发毛倒竖"。八月十五中秋夜，贾母等人在大观园设宴赏月，先是感慨人少，不复有当年的热闹，后又闻笛声悠悠扬扬，呜呜咽咽，众人肃然危坐，默默相赏。再饮一会儿酒后，"只听桂花阴里又发出一缕笛音来，果然比先越发凄凉。大家都寂然而坐"。夜静月明，且笛声悲怨。贾母年老带酒之人，听此声音，不免有触于心，禁不住堕下泪来。众人彼此都不禁有凄凉寂寞之意，半日，方知贾母伤感，才忙转身陪笑，发语解释。然而终究无济于事，宴会不欢而散。林黛玉、史湘云逃宴赏月，联句遣兴，所吟诗句"酒尽情犹在，更残乐已谖。渐闻语笑寂,空剩雪霜痕"及"壶漏声将涸,窗灯焰已昏。寒塘渡鹤影,冷月葬诗魂",不仅悲凉凄切,而且无意中成了诗谶。至第一百零八回,贾母用私房钱为薛宝钗设生日宴,贾府已是强弩之末,漏尽更残,凄凄惨惨,悲悲切切。

事实上,早在第五回"贾宝玉神游太虚境"一节,作者的意图就已经流露出来。贾宝玉游太虚幻境时,警幻仙子引宝玉入"饮馔"之幻,小丫鬟先捧上清香异味、纯美非常的好茶,警幻道:"此茶出在放春山遣香洞,又以仙花灵叶上所带之宿露而烹,此茶名曰'千红一窟'。"不大一会儿,又有一个小丫鬟摆上清香甘冽、异乎寻常的美酒,警幻道:"此酒乃以百花之蕊,万木之汁,加以麟髓之醅、凤乳之曲酿成,因名为'万艳同杯'。"这名唤"千红一窟"的好茶和"万艳同杯"的美酒,听在耳中,不就分明是"千红一哭"和"万艳同悲"的哀音吗?

《红楼梦》中的人物形象,个个鲜活可爱,性格分明,让人过目不忘。之所以能够如此,与作者善于借描写饮酒场景来刻画人物形象、表现人物个性有很大关系。应该说这是曹雪芹对酒文化的独特贡献。

第七回"焦大骂醉"是《红楼梦》中的著名情节。焦大是贾府的老奴,"因他从小儿跟着太爷出过三四回兵,从死人堆里把太爷背出来了,才得了命;自己挨着饿,却偷了东西给主子吃;两日没水,得了半碗水,给主子喝,自己喝马溺",仗着这些功劳,贾府的人都对他另眼相看。焦大没有别的嗜好,只是一味地好酒,喝醉了无人不骂。那一天,大总管赖二派他夜里送秦钟回家,他又趁着酒兴大骂起来。先骂赖二不公道,欺软怕硬,是个没良心的王八羔子。贾蓉出来送凤姐,见焦大当街叫骂,忍不住骂了焦大几句,焦大却赶着贾蓉骂:"蓉哥儿,你别在焦大跟前使主子性儿!别说你这样儿的,就是你爹、你爷爷,也不敢和焦大挺腰子呢!不是焦大一个人,你们做官儿,享荣华,受富贵!你祖宗九死一生挣下这个家业,到如今不报我的恩,反和我充起主子来了。不和我说别的还可,再说别的,咱们白刀子进去,红刀子出来!"凤姐见状,在车上说了贾蓉几句,贾蓉就叫人把焦大拖进去。焦大一恼,索性连贾珍都说了进去,乱嚷乱叫起来,骂得更是难听:"要往祠堂里哭太爷去,那里承望到如今生下这些畜生来!每日偷狗戏鸡,爬灰的爬灰,养小叔子的养小叔子,我什么不知道?咱们'胳膊折了往袖子里藏'!"最后被塞了一嘴土和马粪。在茫茫的黑风暗雾中,万马齐喑,江河日下,猛听得一声喊叫,撕开那些荒淫伪善的面皮,着实给人石破天惊、痛快淋漓之感。这场醉骂的妙处全在一个"醉"字,无醉便无这些"没天日的话",只有大醉之人才能无所顾忌,放言叫骂。焦大虽然醉态可掬,醉相满纸,但他酒醉心不迷,心里清楚得很,骂出来的话句句是真,句句是实。正是因此,才惹得大小主子又急又恼,气急败坏。尤其是后面那几句揭露贾府荒淫无耻、男盗女娼的话,和后来柳湘莲骂宁国府"除了那两个石头狮子干净,只怕连猫儿狗儿都不干净"的两句话,有异曲同工之妙。

刘姥姥二进荣国府饮酒场景的描写,也是很有名的段落,对表现刘姥姥深谙世情而又故作憨态、敏于应对的个性,有着非常重要的作用。刘姥姥二进荣国府,正是贾家最为鼎盛的时期。贾母带领众女眷在大观园中荡舟、宴饮、品茗,热闹非凡,见了乡下来的刘姥姥,十分热情,而凤姐等人则要拿她寻开心,以博老太君一笑。刘姥姥十分清楚自己"哄着老太太开个心儿"的角色,所以憨态十足地让凤姐把一盘子菊花横三竖四地插满头,憨态十足地接受了凤姐和鸳鸯交代给她的事儿,在开饭前忽然站起来,高声说道:"老刘,老刘,食量大似牛,吃一个老母猪,不抬头!"惹得众人大笑,而她还鼓着腮帮子不说话。这还不够,喝酒时人们拿大杯子灌她,希望醉后出她的洋相。她真的喝醉了,蹲了半天厕所,出来时头昏眼花,不辨路径,糊里糊涂地来到了怡红院,一进院门就见一个女孩儿笑容满面地迎了出来,忙去拉她的手时,却"咕咚"一声撞到板壁上,原来那是一幅画,不由得赞叹一番。刚从屏风后走出来,找到一个门出去,"只见她亲家母也从外面迎了进来",她醉眼蒙眬地嘲笑亲家母不该没死活地戴那一头花,却忘了那是凤姐给她插上的,后来才想到是富贵人家的穿衣镜,只是自觉云里雾里还不敢太肯定:"别是我在镜子里头吗?"最后乱摸之中撞开消息,露出门来,却是一个精致的床帐,知道这不是随便什么人都能睡的,就"只说歇歇",但酒力终于完全战胜了她那已经无法控制的意志,"不承望身不由己,前仰后合的,蒙眬着两眼,一歪身就睡倒在床上"。等袭人进屋来找她时,老远就闻着鼾齁如雷,"满屋一瞧,只见刘老老扎手舞脚地仰卧在床上"。袭人刚把她推醒,她就急忙说:"姑娘,我失错了!并没有弄脏了床帐。"一面说,一面赶紧用手去撑床帐。刘姥姥的憨态、世故以及她那狡黠、圆滑的性格,在醉态之中表现得活灵活现,栩栩如生。

　　史湘云和探春是大观园女儿国中熠熠生辉的两个女性。探春的光彩之处,在于她那与生俱来的叛逆性格,在于她那不服输的精神。史湘云的可爱之处,在于她那天真热情爽直本色的个性品格。在彤云密布、病柳愁花的环绕之下,忽见一片鲜艳的朝霞辉映天际,人们怎能不心胸为之开朗,怎能不欣喜异常呢?《红楼梦》第六十二回"憨湘云醉眠芍药裀",突出地表现出史湘云这样一种性格特征。宝玉生日那天,恰巧也是宝琴、平儿、岫烟的生日,虽然贾母、王夫人不在家,但大家还是高高兴兴地凑了份子,在芍药栏中的红香圃三间小敞厅里摆下宴席,好好地庆贺了一番。正因为贾母和王夫人不在家,这帮大小姐们才无拘无束,一改平日的温文尔雅之态,推杯换盏,挥拳拇战,呼三喊四,吆五喝六,任意取乐,只见满厅中红飞翠舞,玉动珠摇,热闹非凡。湘云表现得最为活跃,袭人拈阄拈了个"拇战",她高兴地说:"这个简断爽利,合了我的脾气。我不行这个射覆,没的垂头丧气的闷人,我只划拳去了。"喝酒也喝得最痛快,不知不觉中已经喝醉了,由此引出了"醉眠芍药裀"一段妙文。曹雪芹用生花妙笔给人们描绘出一幅有声有色、有动有静、如诗如画的少女睡春图："湘云卧于山石僻处一个石凳子上，业经香梦沉酣，四面芍药花飞了一身，满头脸衣襟上皆是红香散乱。手中的扇子在地下，也半被落花埋了，一群蜜蜂蝴蝶闹嚷嚷地围着。又用鲛帕包了一包芍药花瓣枕着。"这幅迷人的少女醉春图，表现出的是美的个性，美的情态，美的意境，是史湘云鲜明个性的艺术化再现。醉眠芍药裀的只能是爽朗热情、自然洒脱的史湘云，而不可能是葬花埋香的林黛玉或举止娴雅的薛宝钗。她的醉不是玉山颓倒，也不是梦入南柯，而是醉意蒙眬，醉态可掬，所以她才为纳凉避静，来到花丛，又怀着美好的诗情，用手帕包着芍药花瓣做了一个枕头，在青石板上躺下，不知不觉中酣然入梦，即使是在梦中"犹作睡语说酒令"，嘟嘟嚷嚷地说："泉香酒洌……醉扶归，——宜会亲友。"这样的酒令，也像她的心境和性格一样爽朗旷达，清澈见底。

尤三姐是《红楼梦》中最后出现的一颗流星，是一个从贫穷、孤弱、被侮辱被损害的境地中奋起，不惜以死来反抗豪门侮辱的奇女子、刚女子、辣女子，是一朵怒放于野滨寒塘的"出污泥而不染"、"可远视而不可亵玩"的荷花。如果说《红楼梦》中大多数悲剧女性让人哀悼悲怜的话，那么，尤三姐带给人们的却是敬重与震惊。第六十五回写贾珍、贾琏兄弟来尤老娘处，和尤二姐、尤三姐厮混，贾琏想撮合贾珍与尤三姐的好事儿，笑嘻嘻地要尤三姐和贾珍喝个双钟儿，向他们道喜。这尤三姐原就是一个烈性女子，"天生脾气，和人异样诡僻。只因她的模样儿风流标致，她又偏偏爱打扮的出色，另式另样，做出许多万人不及的风情体态来"，许多寻花问柳的男人都想占她的便宜，"及至到她跟前，她那一种轻狂豪爽、目中无人的光景，早又把人的一团高兴逼住，不敢动手动脚"。所以，当贾琏要她喝酒时，她劈头盖脸就是一顿痛骂："你不用和我'花马掉嘴'的！咱们'清水下杂面——你吃我看'，'提着影戏人子上场儿——好歹别戳破这层纸儿'。你别糊涂油蒙了心，打量我们不知道你府上的事呢？这会子花了几个臭钱，你们哥儿俩，拿着我们姊妹两个权当粉头来取乐儿，你们就打错了算盘了！"她骂得痛快，喝得也痛快，自己拿过酒壶来斟满一杯，先喝了半盏，揪过贾琏就来灌，吓得贾琏酒都醒了。她知道贾珍、贾琏兄弟的软肋在哪里，他们灵魂空虚，卑鄙龌龊，仗着有几个钱，就到处寻花问柳，却又怕人知道，尽干一些见不得人的勾当。一旦撕破了面皮，害怕的是他们，而不是她尤三姐。所以，和他们打交道，她不仅毫不怯懦，而且对他们充满蔑视，极尽嬉笑怒骂之能事，轻而易举地就将他们玩于掌股之上。小说这样写道："只见这三姐索性卸了妆饰，脱了大衣服，松松地绾个鬏儿。身上穿着大红小袄，半掩半开的，故意露出葱绿抹胸，一痕雪脯。底下绿裤红鞋，鲜艳夺目。忽起忽坐，忽喜忽嗔，没半刻斯文，两个坠子就和打秋千一般。灯光之下越显得柳眉笼翠，檀口含丹。本是一双秋水眼，再吃了几杯酒，越发横波入鬓，转盼流光。真把那珍、琏二人弄得欲近不敢，欲远不舍，迷离恍惚，落魄垂涎。"拿他兄弟二人嘲笑取乐够了，出了一口恶气，尤三姐"酒足兴尽，更不容他兄弟多坐，竟撵出去，自己关门睡去了"。

"尤三姐骂席"这段描写痛快淋漓，挥洒自如，不仅让读者看了过瘾，而且让人掩卷深思，感到几分沉重，几分苦涩。尤三姐对贾氏兄弟的痛骂、嘲笑、奚落，固然显示出她那孤傲诡僻的性格，但她的放浪形骸、忸怩作态，实际上则是用一种变态或扭曲的方式表达胸中的愤懑，向玩弄她的人进行反抗和报复，是处于孤独无助的弱小者以特殊方式对强敌的一种示威。就像她表白的那样："咱们金玉一般的人，白叫这两个现世宝玷污了去，也算无能！而且，他家现放着个极利害的女人，如今瞒着，自然是好的，倘或一日他知道了，岂肯干休？势必有一场大闹，你二人不知谁生谁死，这如何便当做安身乐业的去处？"在"骂席"的整个过程中，酒不仅仅是一种道具，更是尤三姐对敌斗争的利器，壮了她的胆气，夺了贾氏兄弟的魂魄。

《红楼梦》还写到了各种各样的酒,按生产工艺分类,主要有发酵酒、蒸馏酒和配制酒三种。发酵酒主要有黄酒(第三十八回)、绍酒(第六十三回)、黄汤酒(第四十四、四十五、七十一、七十九回)、惠泉酒(第十六、六十二回)和西洋葡萄酒(第六十回)等;蒸馏酒主要是烧酒(第三十八回);配制酒有合欢花酒(第三十八回)、屠苏酒(第五十三回)等。《红楼梦》里还有很多酒令,有划拳,有拇战,有射覆,有骰子令,有骨牌令,有筹子令,有谜语令,有诗句贯曲牌令,等等。如第一百零八回薛宝钗过生日时,鸳鸯行的酒令就是骰子令,其方法是"用四枚骰子掷去,掷不出名儿来的,罚一杯,掷出名儿来,每人喝酒的杯数,根据掷得的名儿来定"。鸳鸯喝了一杯令酒,随便掷了一个数,数到薛姨妈,就从薛姨妈开始掷,掷得四个"幺"。鸳鸯说:"这是有名儿的,叫作'商山四皓',有年纪的喝一杯。"薛姨妈饮了自己的门杯,说了一句"临老入花丛",坐在她下首的贾母接了一句"偷闲学少年"。大家轮流掷去,论到李纨掷时,掷了个"十二金钗",因李纨的下家宝玉离席,李纨说席间的人不齐,结果被罚了一杯。没有下家,就交由鸳鸯再掷,掷的是两个"二"和两个"五",名字叫"浪扫浮萍"。贾母见鸳鸯说不出曲牌来,就替她说了一个"秋鱼入菱窠"。坐在贾母下首的史湘云便接了一句"百萍吟尽楚江秋"。此时贾府已经衰败,即使是在宝二奶奶的生日宴会上,人们说的曲牌,吟的诗句,皆已没了贾府鼎盛时的大气与辉煌。贾府的衰败,在酒令上也表现了出来。

酒文化的批判意义

在中国古典小说中,酒常常被拿来作为一种道具,通过对饮酒、嗜酒等的描写,批判现实,讽刺世俗,针砭时弊。清代著名短篇小说家蒲松龄,堪称这方面的高手。在他的《聊斋志异》中,不仅有许多饮酒场景的描写,而且有些篇章或以酒为中心内容,或以酒为主要线索,借对饮酒场面的描写,来实现其批判现实、针砭世俗与时弊的目的。他常常以酒名篇,如《酒友》、《酒狂》、《酒虫》,以及篇名虽没有酒字而实际上是写酒的《秦生》等,巧妙地把酒文化和鬼怪精魅联系起来,借鬼狐说人事,借杯酒言人生,不仅具有强烈的批判现实的意义,而且具有较高的审美价值。

《酒友》讲述的是车生家贫而好酒,每天晚上不饮上三杯就无法入睡,所以床头酒樽常不空。有一天晚上,一狐醉卧其侧,车生不仅没有捕杀,还把它当做酒友,人狐因此而成至交,常常促膝欢饮,相处得甚为融洽。后来得仙狐指路,车生由贫而富。蒲松龄借这个故事,阐释了善有善报的人生道理。

《酒狂》更是荒诞不经,说的是江西拔贡生缪永定素爱酗酒,亲戚好友都躲避他。一天,他在族叔家中与客人酣饮,醉后骂座,闹得众人不欢而散。家人把他搀扶回去,人刚躺到床上就四肢僵硬,奄奄气绝。缪生的魂灵来到阴曹地府,得到开酒店的舅父的帮助,用十万钱打点鬼官,许他还阳,但有一个条件,就是必须在旬尽之前兑现焚金币纸钱百提的许诺。缪生还阳后,觉得要花费很多钱才能兑现承诺,又一想醉后之事不过是幻境,不足为信,即使真有其事,那偷偷放他回阳世的鬼官也不敢让冥王知道。便自作聪明,没有践诺,一年后终又魂归地曹,命尽阴府。故事虽然荒诞,但它的现实批判意义十分明显,是对现实社会到处存在的贪污腐化、敲诈勒索、言而无信等现象的辛辣讽刺和无情鞭挞。

《秦生》写莱州秦生饮毒酒身亡,幸遇狐仙相救,才得生还,赞扬了狐仙的善举。《酒虫》写长山刘氏体肥嗜酒,每次饮酒,一个人就能喝上一瓮。一僧说他患有一种奇怪的病,体内有酒虫。刘氏很害怕,就请僧人帮他医治。僧人就让他绑住手足,在太阳下暴晒,离头半尺远的地方,放上一坛美酒。晒了一个多时辰,刘氏口渴,思饮为极,酒香入鼻,馋火上炽,可是刘氏只能闻到酒香却喝不到酒。忽然,刘氏觉得喉咙中奇痒无比,将虫吐出。刘氏要酬谢那个僧人,僧人不要酬金,只要那条酒虫,说这条虫是酒之精,"瓮中贮水,入虫搅之,即成佳酿",试之果然。刘氏从此视酒如仇,身体逐渐消瘦,家中日贫,最后连饮食也不能自给。故事构思奇特,幽默风趣,读之令人捧腹。

现当代小说家对酒也是情有独钟,不少小说家在表现多姿多彩的当代生活,展示当代人的精神风貌时,也很注重饮酒场景的描写。不论是表现城市生活,还是表现农村生活,不论是写现代城市猎人,还是写农村的拓荒者,也不论是重大社会题材,还是凡人小事,都有一些小说借着酒展开故事,表现人物性格的复杂性和多样性,并通过酒来表现世态万象、人情冷暖、社会变迁、风土民情。如蒋子龙的《酒仙》、乔典运的《乡醉》、魏世祥的《太阳还在升起》、陈炳熙的《酒》,等等,都有酒或酒文化的精彩描写。

第八章 借酒巧构思

——戏剧艺术中的酒文化

　　戏剧是中国民族艺术的奇葩。它萌芽于两汉,发展于唐代,至宋代始具雏形,至南宋才趋于成熟,出现了以《白兔记》、《荆钗记》、《拜月亭》和《杀狗记》为代表的"四大南戏"。进入元代以后,随着元曲的兴盛与繁荣,元杂剧艺术开创了中国戏剧的第一个繁荣时代。诚如近代著名学者王国维先生所说,"凡一代有一代之文学,楚之辞,汉之赋,六代之骈语,唐之诗,宋之词,元之曲,皆所谓一代之文学,而后世莫能继焉者也。独元人之曲,为时既近,托体稍卑,故两朝史志与《四库》集部,均不著于录。后世儒硕,皆鄙弃不复道……遂使一代文献,郁湮沈晦者且数百年。愚甚惑焉。往者读元人杂剧而善之,以为能道人情,状物态,词采俊拔,而出乎自然,盖古所未有,而后人所不能仿佛也"(《宋元戏曲考序》)。明清传奇在体制和结构上更趋完善,情节愈加新奇,词采越发精美华艳。

　　中国的戏剧从一开始就表现出生活化、世俗化倾向。既是生活化、世俗化,就少不了世俗日常生活的必备品——酒。酒在戏剧艺术中,如同在小说中一样,不仅是必不可少的,而且常常发挥着重要作用。在刻画人物性格、塑造人物形象、表现社会生活等方面,戏剧艺术中的酒文化与小说中的酒文化有异曲同工之妙,这里,仅就酒文化在戏剧情节发展和艺术结构中的作用,做一分析探讨。

以酒为关目

戏剧的情节发展和艺术结构,最重关目的作用。清代戏剧理论家李渔在论及戏剧结构时有"立主脑"之说:"一本戏中,有无数人名,究竟俱属陪宾。原其初心,止为一人而设。即此一人之身,自始至终,离合悲欢,中具无限情由,无限关目,究竟俱属衍文。原其初心,又止为一事而设。此一人一事,即传奇之主脑也。然必此一人一事,果然奇特,实在可传,而后传之,则不愧传奇之目,而其人其事,与作者姓名,皆千古矣。"(《闲情偶记》)关目虽属衍文,但若无许多关目之连缀,就无以显"主脑"之重要。而一些关目则是因酒而设,反映出酒在戏剧情节结构中不同寻常的作用。如《西厢记》之"赖婚",《望江亭》之"智赚金牌",《桃花扇》之"骂筵",都是较为典型的例子。

孙飞虎得知有倾国倾城之貌的崔莺莺和其母亲住在普救寺,发兵前去,欲抢回来做压寨夫人。危急关头,崔夫人为保全莺莺清白,亲口许下:"但有退兵之策的,倒陪房奁,断送莺莺与他为妻。"张生书剑飘零,暂宿寺中,和莺莺一见生情,曾经隔墙酬和,迎风待月。如今得到老夫人的许诺,遂修书给统领大军驻守蒲关的故人杜确,请他出兵平定叛乱,解了普救寺之围。事后,崔夫人在东阁设宴答谢张生。红娘以为酒席上老夫人要将小姐许配张生,张生也以为这姻缘是前生注定。来到东阁,老夫人先请张生饮酒,然后唤小姐出来和张生相见。莺莺得知请的是张生,以为好事已谐,扶病出来相见。只有红娘见老夫人"不做大筵席,会亲戚朋友",而是安排小酌,不免心下生疑。果然,莺莺和张生刚一见面,老夫人就让她和张生兄妹相称,说:"小姐近前拜了哥哥者。"这句话似当头一棒,把两个盼效于飞之乐的男女打得晕头转向,摸不着东西南北,张生说:"呀!声息不好了也!"莺莺也暗叹:"呀,俺娘变了卦也!"红娘原来就知道二人西厢之下一见钟情,正害着相思病,心想:"这相思又索害也!"老夫人有意赖婚,让红娘热酒,小姐把盏,劝张生饮酒。张生此时哪里还有这心情?推说不能饮酒。老夫人又让红娘把盏。红娘最清楚怎么回事儿,"他其实咽不下玉液金波。谁承望月底西厢,变做了梦里南柯。泪眼偷掩,酩子里揾湿香罗"。红娘见"他那里眼倦开软瘫作一垛",心里不由得为张生难过,"我这里手难抬称不起肩窝"。她知道,这么一来,张生和小姐都会"病染沉疴,断然难活"。她暗暗埋怨老夫人:"则被你送了人呵!"老夫人哪里管他们的死活,让红娘把小姐搀进去。一场本应是皆大欢喜的订婚宴,顷刻间变成了赖婚宴。张生见老夫人反悔,质问道:"今日小生赴宴,将谓有喜庆之期,不知夫人何见,以兄妹之礼相待?"于是愤然告退。正是由于老夫人设宴赖婚,才使得张生和崔莺莺这对旷男怨女思之愈深,爱之愈切,并在红娘的帮助下暗结连理,私订终身,于是有了张生和崔莺莺"待月西厢下,迎风户半开。隔墙花影动,疑是玉人来",有了《西厢记》这样一部奇文妙曲。假如没有老夫人设宴赖婚这一重要关目,就不会有《西厢记》这样一部数百年来长演不衰的名剧,更不会有后来据老夫人审问红娘一节改编而成的传统剧目《拷红》。

《望江亭》是关汉卿的名作,也是一部很著名的喜剧。此剧写寡妇谭记儿敢于冲破"从一而终"的礼教枷锁,再嫁白士中。谁知杨衙内早就垂涎堪为"佳人领袖,美女班头"的谭记儿的美色,正准备纳她为妾。听说谭记儿已嫁白士中,杨衙内怨恨白士中夺其所爱,奏了白士中一本,说他"贪恋花酒,不理公事",骗得势剑金牌,亲自到潭州去取白士中首级。谭记儿得知这个消息,遂于八月十五中秋夜,假扮渔妇,独自一人驾舟来到望江亭。此时,杨衙内正与随从张千、李稍在望江亭饮酒赏月,推杯换盏。谭记儿假装卖鱼,来见杨衙内。杨衙内见渔妇是一美貌佳人,赞美道:"一个好妇人也!"于是就让随从抬过桌子,要和渔妇饮上三杯,亲自为渔妇敬酒。渔妇跪倒施礼,表示感谢。杨衙内说:"我受了你的礼,就做不得夫妻了。"言语间露出挑逗之意。他又让李稍做媒人,为他和渔妇保媒。于是,杨衙内和渔妇联对赋诗,你唱我和,甚为亲近。接着杨衙内和渔妇又饮起酒来,渔妇殷勤劝酒,衙内一杯接一杯地喝,喝得酩酊大醉。谭记儿这时提出要借势剑杀几天鱼,用金牌打枚戒指,张千和李稍为讨好未来的二夫人,把势剑金牌和文书都交给了她。骗得势剑金牌和文书之后,假扮作渔妇的谭记儿又灌了杨衙内几杯,等张千和李稍睡下后,悄悄地下了船,驾舟而去。谭记儿以美色为诱饵,把酒作为进攻敌人的利器,专攻敌人的要害,轻而易举地使杨衙内束手就擒,一段波涛汹涌的厄运顷刻间化作乌有。

著名古典悲剧《桃花扇》是一部描写南明王朝兴亡的历史悲剧,它以李香君和侯方域的爱情发展为主要线索,穿插以南明朝廷党争,把男女爱情放在南明王朝的兴亡这样一个大的历史背景下,通过桃花扇这样一个道具,融入了社会变迁、民族危难、国家兴亡等重大内容。剧中的李香君虽然身在妓籍,实则是一个贞烈女子。在权臣马士英、阮大铖、杨文骢大摆宴席、弹冠相庆之时,李香君硬被拉去排演阮大铖新写的传奇《燕子笺》。她感慨国难家仇,见一帮奸党聚在一处,以为"难得他们凑来一处,正好吐俺胸中之气"。她把阮大铖一伙人比做"赵文华陪着严嵩,抹粉脸席间趋奉。丑腔恶态,演出真《鸣凤》",表示"俺做个女祢衡,挝渔阳,声声骂,看他懂不懂"。马士英、阮大铖、杨文骢摆酒举杯,相互奉承,一个比一个肉麻。高兴之时,令李香君过来给他们斟酒唱曲。李香君借唱曲之机,把这一帮奸党好一顿臭骂。先骂他们只知奢侈享乐,不顾国家安危:"堂堂列公,半边南朝,望你峥嵘。出身希贵宠,创业选声容,后庭花又添几种。把俺胡撮弄,对寒风雪海冰山,苦陪觞咏。"接着又骂他们迫害东林党人,是阉党魏仲贤的孝子贤孙:"东林伯仲,俺青楼皆知敬重。干儿义子从新用,绝不了魏家种。"阮大铖一听大怒，令人把李香君拉到雪地里去。在阮大铖等人的淫威面前，在他们的百般折磨下，李香君已抱定必死的决心，表示："冰肌雪肤原自同，铁石心腹何愁冻！"正因为李香君有此骂筵，阮大铖才将她发付内庭，让她出演《燕子笺》中最难演最吃苦的角色。南明皇帝来看彩排，见李香君容貌出众，才艺双全，指名让她主演《燕子笺》，李香君因此滞留宫中，这才有了侯方域来南京寻访李香君不见，被阮大铖抓起来投进监狱，才有了南京失陷后，侯、李二人到城东栖霞山白云观避难，不期而遇，互诉衷肠，才有了道士张瑶星那段振聋发聩的斥责："你看国在那里，家在那里，君在那里，父在那里？偏是这点花月情根，割他不断么？"整部戏剧的思想意义也因此上升到一个新的境界。

《长生殿》"舞盘"一出，写六月初一杨贵妃生日，唐明皇在骊山长生殿设宴为其庆贺，表面看来只是一场寻常歌舞，实际上则是剧情发展的重要关目。生日宴上，唐明皇与杨贵妃相互劝酒，杯觥交错，开怀畅饮，祝贺寿诞。唐明皇还令人献上了杨贵妃特别喜爱吃的鲜荔枝，这是他特敕地方飞驰进贡的涪州、海南新鲜荔枝。宴会上，唐明皇令乐工李龟年当场演奏《霓裳》、《羽衣》二曲，杨贵妃伴着乐曲，翩翩起舞，跳起了自制的翠盘舞，真个是"逸态横生，浓姿百出，宛若翩风回雪，恍如飞燕游龙"。唐明皇看得高兴，亲自击鼓，亲自为杨贵妃把盏，最后又赏赐鸳鸯万金锦10匹、丽水紫磨金步摇一件，聊作缠头，并把自己佩带的瑞龙脑八宝锦香囊一枚赐给杨贵妃作舞佩。"舞盘"一出不仅表现了唐明皇与杨贵妃的款款深情，而且引出了《霓裳》、《羽衣》二曲和八宝香囊，而这些则都是唐明皇与杨贵妃二人爱情的见证，是剧情发展的重要内容。

借酒写愁肠诉衷情

在诗歌、散文、小说等文学作品中，常常可见借酒浇愁的描写，曹操的"何以解忧,惟有杜康",李白的"抽刀断水水更流,举杯消愁愁更愁"等,都是传诵千古的佳句。在戏剧艺术中,酒也常常被拿来抒情言志,表达作者或剧中主人公的情怀,对情节的发展起到了烘托和陪衬作用。

《汉宫秋》第三折"灞陵饯别"就是很典型的例子。

王昭君因不愿贿赂毛延寿,被点破美人图,打入冷宫。明月之夜,王昭君手弹琵琶,倾诉胸中之怨,恰被汉元帝听到。汉元帝一见昭君美色,惊为天人,封为明妃,并要将从中做手脚的毛延寿斩首。毛延寿逃到番邦,向呼韩单于拨弄是非。于是,呼韩单于点名要昭君和亲,不然就要兵戎相见。为息两国刀兵,汉元帝只好割爱,用王昭君和亲。这一天,汉元帝在灞陵设宴,为昭君饯行,见昭君"锦貂裘改尽汉宫妆",想到他和昭君"本是对金殿鸳鸯,分飞翼,怎承望",不由得愁上心头,"尚兀自渭城衰柳助凄凉,共那灞桥流水添惆怅"。他与昭君相见,悲悲切切,大国之君的威风和气势顿时全无。他告诉昭君:"您将那一曲阳关休轻放,俺咫尺如天样,慢慢的捧玉觞。朕本意待尊前捱些时光,且休问劣了宫商,您则与我半句儿俄延着唱。"想借昭君唱曲的机会,与她再多待一会儿。番使却是一催再催,汉元帝无奈,只得与昭君道别。他甚为感慨地说:"我哪里是大汉皇帝!""我做了别虞姬楚霸王,全不见守玉关征西将。那里取保亲的李左车,送女客的萧丞相?"尚书要他宽心,不要挂念。他不由得埋怨文武群臣:"他去也不沙架海紫金梁,枉养着那边庭上铁衣郎,您也要左右人扶侍,俺可甚糟糠妻下堂!您但提刀枪,却早小鹿儿心头撞。今日央及煞娘娘,怎做的男儿当自强!"

借着灞陵送别,汉元帝发泄了一通对文武群臣的不满之后,遥望昭君的车驾远去,不由得又牵动情思,抒发了对昭君的恋恋不舍之意和无限深情。这里,作者连用了〔七兄弟〕、〔梅花酒〕、〔收江南〕三支曲子:

〔七兄弟〕说甚么大王、不当、恋王嫱,兀良!怎禁他临去也回头望。那堪这散风雪旌节影悠扬,动关山鼓角声悲壮。

〔梅花酒〕呀!俺向着这迥野悲凉。草已添黄,兔早迎霜。犬褪得毛苍,人搠起缨枪,马负着行装,车运着糇粮,打猎起围场。他、他、他,伤心辞汉主;我、我、我,携手上河梁。他部从入穷荒,我銮舆返咸阳。返咸阳,过宫墙;过宫墙,绕回廊;绕回廊,近椒房;近椒房,月昏黄;月昏黄,夜生凉;夜生凉,泣寒螿;泣寒螿,绿纱窗;绿纱窗,不思量!

〔收江南〕呀!不思量,除是铁心肠;铁心肠,也愁泪滴千行。美人图今夜挂昭阳,我那里供养,便是我高烧银烛照红妆。

这三支曲子,凄切悲凉,语语着色,字字生情,曲折委婉而又深刻入里地描绘出汉元帝对王昭君的一片深情,表现出他对昭君和亲的悲哀和无奈,并因其文采斐然、本色当行而成为元杂剧中的著名唱段。

《西厢记》"长亭送别",也是借酒展开情节。张生和崔莺莺得红娘之助,暗结连理。老夫人知道后,只好忍下这口气,答应把莺莺许配张生,但是有一个条件,那就是让他上朝应考,得官之后再来和莺莺团聚。这天,老夫人在十里长亭摆下宴席,为张生送别。莺莺知道"悲欢离散一杯酒,南北东西万里程",一别之后,不知何时才能再相会,不由得愁上心头,倍感伤怀:"恨相见得迟,怨归去得疾。柳丝长玉骢难系,情疏林挂住斜晖。马儿迍迍的行,车儿快快的随,却告了相思回避,破题儿又早别离。听得道一声去也,松了金钏;遥望见十里长亭,减了玉肌:此恨谁知?"老夫人令莺莺和红娘给张生把盏劝酒,莺莺一边斟酒,一边伤心:"合欢未已,离愁相继。想着俺前暮私情,昨夜成亲,今日别离。我怎知这几日相思滋味,却原来比离情更增十倍。"想到张生此去,"年少呵轻远别,情薄呵易弃掷",不由得担心日后出现"悔教夫婿觅封侯"的结局,只想着"但得一个并头莲,煞强如状元及第"。在老夫人的催促下,张生只好启程了。崔莺莺临别又再三叮咛:"张生,此一行得官不得官,疾便回来。"谁知张生却是豪气冲天,表示"金榜无名誓不归"。莺莺担心的正是这个,她再次嘱咐张生:"你休忧'文齐富不齐',我只怕你'停妻再娶妻'。休要'一春鱼雁无消息'!我这里青鸾有信频须寄,你却休'金榜无名誓不归'。此一节君须记:若见了那异乡花草,再休似此处栖迟!"如果说,"长亭送别"之前,张生和莺莺的爱情还只是一种蒙胧的青春追求,是不容于世俗的暗度陈仓,那么,长亭送别,二人则是名正言顺地以夫妻身份作别。这个时候,莺莺已没了那么多的顾虑,那么多的羞涩,而是大胆地当着老夫人众人的面,毫无遮掩地表达对张生的相思与爱恋,表达了她对张生此行的担心和忧虑,抒发了胸中的无限惆怅:"这忧愁诉与谁?相思只自知,老天不管人憔悴。泪添九曲黄河溢,恨压三峰华岳低。"这是夸张,也是崔莺莺此时此景那愁心闷怀的真实写照。

通过酒展开情节

中国的戏剧艺术有不少是通过酒来展开情节的。较早以酒来展开情节的剧目,最为著名者是关汉卿的《单刀会》和马致远的《岳阳楼》。

《单刀会》是关汉卿的名剧,它以三国鼎立为背景,写东吴鲁肃为索取荆州,邀请镇守荆州的关羽过江赴宴,试图劫持关羽,用关羽来换取荆州。剧本第一折先写鲁肃设下三计,请关羽过江饮酒。这三条计谋是:"第一计,趁今日孙、刘结亲,已为唇齿,就江下排宴设乐,修一书以贺近退曹兵,玄德称主于汉中,赞其功美,邀请关公江下赴会为庆。此人必无所疑。若渡江赴宴,就于饮酒席中间,以礼取索荆州。如还,此为万全之计。倘若不还,第二计,将江上应有战船,尽行拘收,不放关公渡江回去。淹留日久,自知中计,默然有悔,诚心献还。更不与呵,第三计,壁衣内暗藏甲士,酒酣之际,击金钟为号,伏兵尽举,擒住关公,囚于江下。此人是刘备股肱之臣,若将荆州复还江东,则放关公还益州;如其不然,主将既失,孤兵必乱,乘势大举,觑荆州一鼓而下,有何难哉!"整个剧情就围绕着这三条计谋展开。

为达到劝关羽交还荆州的目的,鲁肃特意去请与关羽有交情的司马徽作陪。司马徽原以为鲁肃只是请他一个人去饮酒,就痛快地答应了。但是,当他得知鲁肃同时请的还有关公时,立刻就以身体有病为由坚决推辞。鲁肃问他:"先生初闻鲁肃相邀,慨然许诺。今知有关公,力辞不往,是何故也?想先生与关公有一面之交,则是筵间劝几杯酒。"司马徽说得很干脆:"你着我筵前劝几瓯,那汉劣性怎肯道折了半筹?你便休题安排酒和肉,他怒时节目前见鲜血交流。你为汉上九座州,我为筵前一醉酒,咱两个都落不得完全尸首。我做伴客的少不的和你同病同忧。只为你千秋业三条计,我可甚一醉能消万古愁,题起来魂魄悠悠。"劝不动司马徽,鲁肃就令人过江去请关羽,准备依计而行。关羽得知鲁肃请他赴宴,知道酒无好酒,宴无好宴,明里是请赴宴,实际上"安排下打凤牢笼,准备着天罗地网。也不是待客筵席,则是个杀人、杀人的战场"!关羽明知山有虎,偏向虎山行,准备过江赴宴。他没有听从关平的建议多带兵马,而是只带周仓一个随从,单刀赴宴,吩咐关平准备接应。鲁肃见关羽前来赴宴,事先在宴会厅周围埋伏下兵马,然后迎接关羽进入宴会厅。酒过三巡,鲁肃说关羽少了一个"信"字,提出了索要荆州一事。关羽一听立即正色道:"你请我吃筵席来那,是索荆州来?"鲁肃被关羽的一身正气慑服,急忙把话岔开。饮酒之间,鲁肃又说到索要荆州的事。关羽不说荆州,却说起他的宝剑:"头一遭诛了文丑,第二遭斩了蔡阳,鲁肃呵,莫不是第三遭到你也?"接着拔剑出鞘,道:"则为你三寸不烂舌,恼犯我三尺无情铁。这剑饥餐上将头,渴饮仇人血。"他假装醉酒,一剑斩去桌案一角,一把揪起鲁肃就往外走。到了这个地步,鲁肃是保命要紧,连忙撤去伏兵,送关羽来到江边。关平早在江边迎接。关羽跳上战船,扬长而去。

《单刀会》虽是因鲁肃设计索取荆州而起,但整个故事的发展却和酒有着十分密切的关系。首先,鲁肃设计索取荆州,用的是酒宴。其次,鲁肃请司马徽,是因他与关羽有一面之交而让他来陪酒。司马徽拒酒,则是因为他对关羽太了解了,知道鲁肃之计注定失败。再次,关羽过江赴宴,明知鲁肃的酒不好喝,但为了不失大汉气节,他不仅去了,而且开怀畅饮,不给鲁肃说起索要荆州之事的机会。最后,他假装喝醉了,挟持鲁肃到江边,使得鲁肃事先埋伏的兵马不敢轻举妄动。在整个剧情中,酒是鲁肃所设,但主动权却不在他手中。他请司马徽作陪,司马徽不来,他无可奈何;他见关羽没有归还荆州的意思,想在筵席上扣留关羽,却被关羽先发制人,最后弄得灰溜溜的。可以这么说,《单刀会》是酒会,其隐形主角是酒。没有酒,就没有关羽单刀赴会,就没有这么一部脍炙人口的佳作名剧。

马致远的《岳阳楼》是元杂剧神仙道化剧的代表作。传说中的"八仙"之一的吕洞宾见岳阳郡有神仙之气,扮做一个卖墨的先生,来到岳阳楼下的一家酒店,用环绦和篮中的墨锭换酒喝,不知不觉醉倒在岳阳楼上。岳阳楼下有一棵千年老柳树,已经成精,巡视来到岳阳楼上,见到吕洞宾,正要回避,却被他喊住。吕洞宾要度脱老柳树为仙,因老柳树是土木形骸,就要他转生人间,脱生为岳阳楼下的卖茶郭马儿,又令杜康庙前的白梅花树精脱生为贺腊梅,与郭马儿结为夫妇。三十年后,吕洞宾第二次来到岳阳楼,度脱他们得道成仙,也是通过酒来点化他们的。他假装喝醉了酒来到郭马儿的茶馆,点化郭马儿夫妇,二人冥顽不化,不肯跟他出家。吕洞宾第三次来岳阳楼时,郭马儿已经把茶馆改成酒馆。吕洞宾又一次喝得大醉,并把宝剑留给郭马儿,要他杀了贺腊梅,跟他出家。郭马儿把宝剑拿回家中,准备用来切菜,谁知到了半夜,他的老婆贺腊梅竟被人杀了。为洗刷自己,郭马儿去告官,关键时刻贺腊梅死而复生,出来做了吕洞宾的证人,郭马儿却被判了个诬告,自己竟要被砍头。这时,郭马儿方知吕洞宾不是凡人,请他搭救,并心甘情愿地跟吕洞宾出家去了。整个故事围绕着吕洞宾度脱老柳树和白梅树展开,而吕洞宾的三次点化,都是假装醉酒之后进行的,醉酒成了整个剧本的关键情节。正是因此,本剧正名为《吕洞宾三醉岳阳楼》。

此外,借酒宴展开情节的剧目还有很多,如元杂剧中的《李亚仙花酒曲江池》、《苏子瞻醉写赤壁赋》、《刘玄德醉走黄鹤楼》,明杂剧《杜子美沽酒游春》、《灌将军使酒骂座》,清杂剧《扬州梦》、传奇《罢宴》,以及传统剧目《鸿门宴》、《太白醉写》、《贵妃醉酒》、《三醉》、《三关排宴》、《醉打山门》、《醉皂》等,酒宴都在剧中起到了很重要的作用。

戏剧是写实的艺术,更是虚拟的艺术。在戏剧艺术中,有关酒宴的描写和表演,大都是采取虚拟手法。一张桌子,两把椅子,所用的道具仅此而已,而酒壶、酒杯、菜肴等皆是虚拟的,元杂剧中叫做"做把酒科"、"做饮酒科",后来的戏剧大都借用了这种表演方式,只是做一些斟酒、饮酒的动作,通过这些动作或表演,来表现人物的性格特征和内心世界,展开剧情,叙述故事。如《望江亭》第三折,杨衙内的随从张千、李稍有"做递酒科"、"做自饮科",杨衙内有"做接酒科",杨衙内和谭记儿有"做意儿科",杨衙内有"做醉科",等等。整个剧情在他们的对话和表演中展开,在敬酒、接酒和饮酒、醉酒中,观众看到了杨衙内的荒淫无耻和好色成性,看到了谭记儿的机智勇敢。如果没有酒以及有关酒的表演,杨衙内的势剑金牌就不会被谭记儿骗走,即使被骗走也不会那么可信。同样,如果没有酒,谭记儿也不可能从狡猾的杨衙内那里轻而易举地把势剑金牌骗走,自然也就无法搭救她的丈夫白士中了。

梅兰芳与"贵妃醉酒"

《贵妃醉酒》是一部以做功和舞蹈为主的文戏,其剧情十分简单:唐明皇和杨贵妃约好在百花亭摆宴,可是,唐明皇临时变了主意,改往梅妃宫里去了。杨贵妃只好独自痛饮一回。由于心情不好,抑郁寡欢,她竟喝得酩酊大醉,说了许多酒话,做出许多醉态。夜深酒阑,她才带着怨恨和惆怅,由宫女搀扶回宫。这原是一部传统戏,后来由梅兰芳先生唱红,并成为他的拿手好戏。

戏剧一开场,是高力士和裴力士二人来百花亭宣读圣旨,说皇上转驾西宫去了。杨贵妃一听,暂时忍住满腔怒气,安排高、裴二人摆宴。进入百花亭,裴力士敬上"太平酒",宫女们敬上"龙凤酒",高力士敬上"通宵酒"。杨贵妃三次饮酒,心情各不同,表演亦各有别。梅兰芳先生对此体味很深,有很精彩的表演:

第一次是裴力士敬酒。他是跪在桌子前面的大边上的(即上首,也就是下场门的一边),杨问:"敬的什么酒?"裴答:"太平酒。"杨问:"何为太平酒?"裴答:"满朝文武所造,名曰太平酒。"杨念:"呈上来!"这时的杨妃一杯酒都没有喝过。她内心的妒恨,还能够强自镇定,所以是左手持杯,右手用扇子遮着,缓缓地饮下。

第二次是宫女们敬酒。她们跪在桌子前面的中间。杨问:"敬的什么酒?"宫女答:"龙凤酒。"杨问:"何为龙凤酒?"宫女答:"三宫六院所造,名为龙凤酒。"杨念:"呈上来!"这时的杨妃,已经酒下愁肠,压不住她满怀愤怨,所以拿起杯来,喝得就要快一点,扇子也不那样认真地挡住了。

第三次是高力士敬酒。他是跪在桌子前面的小边(即下首,也就是上场门的一边),杨问:"敬的什么酒?"高答:"通宵酒。"杨念:"呀呀啐!哪个与你们通宵!"……高答:"娘娘不要动怒,此酒乃是满朝文武不分昼夜所造,故尔名为通宵酒。"杨念:"如此,呈上来!"这一次的饮酒,连念带做,路先生教过我一个很好看的身段。他是念到"呈"字,打开扇子,"上"字,左手扬袖,右手翻扇,"来"字,把身子微微站起,往前一扑,右手扶住桌子外面的边缘。高力士跪在下面,也应该向后坐下,使一矮坐的身段。跟上面杨妃做的,一高一低的对照着,才显得格外美观。(《舞台生活四十年》第2册,梅兰芳述,许姬传记,中国戏剧出版社1961年版。以下引文皆出自此书)

梅兰芳先生的表演紧紧抓住一个"醉"字,在"醉"字上做文章,下工夫,通过杨贵妃的醉酒,表现她当时极为复杂而矛盾的心情。《贵妃醉酒》中有两次敬酒,第一次是高、裴和宫女们轮流敬贵妃酒,第二次是贵妃已经微醉,脱去凤衣,换大杯来喝。第一次的微醉,是喝高力士敬的酒时表现出来的,那身子微微站起,朝前一扑,已经是不胜酒力的样子。等到换大杯饮酒时,已经进入醉态了。她第二次站起,身往外扑,两手搭在桌子外边,一副欲吐不吐的样子;第三次站起,慢慢地晃到桌子左边,做出酒往上涌的样子,再转身扶着桌子的外面,缓缓地低下身子,表示支持不住的意思。等离开桌子,再醉步走到台前,冲下场门一望,再一顿足,做了个换好宫装、准备一醉方休的身段,然后由宫女搀扶下场。第二场的表演则集中在醉酒之后的种种表现上。杨贵妃换好宫装,背对观众出场,倒走几步,转身两个抖袖,开始了真正的醉酒表演。这是《贵妃醉酒》最精彩的部分,主要包括三次"卧鱼",三次"衔杯"。梅兰芳先生对此有很详细的表述:

第一次的卧鱼,照例是在大边。杨妃晃着走到上场门的九龙口相近,双手从右折袖,斜冲着下场门的台口,走半个圆场过来,一转身就站定。上身把左手扬起向外翻袖,右手伸开也向外翻袖,下身抬左脚从后面绕到右脚之右,慢慢往下蹲到地,再用左手反回来,做出攀花而嗅的样子,嗅完了,还要把花枝放回去,这才慢慢起来。

第二次的卧鱼照例是在小边,身段一样,手脚的部位跟第一次刚好相反,就不必细说了。

第三次的卧鱼,照例是在当中。身段跟第一次相同,不过用袖子小有分别,右手向里翻,左手向外翻。蹲了下去,还要转一个身的。这地方别的人做,有打一个圈子,很快地卧倒地下。拿舞蹈的姿势来说,的确是很好看的,拿剧情来讲,就不合理了,一个喝醉酒的人,动作是不会这样快的。

关于三次"衔杯",梅兰芳先生也有很详细的说明,这里不再引述。从梅兰芳先生的叙述中,我们不难看出,酒在这部戏中是居于何等重要的地位!《贵妃醉酒》最吸引观众的地方,就是贵妃饮酒和醉酒的表演,所以,很多人把它看做是一部做功戏。两次敬酒,需要很好的表演技巧,三次"卧鱼"和三次"衔杯",则更见出一个演员的表演水平和艺术修养及其对剧本的理解。正如梅兰芳先生所说:"醉酒里有两次敬酒,每次喝完了都是醉的。我们要不把'醉'的层次分清,第一次就喝得酩酊大醉,这对剧情的发展是难以处理的。所以我现在是这样把它划分的:第一次是初醉,第二次才是沉醉。"至于这部戏中的"醉步",也不是随随便便做出来的,而是很有讲究,梅兰芳先生这样描述道:"演员的头部微微地晃摇,身体左右摆动,表示醉人站立不稳的形态。譬如你要往右走,那你的左脚先往右迈过去,右脚跟着也往右迈一步。往左走,也是这个走法。还要把重心放在脚尖,才能显得身轻、脚浮。但是也要适可而止,如果脑袋乱晃,身体乱摇,观众看了反而讨厌。因为我们表演的是剧中的女子在台上的醉态,万不能忽略了'美'的条件的。"没有很好的功底,没有对剧本的深刻理解和把握,没有较高的艺术修养,想演好《贵妃醉酒》是不大可能的。梅兰芳先生之后,很少有人再演这部戏,不能说与此没有关系。

　　戏曲艺术是一种综合性的表演艺术,它不仅讲究唱、念、做、打,表演技巧上注重手、眼、身、法、步,而且要求表演艺术和音乐、舞蹈、美工、化装、道具等相互协调,要求符合剧作者的意图。从这个意义上说,它和酒没有太大的关系。但是,戏曲是艺术,更是社会生活的艺术化再现,而生活不论是喜剧还是悲剧,都往往和酒有某种联系。所以,剧本也好,表演也好,都要涉及酒和酒文化。如何在戏曲艺术中展示中国酒文化的魅力,如何使酒神精神在戏曲艺术中得到很好的表现,如何使戏曲艺术中有关酒的内容更加美观、更具审美价值,确实是一个需要认真研究的问题。但是,不论人们怎样看待这一问题,都必须遵循酒神精神与艺术精神相统一的原则。这是最根本的,也是惟一的。

第九章　杯酒可解颐

——笑话中的酒文化

笑话是一种特殊的语言艺术。它利用汉语言一字多义、一词多义和音同字不同、字同音不同等特点，从全知的角度，讲述一个无知的或幽默的或滑稽的故事，让人开颜解颐，捧腹一笑。人们不仅在捧腹一笑中得到欢乐，而且还可以受到启迪，增加智慧。笑话是人们生活中必不可少的要件和元素，因为有笑才有愉快，才有幸福，才有乐趣，而愉快对人们来说"好比幸福的现金支付，而其他都不过是一张支票"（叔本华《生活哲理》）。正是因此，明代文学家冯梦龙对笑话情有独钟，搜集整理了《笑府》、《广笑府》、《古今笑》等笑话三种，并不无期待地向人们描绘了一幅美好的人生图画："野蕈有异种，名曰'笑矣乎'，误食者辄笑不止，人以为毒。吾愿人人得'笑矣乎'而食之，大家笑过日子，岂不太平无事亿万世？"（《古今笑自序》）

笑话还有另外一种十分重要的功能，那就是用诙谐的语言，在许多人不自知的情况下，对假、恶、丑等社会现象或人和事进行无情的讽刺和鞭挞，所谓"一笑而富贵假，而骄吝忮求之路绝；一笑而功名假，而贪妒毁誉之路绝；一笑而道德亦假，而标榜猖狂之路绝；推之，一笑而子孙眷属亦假，而经营顾虑之路绝；一笑而山河大地皆假，而背叛侵凌之路绝。即挽末世而胥庭之，何又不可哉？则又安见夫认真之必是，而取笑之必非乎"？（《古今笑自序》）的确，认认真真的事情，未必就是真的，而嬉笑怒骂，诙谐幽默，未必就失去了本真。而且,许多情况下,人人皆知为非的事情,又不能认认真真地去说,便只能把它当做笑谈,或利用笑话的形式表达出来,人们在会心一笑中认识了它的本真,让被讽刺嘲笑的对象无可奈何。一些政治笑话即属此类。

当然,笑话最主要的功能,还是作为人们茶余饭后的谈资。三五好友举杯畅饮,品茗高谈,对月阔论,讲几个笑话,说几个段子,开怀一笑,愁云顿除,烦闷立解,心情为之开朗,精神为之一振,那确实是一种十分美好的人生境界。正是因此,人们在酒桌上,会议下,车站旁,马路边,常常听到一些可以令人解颐的笑话。有一个笑话,讲的是县丞不识字,每次买了东西,就把这种东西的形状画到账本上,算做记账。一天县令来找他,正好他不在,县令见账簿在桌子上,随手打开一看,见上面画着各种各样的图画,感到很奇怪,就用红笔把每一行都从上到下直直地抹去。县丞回来一看,很是生气,对县令说:"你的衙门里买蜡烛,怎么也记到我的账上?"县丞记账,是买一样东西,就把这种东西的形状画下来,所以,见了账簿上有红柱,就以为是蜡烛,这本来已经让人感到十分好笑了,更为好笑的是,他竟敢于对他的顶头上司县令发脾气。可见粗人自有粗鲁得可爱的地方。

笑话也是社会生活的反映,是人们的思想情感、文化观念的外在化。当今社会是笑话流行、段子流行的社会,手机短信的迅速发展更是笑话、段子的助催器。可以说,以短信为代表的笑话已成一大文化奇观,有人甚至把当代笑话和唐诗、宋词、元曲、明清小说相提并论。的确,现在仍在流行的许多当代笑话,对社会上的一些不良现象、丑陋行为及龌龊卑鄙的东西,进行了辛辣的讽刺和无情的批判。留心一下,你就会在酒桌上、网吧里、饭局后、旅途中、休闲时听到不少很有意思的笑话。尤其是酒桌上,更是笑话产生和流行的地方。一个寓意深长的笑话只要在酒桌上一出现,很快就会不胫而走,不翼而飞。酒是笑话的催生婆,是笑话的传声筒,更是笑话的千里眼和顺风耳。笑话不仅和酒有着如此密切的内在联系,而且还包含着相当丰富的酒文化内容。

嘲讽薄酒和酸酒

善饮者对酒的好坏很讲究。醇酒可以给人带来美的享受,而薄酒或酸酒则对饮者无疑是一种折磨。醇酒价格贵重,囊中羞涩者买不起,喝不起,而囊中羞涩者毕竟是大多数,真正财大气粗富甲一方者始终只能是少数人。虽然如此,人们还是喜欢饮醇酒,那味道,那感受,毕竟不同。于是出现了许多嘲讽主人用薄酒或酸酒待客的笑话,也出现了一些嘲讽酒店卖薄酒和酸酒的笑话。

有一个笑话,说的是一个人拿味道很淡的酒招待客人。他惟恐客人喝不好,一个劲地劝酒。客人说:"你不如拿刀把我杀了吧!"主人茫然不解,不知客人为何说出这种话来,说:"我劝你喝酒,是一番好意,你怎么能说出这种话来呢?"客人说:"我实在是被你的酒剐(寡)得受不了了!"另有一个笑话,也是嘲讽主人用淡酒来招待客人的:有人用很淡的酒招待客人。客人品尝了一下之后,马上盛赞主人的烹调手艺之妙。主人说:"菜肴还没有摆上来,你怎么知道手艺不错呢?"客人说:"别的不说,就这一道酒煮白滚汤,已经是好吃得很啊!"

上面两个笑话都是说主人的酒淡,前者言辞激烈,后者温文尔雅。下面一个笑话则是嘲讽主人用酸酒招待客人的:有人拿酸酒让客人喝。客人喝了一口,皱起眉头,很难下咽,说:"这种酒,我有一个办法,可以让它不再酸。"主人一听,急忙请教:"有什么好办法,教我一教。"客人说:"只需要把酒坛翻过来,底朝天,在底上用艾火连炙七次,第二天再倒转过来,肯定就不酸了。"主人说:"这样的话,酒岂不是要流干了?"客人说:"这样的酸酒,不倒掉它,留它干什么!"

一些酒家卖酒,为了多赚几个昧心钱,常常酒中掺水,弄得酒味很淡。一些笑话把这样一种现象作为嘲讽的对象,对酒家赚昧心钱给予了辛辣的讽刺。有一个笑话,说的是客人来到一家酒店,对店主人说:"菜只要白菜和豆腐就行了,酒一定要好酒。"不大一会儿,店小二把菜摆了上来,店主人问:"白菜里可要放点醋?"客人说:"放些也好。""豆腐里可要放点醋?"店主人问。客人说:"放些也好。""酒里面是不是也要放点醋?"店主人又问。客人一听,反问道:"酒里可有放醋的?"店主人说:"这可如何是好,我已经放进去了。"很显然,店主人前面的铺垫,是为了给他的酒酸打掩护。这个笑话讽刺酸酒,多少还给酒家留一点面子。下面这两个笑话,对掺水的酒和卖酸酒的酒家就是毫不留情了:

有一个人开了一家酒店,请人给他写一块招牌。主人先请那人喝酒,说喝完酒写字有神气。那人喝罢酒,提笔写了一块酒招牌。主人看了很满意,正要挂上,那人又在上面画了一把刀。主人很惊讶,问:"画这把刀是什么意思?"那人说:"我拿它杀一杀这酒里的水气。"

有一个酒店,只要有人来买酒时说酒酸,就把买酒人锁在柱子上。这一天,一个道人背着一个酒葫芦来到酒店,见到有人锁在柱子上,问是怎么回事儿。店主人说:"这些人撒谎,说我的酒酸,所以把他们捆起来。"道人说:"酒酸不酸,尝一尝不就知道了?拿一杯来,让我尝一尝。"道人咬着牙尝了一口,说:"不酸。"说罢拔腿就跑。店主人一听很高兴,拿着酒葫芦追那个道人,说:"你忘了拿你的酒葫芦了!"道人边跑边说:"我不要它了,你把它踩扁做个醋招牌吧!"

俗话说,酒香不怕巷子深。能不能把酒卖出去,关键还得看你的酒是不是好酒。如果是淡酒酸酒,纵然可以骗人一时,但终究难免"门庭冷落车马稀",买酒的人会敬而远之,退避三舍。要想改变这种状况,最好的办法也是惟一的办法,就是把酒的质量搞上去,酿成醇品佳品。有一个笑话,说的就是这个道理:有一家人做酒生意,可他家的酒老是卖不出去。这家人以为家里有了耗神,就请一个先生来烧纸遣送耗神,似乎把耗神遣送走了,就会有人来买他们的酒。那个先生一边烧纸,一边口中念念有词:"先除鹭鸶,再除青鸾。"酒家不解,问:"这是两种鸟,您为何要遣送它们,而不遣送耗神?"先生说:"你有所不知,你吃亏就吃在这两种鸟都会下水。遣送了它们,包管你的酒能卖出去。"

有一个嘲讽酸酒的笑话,对爱贪便宜者也是一种有力的讽刺。说的是一个酒家,在招牌上写着:"酒每斤八厘,醋每斤一分。"有两个人来酒店喝酒。其中一人尝了一口,感到酒很酸,就咂嘴皱眉地说:"这酒怎么这么酸。该不是把醋卖给我们了吧?"另一人急忙在桌子下踢他的腿,悄悄地说:"傻瓜!还不闭嘴!你没看招牌上写的,醋比酒的价钱还贵哩!"在这个笑话中,最好笑的是那个自作聪明的人。二人到酒店本来是要喝酒的,可是酒家的酒太酸,一人感觉不对劲,刚说了两句,那人就让他赶快闭嘴,因为招牌上标的价钱,醋比酒贵。为了贪一点小便宜,喝到了酸酒,竟然把它当成醋,好像还占了酒家很大便宜似的。这样的人才真正好笑。

比较而言,笑话《酒娘》的讽刺意味就显得更巧妙一些:有人问酒家,什么叫做酒娘。酒家回答说:"糯米加酒曲成为糨糊状,就是酒娘。"那人又问:"既然有酒娘,为何没有酒爹?"酒家回答说:"放水到酒娘中,就是酒爹。"那人说:"这么说来,你家的酒是爹多娘少了?"酒娘是一种用糯米做成的酒,是把糯米蒸熟,待其凉后,放进酒曲,待其发酵后即成。卖酒娘多是论重量,所以,酒家就要加水进去。加水多了酒味就淡。这个笑话讽刺的就是卖酒娘的人为贪钱财,在酒娘中加水太多,致使酒娘失去了酒味。

嘲笑嗜酒醉酒者

不知是因为酒精具有提神醒脑的作用,还是因为酒精对人的大脑的麻醉作用,有人就是喜爱喝酒,平时见不得酒,只要有酒,非饮不可,而且喝不醉不罢休。人们把这样的人称做酒鬼或醉汉。若是酒至微醺,带几分酒意,欣欣然,飘飘然,顿悟时至,灵感大发,那的确不失为人生一种美好的境界。但是,如果饮酒至醉,而且一醉就是胡说八道,甚至发酒疯,那是很煞风景的。所以,笑话中有不少是嘲讽嗜酒和醉酒的。

喜欢喝酒的人,见了酒就嘴馋,甚至挪不动步。有一个人很喜欢喝酒,喝了很长时间的酒了,还没有离开的意思。他的仆人看见天阴了下来,担心下雨,想让主人早点离开,对主人说:"天快要下雨了!"主人说:"下雨了还怎么走?再等一等。"过了一会儿,果然下起雨来,一下就是很长时间。好不容易等到雨停下来。仆人悄悄地对主人说:"雨停了。"主人很不高兴,说:"雨停了还怕什么!"反正是想喝酒,下雨不能走,不下雨就更没有什么了,即使是喝醉了,也不耽误走。还有一个笑话,说的是父子二人抬着一坛酒,因为路滑,不小心摔倒了,把酒坛摔破了。父亲一见大怒,儿子却趴在地上喝了起来。喝了一会儿,抬头看见父亲还愣愣地站在那里,说:"还不赶快喝,难道还要等人给你上几道菜吗?"有一个《还需几瓶》的笑话,也是嘲笑好酒人的:

有一人请客,客人喝酒喝了很久,还没有要离开的意思。主人不便赶客人走,就讲了一个笑话:"有一个卖瓶子的人,路上遇到一只老虎,那人就用瓶子砸老虎,老虎就是不走。最后只剩下一个瓶子了,卖瓶子的人说:'你这个可恶的家伙,你起身离开是这一瓶,不起身离去也还是这一瓶。'"意思是说,不论客人再喝多长时间,就是这一瓶了。客人中有一人爱开玩笑,也讲了一个笑话:"观音菩萨生日那天,各路神仙都来祝寿。吕洞宾最后一个到。观音菩萨说:'你这个人酒色财气样样俱全,就不要来拜见了吧!'吕洞宾说:'菩萨金容满月,是色;净瓶在旁,是酒;八宝璎珞,是财;呼吸成云,是气。为什么偏偏要说我呢?'菩萨一听大怒,拿起身边的瓶子就去砸吕洞宾。吕洞宾笑着说:"观音菩萨不要性急,这一瓶是打不走我的。要打我走,还需几瓶。"

《不识平仄》的笑话更为幽默。一个人聘请家庭教师,把先生请来后,置酒盛情招待。先生是喜欢喝酒的人,喝起来就没有打住的意思。女主人就叫仆人侧拿着酒瓶,表示酒已经不多了,以为先生看见后,就会自己主动不喝了。可是,先生正在兴头上,竟然熟视无睹。女主人在里屋对男主人喊道:"快不要请这个先生了,连瓶侧(平仄)都不知道!"

上面几则笑话,嘲笑的都是见了酒就走不动的人。另有一些笑话,则是嘲笑那些喜欢喝酒而不满足,竟至于在睡梦里还在说酒话。有一个笑话,说的是一个人做梦,梦见自己和朋友一起饮酒看戏。酒菜刚刚上来,正要举杯痛饮,忽然被妻子弄醒了,于是就骂他的妻子搅了他的酒局。妻子对他说:"不要骂了,赶快睡罢,戏文还没有演到一半呢!"另有一个笑话,意思和上则有些相似,说的是一人喜欢喝酒,这一天梦见有人送酒给他喝。他嫌酒冷,就让人拿去热一热再喝。可是,就在这时,他忽然醒了,到嘴的酒没有喝成,十分懊悔,说:"早知道这个时候醒,还不如喝点冷酒呢!"

醉鬼也是笑话嘲讽的对象之一。生活中确有一些醉鬼,醉酒之后,胡言乱语,颠三倒四,甚至张牙舞爪,完全失去理智。有一个笑话,说的是某人喝醉了酒,不知怎么地就一个人来到了城墙下,他站在城墙下朝上喊道:"为什么把台阶都横在这里!"另有一个笑话，意思与此相近，却要比上面这则丰富得多。说的是某人喝醉了酒，来到一个大门口，对着门口吐起来。看门的人呵斥道："哪里来的疯子，敢对着人家的大门口排泄！"那人乜斜着眼瞧了瞧，说："你家的大门盖的也太不是地方，为什么要对着我的嘴！"看门人听了，大笑道："我家的大门口有些年头了。"那人指着自己的嘴说："老子这张嘴也是有年头的！"

《醉鬼》对酒鬼的嘲讽，就更加惟妙惟肖、意味深长了。玉皇大帝在灵霄殿对众神仙说："地狱的鬼有阎王管着，阳间的鬼却没人管束，越来越不像样子。我想让钟馗到阳间，把鬼都捉吃了，免得鬼魅横行，为害生灵。"众神仙说："阴阳分为两个世界，阴间有鬼，阳间哪里有鬼呢？"玉帝说："阳间的鬼更多，有吝啬鬼、势利鬼、色鬼、赌鬼、醉鬼，等等。这些鬼都为害生灵，应该除去。"于是就命钟馗到阳间捉鬼。钟馗到了阳间，把各种鬼都捉了起来，惟独少了醉鬼，就问小鬼为何没把醉鬼捉来。小鬼回答说："这醉鬼每天必喝，每喝必醉，晚上喝酒装疯，白天喝酒装死，实在难捉！"钟馗说："这么说的话，先把别的鬼都煮吃了，我去回复玉帝。"走到半路，忽然闯出一个人来，扭住钟馗不放，自称："我是醉鬼！"钟馗一听，说："我正要来捉你，你倒送上门来了！"醉鬼问："你是什么人？"钟馗说："我是奉命捉鬼的钟馗。"醉鬼问："你姓钟，是大钟还是小钟？"钟馗问："你是什么意思？"醉鬼说："如果是小钟，我和你划三十拳；如果是大钟，我和你划五十拳。划完再说，你吃不吃我不管。"醉鬼一听说钟字，马上想到酒盅，想到了划拳猜枚，就问是大钟还是小钟，开口就是小钟三十，大钟五十，好大的口气。碰到这样死到临头还想着如何喝酒的醉鬼，真是让人哭笑不得。

讽刺宴会主人吝啬

既然请客，主人总是想让客人喝好吃好，酒足饭饱，客人满意了,主人就感到脸上有光,否则就会感到没面子。但是,也有另外的情况,那就是有的人请客是迫不得已,或是被逼无奈,不请不行。还有一些人,想通过请客摆阔气,拉关系,但又舍不得银子,看着白花花的银子流走就心痛,所以就想如何既达到目的,又能省下银子。节约铜板,原无可厚非。但是,有时节约得不是地方,或是不该节约的硬要节约,反而闹出笑话来。有些笑话就是讽刺这种现象的。这样的笑话很多,这里仅举两例略作说明。

有一个笑话《小杯》,说的是有人请客,斟酒时没把杯子斟满。一个客人把杯子举起来,左看右看,看了半天,说:"这杯子太深,应该截去一截。"主人不解,问:"为什么要截去一截?"客人说:"上半截不能盛酒,要它干吗?"

另一个笑话可以说是上述笑话的扩展。说的是一人请客,这人很吝啬,用小杯给客人倒酒。一个客人举起杯子看了看,做出一副想哭的样子。主人很吃惊,问是为何。客人说:"我这是睹物伤情啊!我哥哥去世的时候,并没有什么病,只是因为朋友请喝酒,用的就是这样小的酒杯,被我哥哥误吞下去噎死了!今天见到这样的酒杯,我怎能不哭呢?"主人一听,赶快给那人换了个大杯子,但是酒却没有倒满,只是倒了小半杯。客人拿起杯子,仔细看了半天,笑着说:"这个杯子应该锯掉一半。"主人不解,问:"为什么?"客人说:"上半截不用,留着它有什么用!"主人只好把客人的酒杯倒满。那人喝了一口,立刻就吐了出来。主人问是怎么回事儿,客人回答说:"我小时候曾经将门牙跌落,医生用分水犀骨补的牙,所以,酒中有水就进不去。"主人见状,说:"既然不能喝酒,就吃饭吧!"于是让人从里屋把饭取出给客人。客人说:"多谢内人。"主人一听就不高兴了,说:"内人岂是你能称呼的?"客人说:"饭从屋内取出,不谢内人谢谁?"客人吃过饭,主人送客人到门口。客人问:"刚到你家时,看见有一座照壁,怎么不见了?"主人说:"我家原来就没有照壁。"客人做恍然大悟之状,说:"不错,我是在家喝醉了才来的。"

中国人饮酒有许多礼仪和习惯。有的地方,酒倒十分,显得诚心诚意;有的地方则是酒倒七分,所谓"酒七茶八",意思是不要倒得太满,太满了,客人不好端,酒出来显得没有礼貌。上述两则讽刺主人吝啬的笑话,显然是把酒倒十分满作为诚心厚道的一种标志,所以才有了酒没有倒满而被视为吝啬的事。单就上面两则笑话来看,客人有故意找茬的味道,尤其是后面一则,客人显然是要给主人办难堪,让主人下不了台。而"多谢内人"一句,就有点无赖相了。中国有句俗话,叫"客随主便",意思是主人怎么方便就怎么办,一切随主人的意思,不要让主人为难。这叫礼数。这种礼数是否有道理,姑且不论,但它表现出的宽容和大量,无疑是做人应该具备的。

借酒讽谏

大臣向君王进谏,若是遇上明君,自然可以直言无忌,直抒己见。但是,明君也有心情不好的时候,若是进谏的时机不对,好言也可能被当成恶语,一片苦心则可能被看成驴肝肺。若是遇到昏君,听不进逆耳忠言,进谏者就要倒霉了,轻则贬官革职,重则流放杀头。有鉴于此,有的人就借酒向君主进谏,通过酒的遮掩,来表达自己的看法。春秋时期的齐景公非常喜欢饮酒,有一次一连喝了七天七夜,还没有要打住的意思。大臣弦章以为君主这样喝酒很不好,就进去劝谏说:"大王啊,您喝酒已经喝了七天七夜了,我希望您不要再喝了。您要是再喝,我请求您把我赐死算了。"这就让齐景公为难了,若是听了他的,就等于是君主听从臣子的;若是不听他的,把他杀了吧,弦章是一个忠臣,实在舍不得。齐景公正在为难,晏子进见。景公对晏子说:"弦章劝我不要再喝了,不然的话就把他赐死。我若是听他的呢,是君受制于臣;我若是不听他的,杀了他又很可惜。"晏子说:"弦章遇见大王这样的人,真是他的幸运啊!要是让他碰到夏桀和殷纣王,他早就死了多少回了。"齐景公明白了晏子的意思,知道明君不应该沉湎于酒,于是就不再饮酒了。

宋人天和子的《善谑集》有一个"彼将行奸"的笑话,说的也是借酒进谏。笑话说:三国时期,刘备在蜀国严令禁酒,不仅不许酿酒饮酒,就连酿酒的器具也不许保存,否则就格杀勿论。很多大臣想劝刘备取消禁令,却是苦无办法。这一天,简雍侍奉刘备登上城楼观赏景色,看见一少年和一女子结伴而行,指着他们对刘备说:"那一男一女将行奸淫之事,大王为何不把他们抓起来杀了?"刘备感到很奇怪,问道:"你怎么知道他们将行奸淫之事呢?"简雍说:"这不是明摆着的事儿吗,他们都有奸淫之具。"过了一会儿,刘备明白了简雍的用意,大笑起来,于是下令放宽酒禁。

酒不仅可以用来劝君王,君王也可以用酒来劝别人。有酒掩饰,劝好劝不好,都可以找到托词。劝好了,是酒功,也是劝说者的本事;劝不好,谁又敢说什么?初唐的时候,唐太宗李世民因任瓌有功,赏赐给他两个侍女。任瓌谢恩已毕,却是不敢把侍女带回家去。唐太宗知道他怕老婆,就召见任瓌的妻子,赐给她酒喝,说:"你作为一个妇人,却有妒忌的毛病,按理说应该把你赶了出去。但是,你如果能够改过自新,不再妒忌,这杯酒就不用喝了;若是不改,就把这杯酒喝下去。"任瓌的妻子说:"我这个妒忌的毛病是改不掉了。请皇上让我把这杯酒喝下去吧!"她以为皇上赐给她的是鸩酒,喝一杯是死,喝醉也是死,就大喝起来,直喝得大醉而归。到了家里,她和家人诀别,安排后事。谁知皇上让她喝的不是鸩酒,只是想借此吓唬她一下,让她改掉妒忌的毛病而已。

近人憨斋士《笑林博记》有一则"中酒"的笑话,则是讽刺那些不学无术之徒的。有一个胸无点墨的人,竟然厚着脸皮去当老师,给学生讲《大学》。有学生问:"'大学之道'是什么意思?"这人不学无术,哪里懂得?于是就假装喝醉了酒,对学生说:"你早不问,晚不问,偏偏赶在我喝醉了来问。"这人回到家中,把学生的问题告诉妻子。他的妻子说:"'大学'是书名,'之道'是书中的道理。"这人点了点头,表示明白。第二天,他告诉那个提问的学生:"你真是无知。昨天趁我喝醉了来问我问题,今天我酒醒了,你又不问了,这是为什么?你昨天提的是什么问题?"学生说:"大学之道。"这人就照妻子教他的向学生解释。学生又问:"'在明明德'又该怎么讲呢?"这人哪里懂,忙说:"慢来,慢来,我还醉着呢!"

　　笑话常常是以严肃的口吻,讲述滑稽幽默的故事,因而是嬉笑怒骂皆成文章。它在为人解颐、让人开怀的同时,时常把社会上一些丑陋的、庸俗的、不合理的现象作为嘲笑和讽刺的对象,针砭时弊、讽刺丑陋、鞭挞庸俗、批判现实的意义十分明显。和酒有关的笑话,同样具有这种文化价值和社会意义。从有关的笑话中,人们不仅可以看到嗜酒、酗酒、使酒等饮酒中的恶习,看到卖酒人的害人伎俩和奸商习气,而且可以看到和酒有关的风俗习惯、民风民情,看到酒在人们的社会生活和文化生活中的重要作用,更可以看到酒的讽谏作用,所谓"昔齐威酣乐,而淳于说甘酒;楚襄宴集,而宋玉赋《好色》:意在微讽,有足观者"(刘勰《文心雕龙·谐隐》)。也有一些看似笑话的故事,实则表现出作者对人生和社会的思考。

第十章 谐趣成妙对

——楹联中的酒文化

楹联又叫对联、对子、联语、楹帖,它原是过春节的时候贴于门两边,用来庆祝佳节、表示喜庆吉祥的。由于它要求上下联字数相等、词性相当、平仄相谐、语意相关,富有文学性和艺术性,因而受到人们的喜爱。其用途后来也逐渐扩大,除春节之外,其他佳节时令、起造新居、佳酿新成、新人成婚、店堂新设、园林新开、乔迁志喜,以及悲悼亡者,等等,只要是人们日常生活涉及的,几乎都可以用到。正因为楹联用途很广,不同的地方、不同的场合、不同的人物、不同的时间、不同的建筑,所用的楹联也是不同的。根据其用途,大致可以将楹联分为春联、贺联、赠联、名胜联、哀挽联、行业联等多种。关于楹联,已经有许多著作出版,这里不再赘言,而仅就和酒有关的楹联,探讨一下楹联和酒文化的关系,看一看楹联艺术在酒文化中的表现。

和酒有关的楹联,主要用于酒厂、酒店和酒楼。酒厂属于造酒行业,酒店主要是经营酒类业务,酒楼则是人们吃饭宴饮的地方。这三个地方和酒的关系最为密切,也是经常用到酒联的地方。楹联艺术中的酒文化,他处虽亦偶尔可见,但最主要的还须向上述三处求之。中国的造酒艺术源远流长,而且不同的酒有不同的酿造方法、不同的工艺流程和不同的勾兑技术。宋伯仁的《酒小史》记载的酒名,竟达102种之多,其中有不少至今仍保持着名酒的头衔。但是,由于古代的酿酒作坊今已不存,现存的和酒有关的楹联哪些是酒厂曾经用过的,大多已无从考证。所以,这里引用的楹联,主要是用于酒店和酒楼的。为论述方便,我们按其表达的思想倾向和文化内容加以划分,分别论述于后。

酒联寻源

若要追寻酒联的源头,大概不是春联,而是酒帘。古代的酒家和今天的酒店一样,都有自己的店名字号,也有自己的招牌。早在春秋时期,宋人卖酒就已经开始高高地悬挂起酒帘(也叫酒旗、酒望子)。《韩非子》载:"宋人沽酒,悬帜甚高。"这应该是见诸记载的最早使用酒帘的。这时的酒帘,大都是在布或绢上大书一个"酒"字。到了后来,有的写"酒"字,有的则写酒店的名字,如"杏花村"、"十字坡"、"河阳风月"等等。

酒家在酒店门口张贴楹联,是五代时期的事儿。五代的时候,有一个名叫张逸人的云游道士,有一天他来到武陵城崔氏酒家饮酒,酒足饭饱之后,他给酒家题了一首诗:"武陵城里崔家酒,地上应无天上有。云游道士饮一斗,醉卧白云深洞口。"崔氏见这首诗是赞美他们的,就把它当做对联贴在门口。不料从此以后,来这里饮酒的人越来越多,一向不太景气的生意竟然一天天红火起来。

酒家见这一招很奏效,就竞相仿效,在门首贴上具有店家特色的对联,以此招徕顾客。明代正德年间,京城有一家官方开办的酒店,专门经营荷花酒。店门前立起一根旗杆,高高地挂起酒旗,上写"本店发卖四时荷花高酒"几个大字,并用两块大匾,书写一副对联,上联是"天下第一酒馆",下联是"四时应饥食店"。既是官家所开,经营又很有特色,又有酒旗、酒联招揽生意,酒客食客不免要来光顾一番,酒馆的生意因此红火得让人眼馋。

宋人窦革有一篇《帘赋》,是专门吟咏酒帘的。其中有几句这样咏赞酒帘:"无大无小,一尺之布可缝;或素或青,十室之邑必有。"清朝乾隆年间的进士祥鼐,曾官至工部主事,后来做到了布政使。他有一首《酒帘》诗,其中两句经常被酒家用做酒联。这两句是:"送客船停枫叶岸,寻春人指杏花村。"这两句诗巧妙地化用唐人诗句,暗嵌两种名酒,很合酒家的口味,不久就在京城流传开来,一时间,"祥酒帘"成了祥布政使的代名词。

名人与名酒楼

只要进了繁华的都市,不论你是否留意,富丽堂皇、鳞次栉比的酒楼处处可见。这些酒楼,固然是繁华的见证,是富裕的表征,但是,不要说百年老店,就是能够持续经营十年以上而又不改换门庭者,又有几何呢?司空见惯的是"城头变幻大王旗"和"乱纷纷你方唱罢我登场",真正能够称得上百年老店的名酒楼少之又少。

中国的一些有名气的酒楼,多和历史文化名人有关。东晋谢安、王羲之等名士兰亭禊会,饮酒赋诗,大书法家王羲之挥毫写下著名的《兰亭集序》,兰亭因此而名闻天下;北宋大臣韩琦留守大名府,重阳佳节,在城西旧府治后圃园宴请诸监司,赋诗云:"莫嫌老圃秋容淡,且看黄花晚节香。"后人遂称此亭为"晚香亭";欧阳修性喜饮酒,饮酒之处,后世遂为名胜,彝陵绛雪堂、滁州醉翁亭、扬州平山堂、颖州聚星堂,皆因欧阳修曾在那里饮过酒而名扬天下。另外,东京的樊楼、武昌的南楼、徐州的黄楼、无为州的稻孙楼、扬州的云山阁等,和历史文化名人庾亮、苏轼、米芾、吕公著等,都有很深的渊源。

南宋时期,京城临安(今杭州市)名楼林立。据吴自牧《梦粱录》记载,瓦子前的武林园有沈、康两家合开的三元楼。此楼很有气魄,店门首有彩绘欢门,挂有红灯、帘幕和各种装饰,门楼后是花园回廊,花木葱茏,酒座洒丽。进门之后是主廊,前行20步,又分南北两廊。到了晚上,灯火辉煌,上下辉映,几十个浓妆艳抹的女子,聚集在主廊一侧,等候客人的召唤。在南瓦子有王家的熙春楼,新街巷口是施家的花月楼,金波桥有严家开的风月楼,灵椒巷口是沈家开的赏新楼,坝头西市坊是施家开的双凤楼,融合坊有沈、康二家合开的嘉庆楼和聚星楼,下瓦子前有郑家开的日新楼。临安是南宋的都城,繁华胜景可称一时之盛。酒楼林立,既可装点繁华,又为公子王孙、名商大贾、风流才子提供了欢会消遣之所。

《水浒传》在表现水浒英雄气吞山河的一腔豪气时,也写了一些著名酒楼。如渭州的潘家酒楼,孟州的河阳风月,江州的浔阳楼,这些酒楼都是和水浒英雄联系在一起的。宋江发配江州,一天来到江州著名的酒楼浔阳楼,见楼门口朱红华表柱上挂有两块白粉牌,上写一副酒联:"世间无比酒,天下有名楼。"宋江来到楼上,凭栏而坐,独自一人饮起酒来,不成想酒惹愁肠,便乘着酒兴,提起笔来,在白粉壁上题《西江月》一首:"自幼曾攻经史,长成亦有权谋。恰似猛虎卧荒丘,潜伏爪牙忍受。　　不幸刺文双颊,那堪配在江州。他年若得报怨仇,血染浔阳江口。"接着又题了四句诗:"心在山东身在吴,飘蓬江海谩嗟吁。他时若遂凌云志,敢笑黄巢不丈夫。"宋江因为这首诗而被控谋反,招致杀身之祸,幸得梁山好汉劫法场,才救了他一条性命。

山东济宁有一座太白酒楼,因李白曾在此饮酒而闻名天下。唐代大诗人李白游历任城(今山东济宁市),与孔巢父、韩准、裴政、张叔明、陶沔居于徂徕山,每日酣饮,时号"竹溪六逸"。当时,贺知章为任城令,知李白等人诗名,遂在任城一家酒楼邀李白等人饮酒,后人遂称此楼为太白酒楼。太白酒楼在当地很有名气,虽经战火兵燹而依然留存,且饮客日众。文人墨客仰慕李白诗名,经历此地,必上酒楼豪饮一番,赋诗留念。其中大兴舒铁云的一首古风,仿李白《将进酒》,很有气魄:

结客须结贺知章,相士须相郭汾阳。此时当浮三大白,天地中间一酒国。公不必饮酒楼上眠,楼不必因公被酒传。但道公曾饮此地,至今往往有酒气。七尺之躯百尺楼,出亦愁,入亦愁。作诗尚有杜工部,上书安得韩荆州,除非天津桥南董糟邱。为公屈注庐山瀑,横卷沧海流。汉江三百绿鸭头,黄河之水天上不再收。感公痛饮日,惜公狂吟身。读公古乐府,知公谪仙人。一斗亦醉一石醉,万古长愁无价卖。海上钓鳌鳌无竿,江上骑鲸鲸无鞍。身不愿封万户侯,但愿一脱千金裘。飞上凤凰台,踢翻鹦鹉洲。沉香亭,花见羞,夜郎国,鬼与谋,须臾汤泉火城貉一丘,惟有青莲花开千秋。我欲折花当酒筹,而乃眼前突兀见此楼。

尽管舒氏说"楼不必因公被酒传",但太白酒楼如果不是和李白有这么一段渊源,恐怕就不会有这么大的名气,也不会有那么多的文人墨客如此钟情此楼,泼墨题诗了。

西子湖畔有一座很有名的酒楼——五柳居。它是以东晋大诗人陶渊明的《五柳先生传》中的主人公五柳先生命名的。陶渊明是一位大名士、大隐士,他性喜饮酒,在中国文学史上也是出了名的。清代康熙、乾隆年间,西湖边上出现了一座很有名的酒楼,它就是根据陶渊明的名作《五柳先生传》而命名的"五柳居"。酒家当时以此为酒楼名,显然是想以此招徕那些好酒喜文的文人雅士。这种目的果然达到了。当时许多人慕名而往,在这里饮酒赋诗,酒后狂吟。酒家不仅不加管束,而且还让他们题诗于墙壁,四面墙壁留下了许多或雅或俗或鄙的诗作。当时著名的文人袁枚、厉鹗曾饮酒于此。袁枚的《随园诗话》曾提到五柳居,说他年幼时游西湖,见有酒楼名五柳居,墙壁上题诗,有很多已被人抹去了,但西穆先生的一首诗,历时八年,仍历历如新。原来,酒楼主人和来此饮酒的客人都敬重西穆先生是大名士而有意保护它。这首诗是西穆先生和厉鹗为怀念友人分韵而作。其诗云:"一角西山雪未消,镜光磨照赤兰桥。小分寒影看梅色,半入春痕是柳条。闲里安排尘外迹,酒边珍重故人招。孤烟落日空台榭,岁晚重来话寂寥。"前四句全部化用西湖之景,流露出浓厚的孤寂清冷之意,后四句写怀人之情,切合陶渊明逸事,颇多伤感。

酒楼与酒联

有酒楼就有酒联。上面所说的"天下第一酒馆,四时应饥食店","送客船停枫叶岸,寻春人指杏花村","世间无比酒,天下有名楼",都是很有名的酒联。这些酒联原来都是属于某一酒楼的,但是,由于它并非专指某一酒店,而且又深得人们的喜爱,所以就很快流传开来,被广泛用于其他酒楼。

上面说到的一些酒联,应该属于通用酒联。这样的酒联很多,如:"绮阁云霞满,清樽日月夜","酣歌传世上,笑语落人间","学士欢留佩,诗人愿解貂","一楼风月当酣饮,万里河山豁醉眸","花映玉壶红影荡,月窥银瓮紫光浮",等等。由于是专门用于酒楼或酒店,所以,许多酒联都少不了"酒"字和"醉"字,给人酣饮至醉、一醉方休的感觉。下面再举一些较为有名的酒联:

浩歌转觉乾坤小
酣饮方知日月长

劝君更尽一杯酒
与尔同销万古愁

绿蚁斟来且邀月饮
金貂换去好向花倾

第十章 谐趣成妙对

竹叶杯中万里溪山间送绿
杏花村里一帘风月独飘香

　　前两联是劝人酣饮,以酒解愁,借酒浇愁,正所谓"杯里乾坤大,壶中日月长"。第三联则将酒文化史上很著名的典故嵌入其中。古人酿酒,酒熟之后,酒糟似蚂蚁浮于酒上,称为"浮蚁"。陶渊明《拟挽歌辞》其二有"春醪生浮蚁,何时更能尝"之句。又因酿酒的季节和酒糟的颜色各有不同,所以又把春醪称为"春蚁"或"绿蚁"、把秋季酿的酒称为"白蚁"(秋为金为白)。谢玄晖诗有"绿蚁方独持",庾信诗有"春蚁未曾开",侯穆诗有"白蚁泛金瓯",皆可为证。"金貂换酒"用的则是阮孚的故事,说的是西晋散骑侍郎阮孚性喜饮酒,把金貂拿去换酒喝了。晋武帝知道阮孚喜欢喝酒,就没有责备他。第四联则把竹叶青和杏花村两种酒名嵌入上下联中,并以"万里溪山"喻其酒历史悠久,以"一帘风月"喻酒楼风光独好,对仗颇为工整。
　　中国历史上有许多名人饮酒的典故,名楼、名酒、名人三者联系在一起,交相生辉,自然会起到招徕酒客的作用。有些酒联在这方面下工夫,颇有佳作。如:"天有酒星,地有酒泉,人有酒圣,三才齐临樊楼;水有五灵,曲有五谷,窖有五池,一杯还酹江月。"此联不仅纵横捭阖,天地山水,说古道今,而且对仗工整,天、地、人合为三才,水、曲、窖共酿一杯,而"樊楼"对"江月",一为宋,一为唐,皆是酒史盛事。下面一副酒联,既注重用典,又注意为酒楼作宣传:

市上数百家此是李翰林乐处
瓮边尺寸地可为毕吏部醉乡

　　上联的意思是:在众多酒楼中,只有这家酒楼是真正能够给文人墨客带来欢乐的地方;下联的意思是:酒楼虽然不大,却能让酒客一醉方休。上联用的是杜甫《饮中八仙歌》李白醉酒的典故："李白斗酒诗百篇,长安市上酒家眠。天子呼来不上船,自称臣是酒中仙。"长安市上那么多酒家,而能够让李白醉酒的,只有那么一家。他常在那里喝酒,喝醉了就在酒家睡下,哪怕是天子派人来叫他,他也不应诏。因为他不是寻常人物,而是酒仙。上联取此意,说明这家酒楼是街市上最好的。下联用的是毕卓醉酒的典故。毕卓生于两晋之际,少年简傲放达,为胡毋辅所知。东晋元帝大兴末年,官至吏部郎,史称"毕吏部"。他有一句名言:"一手持蟹螯,一手持酒杯,拍浮酒池中,便足了一生。"他为吏部郎时,同为郎官的邻居家新酿酒熟,这一天他喝醉了酒,闻到邻居家的酒香,夜里来到邻居家的酒瓮旁,取酒而饮,结果醉倒在酒瓮边。第二天,邻居家的仆人起来,见有人醉倒酒瓮边,而新酿的酒少了许多,就把他当成强盗抓了起来,然后告诉主人。主人来到一看,原来是毕吏部,就把他放了。毕卓醒来,拉住主人的手,在酒瓮边接着再喝,又喝得大醉。下联用这个典故,是来说明酒楼的酒好,闻着就想喝,喝了就醉,醉了还想喝。当然,如果不知道酒联中典故的出处,很难品味到酒联的妙处,自然也就无法了解酒联和酒楼的关系。

酒联中的人生哲理

用酒联赞美酒好、菜好、环境好,只是酒联的用途之一,也是最表面的意思。真正有品位的酒联,如同一首好诗,能够让人从中领略到美的意境,感悟人生哲理,学会为人处世,得到美的享受。如下一些酒联,教人淡泊功名利禄,得饮酒时且饮酒。如清人石成金撰集的酒联,有一些明显地表现出这样一种倾向:

须知乐事还宜酒,一醉如添千百年。

整日安闲无个事,时时把酒看青山。

且共樽酒醉复歌,莫问来朝事如何。

遇饮酒时须饮酒,嬉戏且作酒中仙。

山家酒熟往来频,野径幽花更媚人。

除却酒酣无一事,及时行乐莫因循。

人生休被名利牵,携樽日日醉花前。

莫思身外无穷事,且尽樽前有限杯。

这些酒联多是劝人饮酒行乐,不要蹉跎岁月,虚度年华,看来有些消极,但它劝人以平常心看待世人竞相追逐的功名利禄,要人们摆脱名缰利锁的束缚,通过饮酒求得一种心的宁静和平衡,却也有激浊扬清、纯洁世风的作用。

清人石成金有一组咏酒诗,尽道饮酒的快乐:

酒是人间禄,神仙祖代留。三杯和万事,一醉解千愁。
典衣沽酒饮,税地买花栽。非关平生事,时光不再来。
遇酒饮三盏,逢花插一枝。思量千古事,快乐是便宜。
数亩风烟地,招帘卖酒家。瓮头春拍塞,座和客喧哗。
逢花须插带,遇酒便斟尝。醉眠醒又饮,无日不风光。
扰扰驰名者,谁能一日闲?我来无伴侣,把酒对南山。
花下一樽酒,花前二月春。看花复饮酒,吾性乐天真。
竹叶杯浮绿,桃花脸上红。都将心内事,分付杯酒中。

石成金是一位深得酒中三昧的人。他以为,饮酒的妙趣有五,一是放虑,就是饮酒能够让人摈弃人世的烦恼和忧愁,忘掉富贵荣华功名利禄等一切身外之物,所谓"破除万事无过酒";二是娱心,能让人身心愉快,脱身愁城欲海,欢快异常;三是缓酌,在缓酌中慢慢品味醇酿佳味;四是微醉,邵康节所谓"美酒饮教微醉后,好花看到半开时";五是昼饮、小集、浅令。(《酒中趣》,载《传家宝全集·醒世钟》,中州古籍出版社2000年版)石成金对酒的品味和感悟,有着十分独到之处。上述酒联处处表现出豁达淡泊的一份平常心,蕴涵着深刻的人生哲理。他撰写的《快乐联瑾》中有一些酒联,既是其人生态度的表现,又反映出他对现实社会和世风民情的细微观察与特殊体味,融入了他对人生的深刻感悟:

　　云水中载酒,松篁里煎茶,岂必銮坡侍宴。
　　山林下著书,花鸟间得句,何须凤沼挥毫。

　　兴来醉倒落花前,天地即为衾枕。
　　机息坐忘磐石上,古今尽属蜉蝣。

　　不醉不醒两盏三杯任我。
　　无荣无辱明朝昨日由他。

　　曲径烟深,路接杏花酒舍。
　　澄江日落,门通杨柳人家。

　　座中有琴樽,燕来燕去皆朋友。
　　山中无历日,花开花落也春秋。

闲是闲非，不若三杯白醉。
机心机事，何如一枕黑甜。

鸟啼花放，且开静里佳怀。
酒热茶香，共享闲中清福。

花径缘客扫，为惜花茵仍积径。
钓矶沽酒去，因贪钓月复归矶。

世事已成蕉鹿梦，何须着意机关。
人生只似草虫微，正好放怀歌酒。

饭后黑甜，日中白醉，别是洞天。
茶铛酒臼，经案绳床，寻常福地。

斗酒久藏，身羡东坡内子。
败絮自拥，何惭靖节诸儿。

瓦盆盛酒，与金谷飞觞而一醉，同卧竹根，无贵无贱。
食前方丈，与藜藿充腹而一饱，曾无余饮，何富何贫。

斗酒鲈鱼，便可再游赤壁，不避肴核杯盘。
一觞一咏，即自盛会兰亭，何须管弦丝竹。

诗酒兴将残，剩却楼头几明月。
登临情不厌，平分江上半青天。

鹤唳雪月霜天，想见屈大夫醒时之激烈。

鸥眠春风暖日,会知陶处士醉里之风流。

人家在春水桥边,浮出几片落花,何异桃源洞口。
酒舍在烟霞堆里,听得数声啼鸟,不殊金谷名园。

野花艳目,不必牡丹。
村酒醉人,何须绿蚁。

世事无穷,奈了一件又来一件。
光阴有限,且饮三杯再添三杯。

在这些酒联中,人们看到的是淡泊的心境,平和的心态,平平常常,平淡是福。在这里,看不到壮怀激烈,看不到凌云豪气,看不到愤懑、惆怅、哀叹、悲伤,也看不到蝇营狗苟、尔虞我诈。所以,这些酒联不仅是在写酒,更是在写人,写社会,写世风民情。写人重在淡泊名利,任情自然,旷达潇洒,坦诚无虑;写社会着重于息事宁人,和平相处,积德行善,广结善缘;写世风人情重在淳朴天真,古道热肠,消除隔阂,摈弃嫌疑。

酒联虽是一种艺术,但因为它是为酒而写,因酒而撰,其内容自然多和酒文化史有关。同时,由于它只是用最精练的语言表达某种思想情感和文化观念,就不可能像戏曲、小说、诗歌、散文那样婉转曲折,层层推进,深刻丰富,也不可能像书法、绘画、音乐那样浓墨重彩,反复咏叹。楹联的样式决定了它的内容相对于其他艺术而言要简洁明快得多。这其实正是酒联的特点和优点之所在。

第十一章 机智与雅趣

——酒令中的文化现象

中国的酒文化特别发达,这不仅表现在酒厂多,酒楼多,酒店多,饮白酒和烈性酒的人多,白酒的产销量最大,而且表现在和酒有关的文化现象也特别丰富多彩。而酒令的发达和酒令种类的繁多,正是其标志之一。

酒令是中国文化的一种特色。它不仅记录了不同时期的社会、历史、文化风貌和风土人情,而且反映出中国人的聪明、智慧和幽默,反映出中国人对酒、酒文化乃至酒神精神的理解、感悟与把握。它把天文地理、自然风物、语言文字、生活用品以及一切与人们日常生活相关的事物,统统拿了过来,通过某种特殊的方法方式,劝人饮酒,为人助兴,活跃宴会气氛,同时又通过这种形式联络感情,加深了解,促进交流,增进友谊。从某种意义上说,喝酒只是一个由头,一个幌子,一块招牌,一种自娱娱人的方式,而其真正的意义则在于人与人的沟通与交流,在于思想的交流、感情的交流、文化观念的交流。

酒令源始

中国的造酒技术源远流长,从传说中的造酒始祖仪狄、杜康,到历代造酒名家,再到现代化的酿造工艺,中国的造酒已经有几千年的历史了。造酒是给人喝的,而要喝得痛快,喝得高兴,自然少不了酒令。中国人饮酒究竟是何时使用酒令,已经很难考证了。见诸文字记载的酒令,出现在公元前530年,也就是春秋时期鲁昭公十二年,距今大约二千五百多年。《左传·昭公十二年》记载:

> 晋侯以齐侯宴,中行穆子相。投壶。晋侯先。穆子曰:"有酒如淮,有肉如坻。寡君中此,为诸侯师。"中之。齐侯举矢,曰:"有酒如渑,有肉如陵。寡人中此,与君代兴。"亦中之。伯瑕谓穆子曰:"子失辞。吾固师诸侯矣,壶何为焉?其以中儁也,齐君弱吾君。归弗来矣!"穆子曰:"吾军帅强御,卒乘竞劝。今日犹古也。齐将何事?"

公元前531年,晋平公死,晋昭公即位。次年,也就是公元前530年,齐侯、卫侯、郑伯等到晋国,朝见晋国的新君。晋昭公宴请齐侯,让中行穆子作陪。为助酒兴,晋侯和齐侯行投壶令,将一壶置于中间,每人持矢朝壶中投,把矢投进壶中者不饮,投不进者饮。虽然此时晋国已不像晋文公时那么强大,但晋国毕竟是霸主,晋昭公不愿屈尊等同于其他诸侯,就让穆子代他来投。所以,穆子投壶时说"寡君中此,为诸侯师"。齐国在齐桓公时,也曾经风云一时,称霸诸侯。而今齐侯亦是不甘久居人下,说:"寡人中此,与君代兴。"显然有想和晋侯并驾齐驱的意思。他们以投壶的方式来饮酒,事实上是把投壶当做一种酒令来看待的。但是,由于对手是两个诸侯国君,且又是在暗中较劲,本应是助兴的酒令,在这里却演变成为政治斗争的一种方式,一种争强斗胜的外交手段了。

晋侯宴请齐侯,穆子与齐侯投壶,虽有令词,却无令官。而酒令严格地说是应由令官执行的,所以,把这次投壶看做是中国酒令之滥觞,还缺乏必要的要件元素。战国时期,魏文侯饮酒,令公乘不仁为觞政,出现了酒文化史上的第一个酒令官。有人以为公乘不仁为觞政是中国酒令之滥觞,有一定道理。魏文侯和群臣饮酒,让公乘不仁做酒司令,说:"饮不釂者,浮以大白。"意思是说如果有人不把酒杯中的酒喝干净,就罚他一大杯。这实际上就是让公乘不仁监督众人饮酒,行使酒司令的权力。有了酒监或酒司令,才可能出现真正的酒令。作为中国酒文化史上的第一个酒司令,公乘不仁倒是尽职尽责,见魏文侯没有喝干净,说:"罚君一大白。"魏文侯只当没听见。侍者提醒公乘不仁说:"请你退下去,君已经醉了。"公乘不仁说:"作为臣子,不能随意改变;作为君主,同样也不能随意改变。君已设令,而不按酒令去做,怎么可以呢?"魏文侯其实并没有醉,听了公乘不仁的话,说:"说得好!"举起杯来一饮而尽,并把公乘不仁作为上客对待。

到了西汉初年,竟出现了以军法行酒令的极端事例。吕后设宴,令朱虚侯刘章做酒监。刘章说:"臣是将门之子,请求用军法行酒令。"吕后没加多想就答应了他。喝酒的时候,吕后的娘家人有一人喝醉了,把酒洒了,刘章拔出剑来把他杀了,然后报告吕后:"有一人洒了酒,臣谨依军法,把他斩了。"吕后因有言在先,就没加追究。《红楼梦》中鸳鸯奉贾母之命为令官,曾说:"酒令大如军令。"但事实上,饮酒行令是不可能真的按军令去执行的,酒令如果真的严格到军令那种地步,那酒也就没法喝了,若是某人一不留神把酒洒了,或是违了令官之令,就稀里糊涂地脑袋搬了家,那该是多么可怕的事情啊!

虽然曾经出现过朱虚侯那样极端的事例,但喝酒的人对行酒令还是乐此不疲,因为酒令确有其独到的妙用。提神、助兴、侑酒自不必说,更主要的还在于它可以显示才华,表现智慧,了解他人,消除隔阂,加深印象,促进交流,加强沟通。至于借饮酒以求达到其他的目的,就更少不了酒令的帮助了,民谣所说的"酒杯一端,政策放宽;酒杯上手,原则全丢;哧溜一响,有话好讲;酒足饭停,不行也行;饭饱酒醉,不对也对;嘴巴一抹,事情办妥"等诸多极不正常的现象,恐怕都是在酒令的呐喊声中出现的。

花样繁多的酒令

正因为酒令有如此之多的妙用,古往今来各种各样的酒令层出不穷,花样翻新。除最早出现的投壶之外,还有骰令、筹令、划拳、骨牌、诗词令、文字游戏令、戏曲小说令、笑话酒令、故事酒令,以及为众多的人所乐于接受的通令等多种形式。随着时代的演进,各种酒令也在不断翻新,不断变化,被赋予新的社会文化内容,反映出时代的特色。如《西厢记》筹子令,见诸记载的就有三种,而且每一种都是一百筹。清人俞敦培《酒令丛抄》收有前人编制的《西厢记》酒筹令,他自己又编制了"艺云轩《西厢记》新令",此外,清人汪兆麒又有"集《西厢》筹令"。这三种《西厢记》酒筹令都是择取《西厢记》曲文和宾白,根据其意思,确定与其相关的人饮酒,但各有风貌,各有特色,行酒令时可以根据爱好做出选择,却是不可相互代替。即使是那些看似通俗易行的酒令,如很是流行的"剪子布锤"(又称"锤包锤")和"老虎杠子",其创制方法和思路是一样的,都是选择相互克制之物形成一个连环套,用相邻的两物决出胜负。但是,两者却不可相互替代。因为前者是用手势来表示,行令时可说可不说,且每次必分胜负,而后者却是用筷子敲击桌面,行令时必须说出你所选择的东西,而且它是四物循环,中间可以有间隔,不是每一次都必分胜负。这样的话,参与者就有了选择的余地,若想每次都有人喝酒,就选"剪子布锤",若想进行得慢一点,就选"老虎杠子"。

在谈及中国的酒令时,不能不对所谓的雅令与俗令做一说明。文化有雅俗之分,酒令也有雅俗之分,这原不是什么问题。但是若因此而把二者分出一个高下尊卑,就有些荒唐了。雅文化有其产生的背景和原因,有其发展流行的渠道,有其适用的场合,俗文化亦然,其产生、发展、流传和适用范围,都和民俗民众有着密不可分的关系。作为文化的一部分,可以把酒令分成雅与俗两类。但事实上,人们在行酒令的时候,常常有雅人随俗和俗人求雅的情况。比较文雅的酒令也需要入乡随俗,有一个随俗的过程,因为只有随俗才能为更多的人所接受;而较为通俗的酒令由于易行而常常被文人雅士拿过去用。如果把俗人求雅说成是附庸风雅,那么,雅人随俗也就有斯文扫地之嫌了。所以,不能机械地把酒令分成雅令与俗令,而应结合酒令形成的社会文化背景及其发展流行的情形,对中国酒令做出合乎客观实际的分类与描述。

对文人雅士来说,饮酒是一种生活,一种乐趣,一种人生,一种爱好,一种需求,一种体验。饮酒既是对人生的解构,也是对生活的消解。在历代文学创作中,酒是文人文思的润滑剂,可以催发神来之笔。也许正因如此,历代文人对酒都有一种特殊的感情。东晋大诗人陶渊明生性嗜酒,以为"酒能祛百病,菊为制颓龄",纵然"家贫不能常得",但也丝毫不能减弱他对酒的兴趣。他造酒、饮酒、咏酒,以至于昭明太子说"有疑陶渊明诗篇篇有酒"。唐代李白更是与酒有不解之缘,不论是高歌"仰天大笑出门去,我辈岂是蓬蒿人",还是失意时的"花间一壶酒,独酌无相亲",抑或是贵妃捧砚、力士脱靴而醉草《吓蛮书》,他都要饮酒放歌,惹得与他同时代的杜甫这样称赞他:"李白斗酒诗百篇,长安市上酒家眠。天子呼来不上船,自称臣是酒中仙。"苏东坡对酒有独到的见解和体味,以为"江左风流人,醉中亦求名。渊明独清真,谈笑得此生"。在高歌"大江东去,浪淘尽,千古风流人物"的时候,在感慨人生如梦的时候,他还十分清醒地劝人们"一尊还酹江月"。

在许许多多黄土里刨生活、肩头上担日月的普通人看来,酒也许就是一碗黄汤,一杯浊水,困了累了,喝几盅解解乏;愁了闷了,饮一杯消消气;怯了怕了,灌两壶壮壮胆。逢年过节,红白喜事,或是遇有亲朋好友,或是遇有远方来客,或是农闲无事,不论家里庭院、村边谷场,还是街头巷尾、旅馆弄堂,弄几碟小菜,拎几瓶小酒,几个人围在一起,一边唠嗑,一边捋胳膊伸拳,吆五喝六,很是热闹惬意。农家酒令不是划拳拇战伸指头,就是"老虎杠子"、"有没有",不会文绉绉的,一点儿也说不上雅。但喝酒行令的人却觉得它很有意思。听一听他们划拳的口令,如"一条龙"、"一枝花"、"哥俩好"、"二度梅"、"三星高照"、"连中三元"、"四季发财"、"四喜临门"、"五子登科"、"五星魁首"、"六六大顺"、"六出雪花"、"七个巧"、"七仙女"、"八仙过海"、"八面风"、"九连环"、"九重天"、"满堂彩"、"全来到",等等,你会觉得这不仅仅是一种口令,更是一种文化,一种带有农民的质朴、狡黠、机敏和幽默的文化,一种反映出几千年社会心理积淀的文化,一种表现出中国农民生活素养的文化。

　　一种好的酒令,不仅能够为广大酒友所接受,有相当广阔的流行区域,而且应该有一定的文化品位和文化内涵。如上述所说的划拳令,乍一看来吆五喝六,不那么文雅,但它可以说是目前最为流行的酒令。而且,从其令词来看,确实包含着很丰富的社会文化内容,也不缺少文化品位。"一枝花"、"二度梅"、"三星高照"、"四喜临门"、"五子登科"、"六出雪花"、"七个巧"、"八仙过海"、"九重天",等等,哪一句令词没有一个动人的故事?哪一句令词没有文化内涵?哪一句令词没有文化品位?正因为这种酒令具有丰富的文化内涵、较高的文化品位,它才能为包括许多文化人在内的广大民众所接受,才能在酒桌上宴会上盛行不衰,才具有旺盛的生命力。而那些出自文人骚客之手的所谓"雅令",虽然也很有文化品位和文化内涵,甚至曾经吸引了不少文人的注意,赢得了一片喝彩,但"雅"也成为它致命的缺陷,限制了它的受众,限制了它的流行。譬如《西厢记》筹子令,令词多选自有文雅之称的《西厢记》曲文,颇多"之、乎、者、也"之类,需识文断字才能行得。这样一来,那些没有机会接受文化教育的人,即使想行这种酒令,也没有那种条件。斗大的字识不了一箩筐,怎么念筹子上的令词?怎么行得了酒令？所以，只好敬而远之，对不起了。

中国有句俗话，叫做"无酒不成席"。不论什么样的宴会，只要想使气氛隆重热烈一些，喜庆的氛围更浓重一些，就不可能少了酒。没有酒的宴会该是怎样的情形，是不难想像的。可是，有了酒，有了名酒好酒，宴会也不一定就能办得很出色。这不仅涉及出席宴会者的文化素质和参与心理，而且还有个如何遵从酒礼和如何行酒令的问题。酒礼也是一门颇为复杂深奥的学问，姑且不论。这里只说酒令。如果有那么几个粗俗之人，不顾酒礼和主人的面子，行酒令时捋胳膊挽裤腿，大呼小叫，粗俗不堪，或者不分场合随便说一些有失雅道的黄色段子，自然会大煞风景，令人扫兴。如果行一些能够为大多数人接受的酒令，由大家推举一位正派公道的人主持酒令，做酒司令或酒监，或按次序轮流行令，或行飞觞令，既温文尔雅，不失礼数，又能活跃气氛，增进了解，加强交流，为宴会增光添彩。

"兰陵美酒郁金香，玉碗盛来琥珀光。但使主人能醉客，不知何处是他乡。"酒能醉人。若是主人殷勤好客，佳令连环，纵然是村醪浊酒，人岂能不醉？酒不醉人人自醉。若无豪客佳令，即使是兰陵美酒，如何能令客醉？能让客醉，固然是主人的一番美意；客走主安，又何尝不是客人的一种心情？倘若客人没能尽兴，或是醉得分不清东南西北，这样的酒不喝也罢。若要主客尽兴，二美兼得，岂能有酒无令？

梁实秋对酒有过精彩的评价："酒实在是妙。几杯落肚之后，就会觉得飘飘然，醺醺然。平素道貌岸然的人，也会绽出笑脸；一向沉默寡言的人，也会议论风生。再灌下几杯之后，所有的苦闷烦恼全都忘了。酒酣耳热，只觉得意气飞扬，不可一世。若不及时知止，可就难免玉山颓欹，剔吐纵横，甚至撒疯骂座，以及种种的酒失酒过全部的呈现出来。"（《饮酒》）酒的确是一柄双刃剑。它可以成刘邦之事、关羽之名，壮英雄行色，鼓三军士气，也可以使前嫌冰释,仇人言欢,路人如故,朋友情深。但是,酒也可以使人消沉,诱人堕落,成为色媒,招惹祸端。正如无名氏《酒祸》写的那样,"酒是伤人之物,平地能生荆棘。惺惺好汉昏迷,醉倒东西南北。看看手软脚酸,蓦地耳红面赤。弱者谈笑多言,强者逞凶斗力。官人断事乖方,史典文书堆积。狱卒不觉囚逃,皂隶横遭马踢。僧道更是猖狂,寺观登时狼藉。三清认做三官,观音唤做弥勒。医卜失志张皇,会饮交争座席。当归认做人参,丙丁唤做甲乙。乐人唤笛当箫,染匠以红为漆。推车哪管高低,把舵不知横直。打男骂女伤妻,鸡犬不得宁息。扬声叫讨茶汤,将来却又不吃。妻奴通宵不眠,搅得人家苦极。病魔无计支持,悔恨捶胸何益"。对爱酒嗜酒溺酒的人来说,这篇《酒祸》可以为戒。

　　酒是一柄双刃剑,酒令同样也有双重效果。林语堂先生论及中国的酒令时,说过这么一段话:"中国人对于酒的态度和酒席上的行为,在我的心目中,一部分是难于了解和应该斥责的,而一部分则是可加赞美的。"(《酒令》)他认为,应该斥责的是"强行劝酒以取乐":"凡是稍能饮酒者,必以酒量自豪,而总以为别人不如他自己。于是即有强行劝酒,希望灌醉别人的举动。但劝酒时,总是出之以欢乐友谊的精神,其结果即引起许多大笑声和哄闹声,但也使这次欢会增出不少的兴趣。宴席到了这种时候,情形极为有趣。客人好似都已忘形:有的高声唤添酒,有的走来走去和别人调换位,所有的人到了这时都已沉浸于狂欢之中,甚至也无所谓主客之别了。这种宴席到了后来,必以豁拳行令斗酒为归宿。各人都必用尽心机以能胜对方为荣,并且还须时时防对方的取巧作弊。其中的欢乐,大约即在这种竞争精神当中。"他赞美的是"声音的喧哗",是饮酒时划拳行令的韵致和节奏:"两个人同时伸出几个手指,一面各由口中高声喊猜,两方手指加起来的总数,猜着者为胜。所喊的一二三四等数字,都有极雅致的代表名词,如'七巧'、'八马'、'八仙过海'之类。豁拳伸指时,双方必须在快慢上和谐节拍,因之嘴里的喊声也随之而生出高低快慢、顿挫抑扬的韵调,如音乐中的节拍一般。还有些人在上下句喊声的中间插入一种如音乐的过门一般的句子。所以这种豁喊声可以连续地有节拍地接下去,直到两人之中有一个胜了,由输者喝完事先所约定的杯酒时,方暂时停顿一下子。这种豁拳并不是盲目胡猜,须极注意对方指数的习惯,而立刻加以极敏捷的推测。其兴趣完全看豁拳者是否高兴,和豁拳时音调是否迅速合拍而定。"

酒令中的智慧

有一个笑话,说的是甲乙两个农夫凑钱买了一壶酒,席地而坐,开始猜枚饮酒。猜枚的时候,甲老是输,他一边自己埋怨自己太倒霉,一边津津有味地喝酒,眼看一壶酒就要被甲喝光了,乙还没有尝到酒是什么味儿。就在这时,甲又输了。当甲拿起酒壶要喝的时候,乙一把抢过酒壶,说:"让我也倒霉一回吧!"一仰脖子,把壶中剩下的一点酒一饮而尽。在通常情况下,行酒令饮酒,一般人是不愿意多喝酒的,因为,喝酒多就意味着你的酒令不行,行酒令不是人家的对手。在行酒令时,人们总是想让别人多喝一些,自己少喝一点,所以总是想法多赢枚,而不是多赢酒。

要想多赢枚少输酒,除了技艺高超外,还要靠智慧。因为所谓行酒令,实际上就是斗智斗勇斗技巧,靠智慧让别人喝酒,并且要让别人喝得心服口服,承认自己技不如人,多喝酒也没话说。而酒令中的智慧,指的并不是在行酒令时要点小聪明,或是故意设下陷阱让对手往里跳,而是指酒令表现出来的智慧、机敏和狡黠。譬如笑话酒令、谜语酒令和歇后语酒令,都是智慧程度很高的酒令。

笑话是从全知的角度讲述无知的故事,但是,必须诙谐幽默,能够让人发笑才行。因此,它既要求故事平淡朴实,又要求结局出人意料,也就是说要有"包袱",而且讲笑话的人还要善于抖"包袄"。譬如邯郸淳《笑林》中鲁人持竿过城门的笑话,说的是鲁人持一根长竿过城门,横着过不去,竖着也过不去,横竖都过不去,十分着急。这时来了一个老者,说:"我虽然不是什么聪明人,但毕竟比你大了许多,经历的事比你多。你若是肯求教,我就告诉你怎么过城门。"鲁人急忙向老者求教。老者说:"这个太简单了,拿一把锯子,把长竿从中间锯断,就可以过去了。"鲁人一听,觉得是个好主意,就把长竿从中锯断,果然顺利地过了城门。鲁人十分佩服地说:"还是老者见识多啊!"再三向老者表示感谢。在这个笑话中,鲁人虽然愚昧,却是愚昧得可爱;老者自作聪明,实际也是愚不可及。再如《拊掌录》中的韩简讲《论语》,韩简生性粗豪,是一介武夫,很是看不起读书人。一天,他请来一个孝廉讲解《论语·为政篇》。第二天,他就对侍从说:"直到昨天我才明白,古时候的人竟是那么淳朴,直到三十岁的时候,才站起来走路。"故事的可笑之处在于韩简的自作聪明。孔子说,知之为知之,不知为不知,是知也。韩简不是儒生,不懂这些道理,偏要不懂装懂,把"三十而立"说成是古人30岁时才站起来走路。这种笑话不仅让人感到好笑,而且还显示出讲述者的智慧和幽默。

  谜语酒令就更需要智慧了。一人说个谜语,让宴会中的其他人猜,各人把谜底写在纸上交给令官,猜对者不喝,猜不对者罚酒一杯。若猜对者超过半数,出谜语的人要饮一杯;若是全部猜对,出谜语者还要加罚一杯。如果都猜不中,猜谜语的人每人饮一杯,罚一杯。在这种情况下,出谜语者和猜谜语者都需要智慧。首先,谜底只能是惟一的,而不能多解,否则,出谜语者受罚;其次,谜底既是惟一的,猜谜者就要根据谜面做出准确的判断,射中谜底,否则就要饮酒。所以,谜语酒令不论对出谜语者还是猜谜语者,都是一种智慧的考验和检测。清人黄周星曾作《廋词》酒令40笺,每一笺是四个谜语,谜底皆是古代人名。猜这种谜语,不仅要有丰富的历史文化知识,还要熟悉汉字的结构和特色。如第六笺"他家做知县,与我有何干";"寅卯合戊己,人称美男子",这两个谜语皆是打一人名。前一谜语,他作"伊"讲,现在上海人也把"他"说成"伊";知县即是县尹,又称"尹"。既然是别人做知县,当然和自己就没有什么关系。所以,此谜语的谜底是"伊尹",是商代一个很著名的人物。第二个谜语,地支中的寅卯对应为木,戊己对应为土,木土相合是一个"杜"字;"美男子"意思是说男子长得英俊,长得美,意为子美;前后合起来正好是杜甫的字"杜子美"。再如第十八笺"不是娥皇即女英,为何不号君夫人",娥皇、女英都是唐虞的夫人,现在却不能称她们为夫人,既然不能称为夫人,就只有降而为"姬"了,所以,这一谜语的谜底是"虞姬"。由此可见,制作这些谜语需要智慧,准确地猜出这些谜语,同样需要智慧。

再如歇后语酒令,也是一种表现一个人的智慧和幽默的酒令。歇后语是汉语言中十分精彩的部分,它通过类似谜语的形式,先说一句引语(类似谜面),接着再说一句话(类似谜底)来说明或解释前面一句话,前后存在着某种因果关系。但是,这种因果关系不是一看就能领悟出来的,而是需要智慧和幽默的。用歇后语行酒令,通常是从令官开始,依次说一句歇后语,说得出,只饮门杯,说不出,或者说出的歇后语不合规范,罚一杯。如:老鼠给猫送礼——舍财不要命,老和尚打伞——无法(发)无天,泥菩萨过河——自身难保,和尚头上的虱子——明摆着呢,三九天出门——动(冻)手动(冻)脚,唐三藏念经——正儿八经,孔夫子搬家——全是书(输),孔老二游列国——净是理(礼),土地爷离庙门——神不守舍,新媳妇见公婆——终有一拜(败),小偷遇到贼——都是道(盗)上的,拜佛进道观——进错了庙门,猪八戒的脊梁——无(悟)能之背(辈),一串钱吊在门槛上——里外半吊子,等等。歇后语酒令在陈述一件事情或讲说一个道理的时候,不是直言道来,而是用一句相关的话说出来,既幽默风趣,又富有智慧。用这样的歇后语行酒令,不仅能活跃气氛,而且还能启人心智,增长知识。

酒令中的经典

　　古时候，人们常常在很小的时候就开始学习《诗》、《书》、《礼》、《易》、《春秋》和《大学》、《中庸》、《论语》、《孟子》等儒家经典，到成年的时候，不少经典已烂熟于胸，随便什么时候，往往是张口就来。于是就出现了用儒家经典做酒令的情况。儒家经典本来是用来规范人们的思想文化行为的，如今拿过来做酒令，虽然看起来有些不恭敬，甚至有些滑稽，但在某种意义上说，以五经四书为酒令，也在一定程度上促进了儒家经典的普及。

　　五经四书入酒令，可以说由来已久。北宋时期，参知政事王安石实行变法，苏轼因与王安石政见不合，常常借酒发些牢骚。一天，他和二三文友小酌，提议用《易经》中的卦名行酒令。其方法是，先说一件事情，最后用两个卦名作总结，卦名和所说的事情要相契合，形成一个完整的意思，不然的话就算违例，罚酒一杯。第一个人先说："孟尝门下三千客，大有同人。"孟尝君是战国四公子之一，养了很多门客，其中有不少死士，所以说"大有同人"。大有、同人，皆是《易经》中的卦名；第二个人说："光武师渡滹沱河，既济未济。"光武帝刘秀即位前曾转战河北滹沱河畔，他率领的军队有的已经过河，有的还没有过河，所以说是"既济未济"。既济、未济，皆是卦名；第三个人说："刘宽婢羹污朝衣，家人小过。"前句说刘宽的婢女来送羹汤时，一不小心把刘宽的朝衣弄脏了，但这只不过是家人小小的过失。家人、小过，也都是卦名。轮到苏轼时，他说了一句："牛僧孺父子犯罪，先斩小畜，再斩大畜。"牛僧孺之姓属牲畜类，所以苏轼把他们父子说成小畜、大畜，而小畜、大畜皆是卦名。据说，苏轼说这句酒令是为了发泄对王安石父子的不满情绪。此后，以儒家经典为酒令的情况就多了起来，至清代达到了登峰造极的地步。著名诗人朱彝尊曾经以四书中的四字句叶阴、阳、上、去四声者为酒令,仅集得两句,一句是"康子馈药",一句是"兵刃既接"。有一次,查浦来拜访,二人饮酒行令,朱彝尊就要求行这种酒令,查浦冥思苦想了半夜,都没有找到对句,急得心火迸发,把左耳朵给急聋了。后来,阮葵生仿照朱彝尊之例,集得38句,《茶余客话》中有详细记载。

以经典为酒令的例子很多。其方法是选取五经四书中的句子,按照一定的要求和规则组成酒令。如《诗经》花名令,取《诗经》中的两句诗,按照一定的形式,如并头、并蒂、连理、交加、参差、叶底,等等,使两句诗能够凑成一种花名。聊举例如下:

并头花名令
鸡既鸣矣,冠緌双止——鸡冠花。
月离于毕,季女斯饥——月季花。
锦衾烂兮,带则有余——锦带花。
并蒂花名令
有秋之杜,其叶沃若——杜若花。
阚若虓虎,言提其耳——虎耳花。
莫之敢指,能不我甲——指甲花。
连理花名令
鸢飞戾天,竹闭绲縢——天竹花。
磐无不宜,男子之祥——宜男花。
既溥既长,春日载阳——长春花。
含蕊花名令
佩玉锵锵,梵兰之枝——玉兰花。
白石凿凿,篆竹猗猗——石竹花。
凤夜必谐,其香始升——夜来香。
交加花名令
百两御之,天作之合——百合花。
芸其黄矣,有飶其香——芸香花。

杨园之到,有菀者柳——杨柳花。

参差花名令

白露未晞,莫敢我葵——露葵花。

式相好矣,岂不尔思——相思花。

不素餐兮,尔既有馨——素馨花。

叶底花名令

日居月诸,有齐季女——月季花。

自求辛蛰,亦不夷怿——辛夷花。

爰来棠矣,咸仪棣棣——棠棣花。

取四书中的句子,隐含人物名、地名、中药名、花名,以之为酒令,也是十分常见的酒令。隐含人物名的酒令有两种。一种是随意取四书中的两个句子,上句取姓,下句取名,合之而为人物名。清朝梁绍壬和许周生为长夜之饮,曾以这种方式行酒令。如:曹交问曰,植其杖而耘——曹植;爰及女姜,曲肱而枕之——姜肱;孟子自范之齐,以追蠡——范蠡;昔者公刘好货,晨门问——刘晨;井上有李,文理密察——李密;而在萧墙之内也,公孙衍——萧衍,等等。有的酒令则是取四书中的一句话,根据其意思引申出人物名,如:子欲往——许行,武王伐纣——周兴,朋友之交也——第五伦;孟子见梁惠王——魏征,五谷不生——田光,寡人好勇——王猛,今有受人之羊——杜牧,等等。

隐含地名的酒令,和四书隐人名令的第一种方式相似,也是随意取四书中的两个句子,要求上句的最后一字和下句的第一个字合成一个地名。如:事孰为大,兴于诗——大兴;苟日新,阳货欲见孔子——新阳;教者必以正,定而后能虑——正定;止子路宿,迁于负夏——宿迁;彼以其富,阳货欲见孔子——富阳;草上之风必偃,师也——偃师;遂有南阳,城非不高也——阳城;颠而不扶,风乎舞雩——扶风,等等。

四书隐含药名的酒令,其方式与人物名、地名酒令相似,同样是随意取四书中的两个句子,上句最后一字和下句第一个字合为一种中药名,如:道不远人,参也鲁——人参;诸侯之宝三,七里之郭——三七;白云之白,微子去之——白微;臧武仲以防,风乎舞雩——防风;不知为不知,母命也——知母;殷鉴不远,志于道——远志;事亲为大,黄衣狐裘——大黄;长一身有半,夏日则饮水——半夏;与其弟辛,夷子思以易天下——辛夷。另有一种四书隐药名令,只说四书中的一句话,要求这句话中暗含一种药名,如:舟车所至——木通,管仲不死——独活,有寒疾——防风,夫人幼而学之——远志,等等。四书隐花名令与四书隐药名令相似,也是随意取四书中的一句话,使其暗含一种花名,如:夫子哂之——含笑,一日曝之——向日葵,隐者也——菊花,峻极于天——凌霄,素富贵——白牡丹。

  古人行酒令既别出心裁,又有很大的随意性,兴之所至,随意撷取。只要参加宴会的人都有这种兴趣,就可以拿过来用。所以,四书五经等儒家经典中的句子进入酒令的情况很普遍,见诸文献记载的这类酒令就很多。如《诗经》贯曲牌古诗令、《论语》顶针令、《论语》颠倒令、四书贯俗语令、四书贯戏名令、四书贯诗句令、四书贯《千字文》令、四书贯卦名令、四书连理令、四书同体令、四书数目令,等等。这些酒令既是以经典入酒令,又构思巧妙,花样翻新,从中可以看出酒令与传统文化的密切关系。

酒令与诗词

  中国是诗的国度。早在春秋末年,孔子就曾说过:"不学诗,无以言。"把诗作为人际交往所必备的条件。写诗、诵诗、联诗唱和,不仅可以显示出一个人的文化水平和文化修养,而且还是社交活动必不可少的一种本领。西周时期,诸侯国的官员奉命出使他国,常常引用《诗经》中的句子作为外交辞令。后来,人们也常常引用

《诗经》作为辩论或立论的根据。三国时期,西蜀秦宓和东吴张温辩论,就把《诗经》中的诗句作为自己的理论依据。张温问:"天有头乎?"秦宓说:"有头。"张温问:"头在何方?"秦宓回答:"在西方。《诗》云'乃眷西顾'。以此推之,头在西方。"张温又问:"天有耳乎?"秦宓回答:"天处高而听卑。《诗》云'鹤鸣九皋,声闻于天'。无耳何以能听?"张温又问:"天有足乎?"秦宓回答:"有足。《诗》云'天步艰难'。无足何能步?"可见,诗歌早已深入到人们的日常文化生活中。在酒席宴会上,人们也常常以诗词为酒令,采取吟诗联对的方式侑酒助兴。中国的诗词酒令有很多种,常见的也不下几十种。清代佚名作者的《新刻时尚华筵趣乐谈笑酒令》和其他一些酒文化著作,都收有许多诗词酒令。

诗词为酒令,最为常见的是限字酒令、限韵酒令和飞觞令。所谓限字酒令,就是要求每人吟一句诗,诗句中必须有酒令要求的某一个字,如春字诗令、秋字诗令、月字诗令、花字诗令、酒字诗令,等等。限韵酒令,则是要求每人所吟的诗句必须合乎限定的诗韵。飞觞令则是限字诗令的一种变化,要求参加宴会的人都用某一字吟一句诗,而这个字在诗句中所处的位置必须合乎要求,譬如第一个人吟的诗句,某字在句首,第二个人吟的诗句,某字就应是第二个字,依次类推。

诗词酒令中还有一种限色诗令。所谓限色诗令,就是要求每一个行酒令的人吟一句含有颜色词的古诗,但诗中的颜色词必须合乎限定的颜色,不能相混杂。譬如限赤色令,行酒令的人就要吟一句含有赤色的词的古诗,限白色,就要吟一句含有白色的词的古诗。若限二色,诗句中就要有两种颜色词。如:"水绿天青不起尘"(李白《上皇西巡南京歌》),"丹青不知老将至"(杜甫《丹青引》),"绿杨荫里白沙堤"(白居易《钱塘湖春行》),"六宫粉黛无颜色"(白居易《长恨歌》),"水碧山青知好处"(刘禹锡《中逢韩七之吴兴》),"千里莺啼绿映红"(杜牧《江南春》),等等。

诗词酒令中有一种很有意思的酒令,叫改字诗词令。其方法是行令者先吟一句古诗词,故意将其中的某一词改动,席中任意一人听出来皆可发问:"为何作此改动?"行令者就要再吟一句古诗词作答,前后两句诗词要文义贯通,自圆其说,言之成理。如有一人吟的是"少小离家老二回",这时就有人发问:"明明是'老大',为何说是'老二'?"行令者回答道:"只因'老大嫁作商人妇'。"行令者吟了一句"菜花依旧笑春风",众人发问:"明明是'桃花',为何变成了'菜花'?"答曰:"只因'桃花净尽菜花开'。"行令者吟了一句"旧时王谢堂前花",众人发问:"明明是'燕',为何变成了'花'?"答曰:"只因'红燕自归花自开'。"行令者吟了一句"一江秋水向东流",众人问道:"明明是'春水',为何变成了'秋水'?"答曰:"只因'流水落花春去也'。"行令者吟一句"嫁与西风春不管",众人问:"明明是'嫁与东风',为何说是'嫁与西风'?"答曰:"只因'东风恶,欢情薄'。"行令者吟一句"芙蓉帐寒度春宵",众人问:"为何不暖?"答曰:"只因'罗衾不耐五更寒'。"行令者吟一句"夜半钟声到家船",众人问:"明明是'客',为何说'家'?"答曰:"只因'梦里不知身是客'。"这类酒令既是吟诗,又半带调侃,很能活跃宴会气氛。

酒令与戏曲小说

中国古代的戏曲小说,如元杂剧、宋元话本、明代拟话本,最初都是以俗文学的面目出现的,它们从民众的日常生活中而来,在民间具有广泛的市场和影响。这一特点决定了它与酒令的天然联系,戏曲小说进入酒令的情况十分普遍。在流行面较广的筹子令中,《西厢记》筹子令竟多达三种,而且每种都是上百筹,《红楼梦》、《镜花缘》、《三国演义》、《水浒传》等小说,也都有人编制筹子令。

如《水浒传》筹子令,是取小说中与饮酒有关的章节编制而成。其方法是自令官开始,轮流掣筹子一枝,按照筹子上所说饮酒。这种筹子令共八筹,简略介绍如下。第一筹是"李逵大闹浔阳江",确定首二座为宋江、戴宗,末座为张顺,得筹之人为李逵,先饮一大杯,宋江和戴宗各陪饮一小杯,然后,李逵与张顺猜十拳,张顺输,饮酒,李逵输,饮茶水;第二筹是"武松醉夺快活林",得筹者为武松,先饮三杯,与对面蒋门神划拳,要连赢三拳才算过,然后再打通关拳,无三不过;第三筹是"鲁智深醉打山门",得筹者为鲁智深,先饮一大杯,首二座为金刚,得筹者与每人猜三拳;第四筹是"金翠莲酒楼卖唱",首二三座为鲁达、李忠、史进,得筹者为金翠莲,或弹或歌,向三人敬酒;第五筹是"一丈青擒王矮虎",得筹者为一丈青,与并坐者猜拳,胜后牵巾饮交杯酒,合座共饮一杯以示庆贺;第六筹是"景阳冈武松打虎",得筹者为武松,三碗不过冈,先饮三大杯,然后与寅年生人,或姓名中有虎字的人划拳,胜则止;第七筹为"请诸邻武松杀嫂",得筹者为武松,以左右四座为四邻,每人各照三杯。年少无胡须者为嫂,与之猜拳,胜则止;第八筹为"梁山泊群雄聚义",合席各饮三杯。这种酒令根据《水浒传》的故事编制而成,饮酒、划拳、敬酒、打关皆与水浒故事有一定联系,趣味性很强。此外,访西施令、捉曹操令、访崔莺莺令、访林黛玉令,也都很有意思,是筹子令中实用性较强的酒令。

人们还根据古典小说中的一些著名人物编制成酒令,《三国演义》、《水浒传》、《西游记》、《红楼梦》四大古典名著中的人物,都有人把他们编入酒令。这类酒令不仅显示出酒文化的智慧,而且趣味性很强,也广为流行。举例如下:

《三国演义》人名令

凿壁偷光——孔明。

存以后用——刘备。

孔雀收屏——关羽。

展翅凌云——张飞。
桃李逢春——张苞。
人才得失——关兴。
一模一样——雷同。
相貌堂堂——颜良。
不许干涉——杜预。
不看言辞——蒋干。
赤兔殉主——马忠。
汉朝文书——刘表。
四面囤粮——周仓。
告诉众人——周瑜。
山东点心——鲁肃。
城墙坚固——郭嘉。
洞中雪消——孔融。

《水浒传》人名令
斗转星移——时迁。
万紫千红——花荣。
元前明后——宋清。
通灵宝玉——石秀。
单刀赴会——关胜。
后生可畏——童威。
功夫欠佳——武松。
不许搬动——杜迁。
对手弃权——白胜。
废弃物品——吴用。
绳子多余——索超。
敕令大赦——施恩。
不喜张狂——郝思文。

四方顺畅——周通。
冬去夏来——穆春。
四方烽火——魏定国。

《红楼梦》人名令
正月初一——元春。
踏雪寻梅——探春。
除旧布新——迎春。
花香扑鼻——袭人。
芝兰其气——蕙香。
稀世之簪——宝钗。
凤鸣岐山——周瑞。
微火烹茶——焙茗。
貌似端庄——贾政。
貌似清廉——贾琏。
戏中老旦——贾母。
警犬破案——晴雯。
冒牌猫眼——贾宝玉。
藏姓埋名——甄士隐。

现代社会还出现了以小说人物故事为歇后语的现象。这些歇后语或是说明一种社会现象，或是表述一件事实，或是描摹一种心态，惟妙惟肖，恰如其分。有的人把这些歇后语拿来行酒令，也很有意思。略举数例如下：

《三国演义》歇后语
刘备摔孩子——收买人心。
许褚战马超——脱了再干。
刘备的夫人——没事（糜氏）。
周瑜打黄盖——愿打愿挨。
徐庶进曹营——一言不发。

东吴大将——干拧(甘宁)。
关云长放曹操——念的是旧情。
吕布掉井里——使不得戟(戟)。
《水浒传》歇后语
武松打虎——硬上纲(冈)。
孙二娘开店——进不得。
林冲上梁山——被逼无奈。
李鬼拦路劫李逵——遇上真的了。
潘金莲的竹竿子——惹祸的根苗。
潘金莲给武松敬酒——心怀鬼胎。
石秀进祝家庄——少不了走盘陀路。
晁盖的军师——无(吴)用。
武大郎开店——高低(的)不要。
《西游记》歇后语
孙悟空进南天门——慌了神。
齐天大圣做弼马温——不知官大小。
牛魔王请客——净是妖。
猪八戒的脊梁骨——无(悟)能之辈。
海龙王搬家——厉害(离海)。
白骨精见唐僧——净是骗。
唐僧的紧箍咒——约束别人。
海龙王找女婿——汤里来水里去。
铁扇公主肚里的孙猴子——祸胎。
《红楼梦》歇后语
贾宝玉的丫鬟——喜(袭)人。
梅香拜把子——都是奴才。
贾宝玉结婚——不是心上的人儿。
贾宝玉的父亲——假正(贾政)。

刘姥姥进大观园——开了眼了。
刘姥姥上席——净出洋相。
焦大不爱林妹妹——有自知之明。
林黛玉看《西厢》——入了神。

　　这些歇后语酒令虽然出自小说,但它却来自生活,反映出人们对社会现象和日常文化生活的细致观察和深刻体验,既幽默机趣,又启人心智,因而得以广泛流行。

　　酒令是一种文化,一种蕴涵着丰富的社会经验和文化知识的文化,一种有着厚重历史感和较高审美价值的文化。也许正是因此,明清时期的文人墨客才对酒令给予了较多的关注,不仅小说家经常在他们的作品中写到酒令,如《金瓶梅》、《红楼梦》、《镜花缘》等,而且笔记野史也对酒令很感兴趣,记载或编写了许多具有较高文化品位的酒令,如明田艺蘅的《留青日札》、《小酒令》,清石成金的《酒中趣》、《如意珠新喜酒令》、《快乐酒令》,郎廷极的《胜饮编》,俞敦培的《酒令丛抄》等等,不仅写到了酒令,而且还把酒令作为一种文化现象加以综合考察,梳理源流,勾勒发展轨迹,考察酒令与社会生活、世风民俗、文化变迁的关系,描述酒令在不同时代的不同表现,记载了许多既具有丰富文化内涵又富有知识性、趣味性的酒令,为人们认识和了解酒令及酒文化提供了很大便利。

　　从有关酒令和酒文化的著作中,我们不仅可以发现酒令的产生、发展、流行与社会、政治、文化、世风、民俗有着极为密切的关系和很大的关联度,而且还可以发现酒神精神和酒文化的真谛在酒令中也得到了很好的表现。尤其是在表现乐观精神、幽默机趣、生活哲理、人生思考等方面,酒令更具有其他艺术所不能替代的作用。透过戏曲、小说、笔记野史等泛俗文化作品,人们可以看到酒令中包容的丰富的社会文化内容,了解到中国文化的深厚积淀和内涵,认识到酒令对中国文化尤其是对酒文化的特殊贡献。

第十二章　礼仪与警示

——酒箴与酒诫漫谈

　　随着酒的出现,嗜酒的人也就多了起来。传说仪狄造酒出来之后,献给大禹,大禹饮后觉得其味甘美,很是高兴。可是,他很快就意识到了会有人沉醉于酒的甘美而荒淫误事,甚至会因酒误国,于是"遂疏仪狄而绝旨酒"。然而,美酒的芳香甘醇实在太诱惑人了,许多人禁不住美酒的诱惑而沉湎酒乡,迷而不返。如果是寻常人物,问题还不大,如果是一国之君沉湎于酒,危害就大了。夏启淫于康乐,野于饮食,"湛湎于酒";夏桀更是为酒池之乐,开凿大池,池中灌满酒,驾舟在池中游玩,"醉而溺死者,末喜笑之以为乐"。夏桀"日夜与末喜及宫女饮酒,无有休时"(刘向《列女传·夏桀末喜传》),终于导致夏朝覆亡。商朝的纣王也是喜酒好色之徒,他"好酒淫乐,嬖于妇人。以酒为池,具肉为林,使男女裸,相逐其间,为长夜之饮"(《史记·殷本纪》),整日沉醉在酒池肉林堆积起来的荒淫无耻的生活中。商汤好不容易从夏桀手中夺得的江山,终于被他葬送了。

　　也许是太多的前车之鉴,使许多有识之士对酒产生了防范意识。他们以为醉酒误事误国,嗜酒虚耗人生、消解人的意志,而酗酒更容易使人身心受到伤害,甚至导致犯罪。正是基于这样一种认识,从酒出现之时起,人们在热烈欢迎和热情拥抱它的同时,也不由自主地对它产生了警惕。人们担心酒神精神的过分张扬,酒精的无限度摄入,会对人们的生活造成极大的负面影响,对社会秩序、文化规范造成太大的冲击。中国文化史上的酒诰、酒箴、酒诫，大都是在这样一种文化心理的作用下产生的。

《酒诰》：中国第一个关于酒的政令

西周建立后，周公旦以殷鉴不远而作《酒诰》，禁止群饮、滥饮。"惟荒腆于酒，不惟自息，乃逸厥心嫉恨……庶群自酒，腥闻在上，故天降丧于殷"，把殷朝的覆亡归咎于荒淫酒事。康叔封于卫，将往封地，周公告诫康叔："群饮，汝勿佚。以归于周，予其杀。"意思是说，康叔和众人饮酒时，不要饮酒无度，不然的话，回到周地，我是饶不了你的。至于殷地的子民，原来就有饮酒的习俗，因此不要一开始就大开杀戒，而要先教育引导他们，所谓"毋庸杀之，姑惟教之"。而对那些不听教化的人，则要给予严厉惩处，该杀的还是要杀。周公以为，酒是用于祭祀的，祭祀之时可以喝一些，喝的时候"德将无醉"，按照道德规范的要求喝，而不能喝醉。平时可以喝一点，但不要喝得烂醉。见载于《尚书》的这篇《酒诰》，可以说是中国历史上第一篇关于酒的政令，对于酒和饮酒者较为宽容，只不过不允许人们饮酒烂醉而已。

饮酒是礼仪的表现，所以古人有酒以成礼的说法。正是出于这种认识，《酒诰》并不反对饮酒，只是反对酗酒，因为酗酒会造成很大危害，大则可以丧邦辱国，小则丧失道德礼仪。酗酒既能造成如此之大的危害，所以必须严加禁止。这正是《酒诰》的目的之所在。它告诫人们不要经常饮酒，更不要饮酒至醉，如果一定要饮的话，也应在祭祀神灵和祖先的时候，按照礼仪规范，适量饮上一些，所谓"无彝酒。越庶国饮惟祀，德将无醉"。它虽然告诫康叔和其封地的子民不要经常饮酒，不要酗酒，不要沉湎于酒，但并无禁酒、断酒的意思。有人把《酒诰》作为中国第一部禁酒令来看，是不符合实际的。作为第一部关于酒的政令，它最基本的意思，是告诫人们饮酒有度有节有时。在酒文化史上,这篇《酒诰》有着十分特殊的意义。

《乡饮酒义》：中国最早的酒礼

中国是礼仪之邦,饮酒也有独特的礼仪。最早有关饮酒的礼仪,就是《礼记·乡饮酒义》。所谓乡饮,指的是乡人按照规定的时节礼仪饮酒,主要是为了让人们通过饮酒明白长幼之序,明白尊卑贵贱之理,严守伦理道德之大防,而不要轻易逾越。

《乡饮酒义》对饮酒的礼仪有很烦琐的规定。酒会的主持者在庠(即乡里的学校)门前施礼迎接前来参加宴会的宾客,待来客入门后,行拱手礼三次,才能到达后面的台阶,再谦让三次才登上台阶,以这种方式表示对来宾的谦敬礼让。然后,主持者端水上来,让来宾洗手,并当众把爵(一种饮酒的器皿)洗干净,以此来表示洁净。接着,宾主一起来到堂上,施拜祭之礼,经过拜至、拜洗、拜受、拜送、拜既五个环节,才算完成。通过这样的方式,表示尊让和洁净。古人以为,君子尊让则不争,洁净则不慢。如果不慢不争,就不会发生辩论或争斗,当然也就不会有暴乱或犯上作乱的事情发生。

人们经过烦琐的礼节就位之后,还不能立即饮酒。因为饮酒的时候还有许许多多的礼节。按照当时的礼仪规定,60岁以上的人可以坐下来饮酒,而50岁左右的人只能站着饮酒,在老人旁侍候,听候差遣,以此来表示对长者的尊敬。座位也很有讲究,主人坐在宴席的东边,宾客坐北边面向南而坐,其他人只能一旁侍立。饮酒的数量也有很严格的规定,年岁越大,就可以喝得越多,而不论他是否能饮那么多。60岁以上的人可以喝三豆(一种饮酒的器皿),70岁以上的人可以喝四豆,80岁以上的人可以喝五豆,90岁以上的人可以喝六豆。据说这样做是为了表示对老人的奉养之意。而血气方刚的年轻人，不仅不能坐下来饮酒，甚至连饮酒的份儿也没有。

饮酒的时候，还有歌舞侑酒助兴。歌舞表演时，也严格按照尊卑贵贱的等级观念的要求去做，而不是随心所欲，想怎么来就怎么来。乐工来到大堂上，唱《鹿鸣》、《四牡》和《皇皇者华》三支曲子，每一曲结束时，主人就向来宾敬酒，三支曲子结束后，主人向乐工敬酒；乐工退下后，笙人来到大堂的台阶下，演奏《南陔》、《白华》、《华黍》三支曲子，每一支曲子结束时，主人就向来宾敬酒，三支曲子结束后，主人向笙人敬酒。接着是乐工和笙人交换位置，轮流演唱。参加宴会的人则在乐工演唱时相互敬酒，由年幼的开始，按年龄大小，幼者敬长者。

乡饮酒分多种形式。一是大比之饮，即选拔人才前举行的饮酒活动。乡人每三年举行一次选拔贤能的仪式，仪式开始之前，乡老及乡大夫率领乡吏和百姓招待来宾，要先举行饮酒礼。二是每年举行的祭祀鬼神的活动，由乡吏主持，百姓按顺序饮酒。三是州长练习射箭之前，要先举行乡饮。党正举行的腊祭，也要按礼仪举行乡饮。上面所说的饮酒礼，实际上只是大比之饮，即宴请乡里贤才时举行的宴会。由于乡饮的礼仪既十分繁杂琐碎，又等级森严，后世能够真正按照其要求饮酒者，实在是少之又少。在人们的社会生活中，这种饮酒的礼仪大部分都被废除了。但从宴饮时分主宾、尊长者等习俗中，仍依稀可以看到古代酒礼的遗风。

汉代以后之酒禁

中国的酒风很盛，上自帝王，下迄黎民百姓，高兴时要饮酒，不高兴时也要饮酒；添丁进口要饮酒，遇有丧葬之事也要饮酒；节日庆典要饮酒，亲朋相聚更要饮酒。酒成了人们日常生活的一部分。既要饮酒，就有醉酒者，有酗酒者，有因酒闹事者，有因酒误国者。

同时,酿酒还要耗费大量的粮食,在一个农耕社会,在一个把种地务农作为立国之根本的国度,耗费粮食该是如何令人心痛的一件事情!尤其是遇有旱涝虫雹等自然灾害和战乱兵燹等人祸,耗费粮食就是国家的一大祸患,就是对生命本体的一种威胁。所以,自周公作《酒诰》之后,历代帝王出于不同的目的,陆陆续续颁布了一些禁酒令。

汉高祖即位,萧何根据汉朝当时的情况,取秦律可用者,又加审定,确定为九律。曹参为相,一依其旧,故史称"萧律曹随"。两汉绵延约四百年,实行的皆是萧何律。汉代法律规定,三人以上聚饮,若无合适的理由,就要处罚金四两。这是一条看起来很严格但实行起来却很困难的法律,弹性很大,没有多少可操作性。所谓"无故",是一个弹性很大的词,你说无故,他说事出有因,因此,操作性不是很强,也可以说有很大的漏洞。汉人制定这条法律,不是没有注意到这一点,实际上不过是借助法律的名义,对饮酒行为施加一些约束,对聚众而饮、饮后闹事者起到某种威慑作用。汉文帝后元元年(前163)颁诏,禁止卖酒,理由是酿酒太浪费粮食。此时正值楚汉战争之后,百姓亟待休养生息,粮食弥足珍贵,汉文帝禁止卖酒,是为了利用有限的粮食,尽快恢复生产,藏富于民,有一定的积极意义。

西汉成帝时,班伯曾向汉成帝上书,以为人之荒淫皆源于酒:"沉湎于酒,微子所以告去也。式号式呼,大雅所以流连也。《诗》、《书》荒淫之戒,其源皆在于酒。"班伯视酒为荒淫之源,有一定的代表性。所谓沉湎于酒,指的是不论能饮不能饮,都要求一样地喝酒,一样地高兴,而且喝酒时闭门而饮,只知有酒,不知有他,只喝得昏天黑地,一醉方休。正是因此,《韩诗外传》说:"君子可以宴,可以醧,不可以沉,不可以湎。"

东汉末年,曹操为丞相,因连年战乱饥馑,百姓流离失所,民不聊生,粮食短缺,下令禁酒。这一下惹得"座上客常满,樽中酒不空"的孔融很不高兴,他两次上书曹操,和曹操理论禁酒的事,一次盛言酒之功效,一次一针见血地指出曹操禁酒是吝惜那么一点粮食。曹操因当时天下未定,而孔融又是享名天下的大名士,对孔融的挑衅暂时不予理睬。等北方稍稍安定,他就指使他人诬告孔融,将孔融杀了。

刘备为帝西蜀,因天旱歉收,曾颁布过禁酒令。其禁令更为严酷,不要说是酿酒,就是家中藏有酿酒器具的人,一旦发现,就要杀头。刘备给人们的印象是仁慈之君,但在禁酒上,他却少了一些仁慈。有一次,简雍陪刘备登楼观景,见远处有一对男女结伴而行,灵机一动,对刘备说:"那一对男女将行奸淫之事,大王应把他们抓起来治罪!"刘备不解,问:"你怎么知道他们将行奸淫之事呢?"简雍很幽默地说:"因为他们都有行奸的器具。"刘备愣了一会儿,终于明白了简雍的用意,遂下令开放酒禁。但是,后代帝王禁酒,有更甚于刘备者。北魏文成帝太安四年(458)颁布诏令,不论酿酒、卖酒还是饮酒的人,一旦发现,一律斩首。金海陵王完颜亮正隆五年(1160)颁诏禁酒,朝廷官员若是饮酒要处死。元世祖忽必烈至元二十年(1283)的禁酒令也很严酷,造酒的人不仅要发配为奴,而且其子女财产都要充公。对付酿酒、卖酒竟要使用如此重典,一方面固然反映出农耕社会对粮食的珍惜,对嗜酒酗酒者的无奈,反映出古代酒禁的严酷,另一方面也表明当权者在社会管理方面是如何的软弱和无能。

清代学人顾炎武认为,历代帝王禁酒时紧时松,紧是为了防止生乱,松则是为了获取酤酒之利。他说:"武帝天汉三年,初榷酒酤。昭帝始元六年,用贤良文学之议,罢之。而犹今民得以律占租卖酒,升四钱,遂以为利国之一孔,而酒禁之弛,实滥觞于此。然史之所载,自孝宣以后,有时而禁,有时而开。至唐代宗广德二年十二月,诏天下州县各量定酤酒户,随月纳税。除此之外,不问官私,一切禁断。自此,名禁而实许之酤,意在榷钱而不在酒矣。宋仁宗乾兴初,言者以天下酒课月比岁增,无有艺极,非古禁群饮节用之意。孝宗淳熙中,李蘂奏谓设法劝饮,以敛民财。周辉《杂志》以为惟恐其饮不多而课不羡。此榷酤之弊也。至今代,则既不榷缗,而亦无禁令,民间遂以酒为日用之需,比于瓮飧之不可缺,若水之流,滔滔皆是。而厚生正德之论,莫有起而持之者矣。"(《日知录》卷二十八)春秋时期,子产不毁乡校,已经懂得防民之口甚于防川的道理,知道对于百姓要用疏导的办法,而不能仅仅依靠严刑峻法。历代酒禁之所以不能收到应有的效果,就在于酒的产生是和礼仪相联系的,酒是"成礼"之物,也是日用之物,禁是禁不了的。所以,聪明的帝王就利用这一点,把酒作为聚敛钱财的工具。你不是要喝吗,那好,只要缴钱纳税,随便你喝,喝多少有多少。如果你因醉酒酗酒而违法,照样要治你的罪,该刺配的刺配,该杀头的照样杀头。真的不去管它了,各种各样的争论也就自然而然地消失了。

明田艺蘅论及历代酒禁时指出:"自禹恶旨酒,周公作《酒诰》,而酒之禁令遂萌蘖矣。汉律,三人以上无故聚饮者,罚金四两。文帝后元元年诏,为酒醪以糜谷者多,禁沽酒。以后或因旱潦而禁,或因兵革而禁,甚有加搜索酿酒器者,非醉人为瑞之景运也。安得天下皆成醉乡之化也哉!"(《留青日札·酒禁》)的确,禁酒对于喜饮爱饮的人来说,确实不是一件值得高兴的事,但是,把天下之人都当做醉鬼来看来防,也不是明君的作为。好比刀是杀人之器,但同时又是人们日常生活中的必备之物。如果因为刀是杀人之器而禁止生产刀具,甚至禁止所有的人使用刀具,那岂不是十分荒唐可笑的吗?简雍之谏刘备,虽然颇近笑谈,但并不是无端地借机发牢骚,而是指出了禁酒的悖论和荒谬。

文人的酒箴与酒诫

　　文人对酒的态度,只要是在清醒的情况下,一般如同对美色一样,都是所谓的"君子好色而不淫",虽喜饮之,却不沉湎其中,更少酗酒之事。按照古代礼仪,君子饮酒受一爵而洒如也,二爵而言言斯礼已,三爵而油油以退言。意思是说,饮第一杯的时候还没什么,第二杯就要表现出礼貌恭敬的样子,第三杯饮过之后,就要恭恭敬敬地缓缓退下,以示和敬。在人们看来,酒固然是让人饮的,但酒更为重要的作用却是礼仪规范的物化和外在化,是用来"成礼"的,长幼尊卑,皆在饮酒中得到体现。如果狂饮豪饮滥饮,或是逞匹夫之勇,以酒乱礼,不仅与酒礼相背离,而且也乖违酒神精神。正是基于这样的认识,一些文人为酒铭、酒箴、酒诫,或循循善诱,或言之谆谆,告诫人们对酒要时刻保持一份警惕,一份清醒。

　　东汉著名文人蔡邕有一篇《樽铭》,告诫人们要按照礼仪规范饮酒,而不要饮酒过度,更不要沉湎于酒:"酒以成礼,弗继以淫。德将无醉,过则荒沉。盈而不冲,古人所箴。尚鉴兹器,茂勖厥心。"名列"建安七子"之首的王粲有一篇《酒赋》,他以为,酒的功效在于"辩其五齐,节其三事。醴沉盎泛,清浊各异。章文德于庙堂,协武义于三军。致子弟之孝养,纠骨肉之睦亲。成朋友之欢好,赞交往之主宾",因此,饮酒必须以礼,若不以礼饮酒,就会"贼功业而败事,毁名行以取诬。遗大耻于载籍,满简帛而见书"。曹植的《酒赋》对酒的评价不仅注重史的勾勒,所谓"穆公酣而兴霸,汉祖醉而蛇分。穆生以礼而辞楚,侯嬴感爵而轻秦",而且更富诗人气质和浪漫色彩,他笔下的饮酒场面是那样的动人心旌:"或秋藏冬发,或春酝夏成。或云沸潮涌,或素蚁浮萍。尔乃王孙公子,游侠翱翔,将承芬以接意,会凌云之朱堂。献酬交错,宴笑无方。于是饮者并醉,纵横喧哗。或扬袂起舞,或扣剑清歌;或颦噈辞觞,或奋爵横飞;或歌骊驹既驾,或称朝露未晞。于斯时也,质者或文,刚者或仁,卑者忘贱,寠者忘贫"。酒的作用,酒的力量,酒的价值,在曹植的笔下得到了充分的表现。

曹丕虽然也是建安时期的著名文学家,但由于他是三国魏的开国帝王,身负国家百姓之重,对酒的认识与王粲、曹植有很大不同。他眼中的酒多是负面的,以为酒能误国,酒能误事。东汉自灵帝末年开始,朝政堕废,文武百官皆沉湎于酒,王公贵戚更甚,致使酒价腾涌,斗酒千钱。中常侍张让之子张奉和人饮酒,都是扯着衣服饮,形体发露,以之为乐。洛阳令郭珍家有万贯,夏天与客人饮酒,让几十个使女打扮得花枝招展,外披一件丝绸布,内裸其体,进来敬酒。刘表好饮酒,备有三种爵,大爵伯雅,能盛七升,中爵中雅,能盛六升,小爵小雅,能盛五升。又在一根棍子上钉一根针,若是有人喝醉了,睡倒地上,就用针扎,看他是不是真的醉了。光禄大夫刘松为了避暑,昼夜酣饮,一醉就像死过去似的,对酷暑炎热失去知觉,故而人们称刘松之饮为避暑之饮。有感于汉末"群官百司,并湎于酒,贵戚尤甚"的现象,曹丕特作《酒悔》。他以为"酒以成礼,过则败德",世俗人物为酒香所诱惑,终日沉湎于酒,荒废正事,到头来是要后悔的。不过,曹丕并没有像有的帝王那样颁布禁酒令,而只是写了一篇《酒悔》,劝导人们不要过多地饮酒而已。

旷古箴言:"美酒饮教微醉后"

北宋著名理学家邵雍一生不喜仕宦,隐居洛阳安乐窝,终日研习易理,阐释象数,以诗书花酒为伴。他一生"清欢少有虚三日,剧饮未尝过五分"(《伊川击壤集·闲居述事》,以下引邵雍诗俱见《伊川击壤集》),把酒对诗书,对春花秋月、青天白云。他"不闻世上风波险,但见壶中日月长。一局闲棋留野客,数杯醇酒面修篁"(《后园即事》),功名利禄,世态炎凉,尘世喧嚣,尔虞我诈,全都充

耳不闻,视而不见,身居闹市而能心存物外。他描写花酒的诗,豁达通脱,意蕴深邃,既充满机趣,又见其平淡情怀:

  花前把酒花前醉,醉把花枝仍自歌。花见白头人莫笑,白头人见好花多。(《南园赏花》)
  春在对花饮,春归花亦残。对花不饮酒,欢意逐阑珊。酒向花前饮,花宜醉后看。花前不饮酒,终负一年欢。(《花前劝酒》)

  邵雍虽然时时提到"醉"字,并且主张"酒向花前饮,花宜醉后看",但他那是劝客人的,而他自己却是时时保持一份清醒、一份警觉,常常是"太和汤酽半醺时",因为他明白"半醺中最得春多"(《林下五吟》)。人生多坎坷曲折,企望人生如吃甘蔗,似芝麻开花,是不现实的。但是人生正如花开,尽管每一个人最终都会成为一抔黄土,但比较而言,人生总是有一些机会,总有曾经辉煌灿烂的时候。如果能够把握住这个机会,也许就能使灿烂辉煌的时间延续得更长一些,至少可以在心灵或记忆中留下更为深刻的印痕。人生的灿烂辉煌或许只是一瞬,如果不善于把握,那就会因为错失最美好的时光而抱憾终生。正是因此,邵雍才特别珍惜花酒生活,特别珍惜那美好的时光:

  安乐窝中三月期,老来才会惜芳菲。自知一赏有分付,谁让黄金无子遗。美酒饮教微醉后,好花看到半开时。这般意思难名状,只恐人间都未知。(《安乐窝中吟》)

  人们喜爱春天的百花盛开,喜爱夏天的枝繁叶茂,因为它给人带来生机,给人带来繁荣。而秋天的肃杀,冬日的严寒,则很容易让人联想起生活的艰难和人生的苦涩。所以,每到春暖花开之时,人们无不对盛开的鲜花充满欣赏之意,随着春天的即将逝去,人们就渐渐地生出惜春之情,对百花的凋谢表示出十分的惋惜。这本是人之常情。但是,如果从美学的角度来看,百花的凋零不仅不是一种美景,而且还很容易使人产生某种哀愁和悲伤。所以,会赏花的人不是去看百花盛开之状,因为此时的花儿之美不仅一览无余,而且接下来的必然是盛极而衰,是枯萎和凋零。真正会赏花的人,欣赏的是花儿的含苞欲放,是似开未开。这时的花有一种蒙胧美,生命美,给人无限希望,无限遐想。与此同理,饮酒的最佳意境是微醺或微醉,而不是大醉烂醉或一醉解千愁。他有一首诗单道赏花离披、饮酒酩酊之悲:"酒防酩酊须生病,花恐披离遂便飞。饮酒莫教成酩酊,赏花慎勿至离披。离披酩酊恶滋味,不作欢欣只作悲。"(《安乐窝中吟》)这是对花酒的感悟,也是对人生的感悟,颇多哲理,也颇多苦辛。

　　生于清朝康(熙)、乾(隆)年间的石成金是一个富有情趣、悟透人生、懂得生活的人。他对世俗民情有很深刻的了解和把握。对于酒,他有自己独特的品味和感受,著有《酒中趣》、《快乐酒令》、《如意珠新喜酒令》等。他说:"酒中有趣,全在饮酒之人。善能领其妙趣,做一生享乐甚多,是即享福甚多矣。若不知其趣者,虽饮之以玉液琼浆,彼亦徒为鲸吞狼咽,乐趣何来?非仅不乐,且有折福致病、失事罹祸诸害,深负天之美禄,岂不大可惜哉!"(《酒中趣》)他以辩证的眼光来审视酒,看待酒,以为知酒懂酒者,会从酒中得到很多乐趣,一生享乐不尽。如果不懂得酒中趣,只求一醉,那就会给人生造成无可弥补的损失。他以为,古人造"醉"字大有深意。醉从卒,卒就是终的意思。与酒俱卒,虽然危言耸听,却寓有劝诫之意。

　　石成金以为,人生的美好境界之一,就是邵雍所说的"美酒饮教微醉后,好花看到半开时"。他特别反对滥饮烂醉。他这样写道:

酒乃合欢陶情之需,岂可戒你们不饮？若全戒你们不饮,我先不合时宜。但有一等人,好撒酒疯,饮至酒醉之后,不知天理,不怕王法,不通人情。此时昏迷放肆,乱打乱骂,每每极大的祸事,都从这醉中做出。若或不信,你只看世间许多的官府审定的重案,倒有一大半都从酒醉之后奸淫的,都从酒醉之后做贼盗的,都从酒醉之后打死人、杀死人的。总因酒能壮胆行凶,平常不敢为的事,不敢做的事,一到酒醉之后都敢作敢为了。及至犯了大罪,到了酒醒的时候,改也改不得,悔也悔不来,谁人救你？那个替你？我不要你全不饮,只劝你今后遇着酒,该饮得十分的,止可饮六七分,既免了许多的罪恶,又保养了许多的精神,更却了许多的疾病,平了许多的性情,而且筵席上又不获罪了许多的朋友,可不大快活么！(《快活方》)

石成金劝人饮酒只饮至六七分,和邵雍的"美酒饮教微醉后"是一致的。饮至这种状态,既保养了精气神,获得了饮酒的乐趣,又保持着一份清醒,不至于醉酒生事,醉酒伤身,更不至于因醉酒而得罪朋友。

"美酒饮教微醉后"是石成金特别称许的一种人生境界,所以,他不反对饮酒,他反对的是饮酒至醉,因为醉酒是种种祸端的诱因。他有一篇《慎酒铭》,简直是一篇声讨嗜酒醉酒的檄文:"病以酒致,神以酒伤,仪以酒失,事以酒忘,家以酒耗,言以酒狂,怒以酒发,祸以酒倡。与其既醒而后悔,孰若未醉而先防。"

石成金以为,酒有八害。酒是天之美禄,固然不可不饮,但是,许多人一喝起来,眼中看的,心里想的,口中说的,就只有酒了,自己饮,劝人饮,饮则尽兴,尽兴则醉,结果是"过饮于人则损人,过饮于己则损己",原为欢乐,反成祸由。石成金列举的"八害"如下:一是酒乃五谷酿造,而每一粒粮食都是农民的血汗,过饮过醉,任意狼藉,倾泼作践,必为造物所忌,这叫因酒而折福;二是醉酒之后,神思迷离,言行颠倒,这叫因酒昏志;三是狂饮终日,正业俱废,这叫因酒失事;四是相互请饮,浪费钱财,这叫因酒浪费;五是醉酒之人使酒骂座,妄生是非,醉酒肆言,埋下隐忧,这叫肆言生害;六是酒宴劳累主人,主人等候既久,厌烦劳苦,咒恨不休,这叫因酒取怨;七是醉酒损耗精神,精神损而脾胃伤,疾痛增而寿命促,这叫因酒致病;八是醉酒容易犯罪,累及身家,这叫因酒杀身。饮酒有此八害,石成金言之谆谆,"劝世人不必全戒不饮,惟当自己酌量。譬如酒量能饮十分,只可饮五六分,微醉即止"。这种境界,就是邵雍所说的"美酒饮教微醉后,好花看到半开时"。只有参悟到这样一种审美境界,才能达到饮酒之妙趣佳境,才能把饮酒作为一种审美享受。

关于饮酒,不同的人有不同的感悟、不同的看法。前人的箴言劝诫,只能反映前人对饮酒的认识和感受,而不能作为一种普遍为人接受的真理。即如石成金,他对人生的认识不可谓不深刻,对酒的看法也有独到之处,但是他对酒之八害的总结,仅仅看到了饮酒浪费、饮酒伤身、饮酒失事、饮酒生非、饮酒取怨、饮酒致病和醉酒犯罪,偏重的是酒的消极面。他立论的基础是饮酒至醉,是大醉烂醉。但是,如果能把饮酒作为一种享受,而又不至醉的话,饮酒对人何尝没有好处呢?

酒能活血,酒能提神,酒能通经络,御寒气,使人们的思维处于兴奋状态。据说,适量饮用葡萄酒还可以预防心血管病、冠心病和脑血栓等疾病。所以,适量饮酒不仅不会伤身伤神、因酒滋事,还会有益健康。此外,酒还是人们日常交往不可或缺的饮品,佳节庆典、亲朋相聚、好友晤面、远方来宾,都需要借助酒来烘托和渲染喜庆的气氛。如果高朋满座,胜友如云,而杯中无酒,那该是怎样的尴尬?酒是增进交流、促进沟通、加深理解、联络感情、化解矛盾所不可缺少的桥梁和媒介,正是由于它的沟通和联络,新朋旧友才由不认识到认识,由一般认识到深交,到至交,到推心置腹,到托妻付子,到两肋插刀。

不可否认,在现实社会生活中,酒常常也被一些别有用心的人所利用,不自觉地充当了不光彩的角色,成了贪财者的遮羞布,贪色者的"皮条",巧夺豪取者的工具,行贿受贿者的媒介,贪官污吏、强梁恶霸的帮凶。然而,这并不是酒的过错。如果有过错,那也应归咎于酒的主人,或借酒行不法之事的人。所以,不能因此而把酒划入另册,钉在耻辱柱上,因为罪不在酒,酒也是受侮辱受损害者。如果美酒有知,一定会奋起保护自己的名誉权,要求为它正名,恢复名誉。

对于酒,我们不妨以一种豁达的态度来接纳它,欢迎它,享受它。与此同时,我们还应时时保持一份清醒,一份纯真,不要为酒的芳香所陶醉,不要在饮酒劝酒的呐喊声中迷失了自我。我们应该努力追求这样一种极具美学价值的生活境界——"美酒饮教微醉后,好花看到半开时",切记"饮酒莫教成酩酊,赏花慎勿至离披。离披酩酊恶滋味,不作欢欣只作悲"。

十年未了情(代后记)

在我已经出版的数部独著或合著的著作中,本书是延续时间最长、写作最艰难、也最让我身心疲惫的一部。如果从开始构思提纲算起,它前后横跨了两个世纪、持续时间长达12年之久。现在,我终于为这场马拉松式的写作画上最后一个句号的时候,就像一位马拉松选手克服重重困难坚持跑完了全程,不管成绩如何,首先感到的是长途跋涉后的轻松和解脱。

20世纪80年代末,孙荪先生为河南人民出版社策划了一套10卷本的"中国人的奥秘丛书",我撰写了其中的一本、也是丛书第一本《酒文化中的中国人》。由于当时的文化热潮,也由于这是个有着广泛社会文化基础同时又基本无人从理论上进行深入探讨的课题,这本成书非常仓促的著作于1990年面世后取得了意想不到的社会反响,以至于多年后我还屡屡被人当做酒文化研究专家并为此多喝了不少冤枉酒,自以为用功最多的古典文学和传统文化方面的研究反倒被忽略了。当时我之所以敢在几乎找不到可资借鉴的相关成果的情况下尝试进行这项拓荒式的研究,除了寻根文化热带给我的理论勇气,最重要的一点便是:我在研究中国古典文学的过程中,发现有太多太多的古典诗文与酒和酒文化有着千丝万缕的联系,随手做了大量卡片。由于是从社会文化的角度切入研究酒文化,该书不可能对以诗词文曲为代表、与酒文化联系最为密切也最为本质的艺术精神做细致深入的讨论;同时,由于时间的紧迫和知识储备的不足,对哲学层面的酒神精神也论述得相当浮浅。这双重遗憾便成了我进一步专题研究酒文化与艺术精神的学术动力。为此,我又补充查找了大量文献,并于1991年出版了

《诗酒乐天真》一书,为撰写此书做好了资料和文献准备。1992年上半年拟出了详细的写作提纲并写出了两万余字的初稿,适逢三联书店为"锦绣中华"丛书征集选题,该选题和提纲顺利通过,纳入了丛书出版计划。一切进行得都很顺利,按照我的科研时间和准备情况,一年左右应该能够完稿,我对此充满信心。

计划赶不上变化。1992年下半年我参与了综合性文化月刊《跨世纪》杂志的创办工作,先后任常务副总编辑和社长,从此告别了宁静的书斋生活,原定的写作计划自然也随之中断。后来下派挂职,下调任职,出国学习培训,再后来转到媒体工作,再也没有了专业从事研究工作时所拥有的富足得近乎奢侈的读书写作时间。好在我对此课题思考既久,感情亦深,无论在多么困难的条件下都没有放弃,卡片随身带,见缝插针,有空就写。本书不仅历时十余年,而且行程过万里,既有在舞阳县城机关宿舍里草就的段落,也有在美国马里兰大学图书馆完成的章节,更有凌晨两点签完版后在大河报社办公室留下的雪泥鸿爪。

但无论我怎样勤勉有加、锲而不舍,以零零碎碎的时间写比较系统的理论著作都是非常困难的,因为零碎的写作需要有相对集中的时间去梳理整合。如果没有河南社科院文学所研究员卫绍生先生的适时加盟、通力合作,则本书不仅还要拖延许多时日,而且也难以现在这样比较完整比较统一的面貌刊世。绍生君与我是同乡同事,更是同道。他天资甚高,早年经历坎坷,1978年以全县文科第一的成绩考入北京师范大学中文系,毕业后分配至河南社科院文学所从事研究工作,淡泊名利,宁静致远,心无旁骛,潜心向学,冷板凳一坐就是20年,在魏晋南北朝文学和元明清戏曲两个方面都成绩卓然,让人钦佩。我和他在文学所同事十余年,相处甚洽,但真正学术意义上的合作却是在我离开社科院之后。1999年,我们合作出版了《文化视野中的陶渊明》,本书是我们再次愉快合作的结晶。同道间的同声相应、同气相求、如琢如磨、如切如磋，给灰色的爬格生活增添了不少温馨和亮色。

思想上的恩惠是最可宝贵也最让人感动的。作为河南社科院文学所老所长、河南文学院现名誉院长，著名学者、作家孙荪先生既是我的老领导，也是我的学术引路人。对古典文学、文艺评论方面的引导指导就不用说了，仅就我对酒文化的研究而言，从一开始就得到了他的帮助和支持。没有他主编的"中国人的奥秘丛书"，没有他对一个年不满三十的学术后生的充分信任，就不会有我那部《酒文化中的中国人》，当然也就谈不上后来的《诗酒乐天真》和这部《酒文化与艺术精神》。后两部书都蒙他慨然赐序，本书之序更是高屋建瓴，言简意赅，钩玄阐幽，鞭辟入里，给拙著平增光辉。寸草有限，春晖无垠，博大胸怀，仁者之爱，怎一个"谢"字了得?!

本书虽然错过了"锦绣中华"丛书，但能在母校出版社出版也是一大幸事。在此，我要对河南大学出版社的王刘纯先生、马小泉先生，对慨然赐墨为本书题写书名的著名书法家周俊杰先生，对专为此书设计封面的赵峰先生和绘制精美插图的李庆琦女士，对帮助校勘文字的王长杰先生、周复顺先生、白山先生和朱志红女士、张东红女士，对所有为此书的写作提供方便与帮助的朋友和不同时期的同事表示深深的谢意！

王守国　2006年初春于郑州知诚斋